记忆中原丛书

三皇故都 周口

总主编 赵素萍
执行主编 苏长青
本册主编 岳献甫

河南科学技术出版社
·郑州·

图书在版编目（CIP）数据

三皇故都：周口 / 岳献甫主编. — 郑州：河南科学技术出版社，2018.9

（记忆中原丛书 / 赵素萍主编）

ISBN 978-7-5349-9196-7

Ⅰ. ①三… Ⅱ. ①岳… Ⅲ. ①文化史 - 周口 Ⅳ. ① K296.13

中国版本图书馆 CIP 数据核字（2018）第 057154 号

出版发行： 河南科学技术出版社
地址：郑州市经五路 66 号　　邮编：450002
电话：（0371）65737028　65788613
网址：www.hnstp.cn

策划编辑： 李喜婷　汪林中　冯俊杰

责任编辑： 吴贯一

责任校对： 崔春娟

责任印制： 张　巍

书籍设计： 赵　钧

排　　版： 蔡　凤

印　　刷： 河南博雅彩印有限公司

经　　销： 全国新华书店

开　　本： 787 mm × 1092 mm　1/16　**印张：** 15.5　**字数：** 282 千字

版　　次： 2018 年 9 月第 1 版　　2018 年 9 月第 1 次印刷

定　　价： 108.00 元

如发现印、装质量问题，影响阅读，请与出版社联系。

《记忆中原丛书》编委会

不忘本来　开创未来

《诗经·小雅·吉日》曰："瞻彼中原，其祁孔有。"

中原，本意为天下至中的原野，后来逐渐演化为泛指黄河中下游地区，也称中土、中州、华夏。在某些特定的语境中，中原又是"中国"的代名词。

中原文化是中原地区，主要是河南省的物质文化和精神文化的总称。中原文化是中华文化的母体和主干，在漫长的中国历史中长期居于正统、主流地位，中原文化一定程度上代表着中国传统文化。

河南人爱说"中"。一个"中"字，尽显中原文化的正大气象和源远流长。

中原这块沃土，不仅是东亚现代人类的主要起源地，而且自上古时期就形成了发达的农业文明，并率先跨过了"文明的门槛"。

从夏代到北宋的3000多年间，先后有22个朝代、200多位帝王在河南建都。全国十大古都河南有其四。河南曾长期是全国政治、经济、军事、文化的中心，中国古代创造发明的中心，向全国和世界传播交流文明的中心。

中华文明丰富的文化景观、文化遗存、历史文物、文化典籍和艺术珍品在中原大地比比皆是，使河南如同一座浩瀚的历史博物馆，一本看得见、摸得着的中国历史文化教科书。河南的馆藏文物、国家历史文化名城和全国重点文物保护单位数量，均居全国前列。甲骨文在这里发现，四大发明与河南关系密切，连接东西享誉世界的丝绸之路从这里起步。

水有源，树有根，人有姓。河南是中国姓氏的重要发源地，依人口数量排名的100个大姓中，有70余个起源于河南。中华传统文化通过姓氏家族延续传承，跟随姓氏漂洋过海。"贵姓""仙乡何处"的寻常问候常常引起游子无限的乡思乡愁，也成为近年来河南根亲文化的"重头戏"。

天下名人，中州过半。在《二十四史》中，立传的名人共5700余人，仅汉、唐、宋、明四个朝代，河南籍名人就达912人。在耳熟能详的文化圣人当中，出生于河南或长期在河南活动的近30位。谋圣姜太公、道圣老子、墨圣墨子、商圣范蠡、医圣张仲景、科圣张衡、字圣许慎、诗圣杜甫、画圣吴道子、律圣朱载堉，等等，都是中华文化发展史上的不朽丰碑。

中原文化门类齐全，博大精深。文学星空，河南人星光璀璨；武术杂技，少林太极称双雄；婚丧嫁娶，人生礼仪在斯；梆弦声里，地方戏风靡大河南北。洋洋洒洒，中原书风千载传承；丹青妙手，河南画苑代有佳作……

中原文化之于中华文化，就内容讲，是最基础、最基本的部分；就特点讲，是最具代表性的部分；就历史发展过程讲，是最具贯穿性的部分；就地域讲，是最具影响力的部分。中原文化具有根源性、原创性、包容性、开放性等诸多特质，开放与包容使得中原文化具有绵绵不绝的生命力与创造力。

中原地处“天地之中”、华夏腹地，九州通衢的独特地理位置决定了中原文化始终处于与外部文化的交流融合当中，这种交流与融合影响到中原文化的方方面面。

早在新石器时代，中原文化便成为推动中国境内各种文化交汇的强大动力，加快了中华文明的进程。

夏、商、周三代是中国历史上的重要时期，其时中原和周边地区交流融合、相互促进，奠定了中华文明形成和发展的基础。汉代，中外贸易频繁，形成了后人熟知的丝绸之路，洛阳成为丝绸之路的东方起点。隋唐时期，洛阳是当时的国际性大都市之一，成为了东西方文化、贸易交流和传播的中心。以开封为中心的北宋文化，以丰厚的底蕴、深邃的思想、恢宏的气势、绚丽的色彩，把中原历史文化推向高峰。唐宋之际，中原文化通过丝绸之路、大运河及海上丝绸之路跨出国门，影响波及亚洲乃至世界。

古往今来，无数中原的思想家，用自己的思考深刻地影响着历史的进程，成为中国思想文化的主干，并对世界文化产生了很大影响。西方许多杰出人物如伏尔泰、狄德罗、托尔斯泰等都曾受到《道德经》的影响。而在中原的腹地嵩山脚下，儒、释、道“三教合流”，经过千百年的融汇发展，儒、释、道三种文化已经深深熔铸在我们民族的生命力、凝聚力和创造力之中。

中华文化革故鼎新、生生不息的生命力，源于中华文化与周边文化持续不断的碰撞和融合。

梁启超先生曾指出，中原的中国经过秦汉一统，成为中国的中国；中国的中国经由与印度、日本等接触，成为亚洲的中国；近世以来，中国进入世界舞台，与欧美竞争，而成为世界的中国。

从世界范围来看，不同文明之间的碰撞与交流成为世界历史发展的主要动力；从中国范围内来看，中原文化与周边文化的互动奠定了中华文化的根基；从中原范围内来看，以嵩山周围为核心的河洛文化与周边文化的融合助推中原文化茁壮成长。

八方风雨会中州。目前河南共有18个省辖市，每个市都有其独特的文化，尤其是一些与外省接壤的省辖市，更是中原文化与周边文化交流碰撞的前沿。南阳的“楚风汉韵”、信阳的“豫风楚韵”久负盛名，三门峡与秦晋文化的交汇，安阳、鹤壁与燕赵文化的融通，濮阳、商丘与齐鲁文化的交融，周口、驻马店与江淮文化的互动，焦作、济源与三晋文化的交流等，都形成了地域文化的独特小环境。这些区域文化之间的开合、融通铸就了中原文化的生命力。

冠八枢而奠中原，得中原者得天下。

中原文化，出彩千年！

习近平总书记提出，让中原更加出彩。

河南在全面建成小康社会的快车道上，始终不忘提升中原文化的整体实力和影响力。从“加快文化资源大省向文化强省跨越”，到 “加快建设文化强省”，再到 “加快构筑全国重要的文化高地”，这种渐次提升既契合党中央关于强化文化发展的新理念、新思想、新战略，又体现了河南省委对文化建设的高度重视。

从中原崛起到建设经济强省，博大精深的中原文化始终是河南最为倚重的资源之一；从华夏历史文明传承创新区到全球华人精神家园和心灵故乡的打造，中原文化已经、正在，而且还将要以更加丰富多彩的形式、手段被挖掘、整理，传承和创新。

党的十九大报告指出：推动中华优秀传统文化创造性转化、创新性发展，继承革命文化，发展社会主义先进文化，不忘本来、吸收外来、面向未来，更好地构筑中国精神、中国价值、中国力量，为人民提供精神指引。

多年来，依托厚重的中原文化，河南的文史研究、新闻出版、广播影视等部门进行了卓有成效的工作，取得了丰硕的成果。经过充分调研，中共河南省委宣传部决定组织全省各省辖市市委宣传部编纂大型精品文化普及读物“记忆中原”丛书，一套19卷，分为《品读中原》以及18个地市卷。丛书围绕中原文化精华这条主线，选择各地文化经典和精要，系统梳理河南地域文化特色，全面展示中原文化风貌，讲好中原故事，传播中华文化，凝聚中国力量。“记忆中原”丛书作为一种融媒体出版物，融合多种媒体形式，书籍与文创产品并重，文化与旅游资源嫁接，这种创新的出版方式是中原文化更加出彩的一种生动体现，也为中原更加出彩提供精神力量。

天下中原，老家河南。

中原是一座“文化的活态博物馆”。河南堪称全球华人的根亲文化圣地。与其在远处仰望，不如到中原走访。真诚希望读者朋友能从书中感受到中原文化的魅力，更期望朋友们以这套丛书为“路标”，到河南走走，回老家看看。厚重河南欢迎您，壮美中原欢迎您。

“记忆中原”丛书编委会

2018年7月

目录

谈古说今

——从三皇故都到中原大粮仓 1

三皇故都：周口的文化根脉 …… 2
陈楚故地：斑斓的历史画卷 …… 7
中原粮仓：黄泛区的华丽嬗变 …… 12

要事回放

——精彩的周口历史断面 15

伏羲氏都宛丘开辟鸿蒙 …… 16
神农氏都于陈教民稼穑 …… 17
废朝政失国都太康奔戈 …… 17
商高宗灭蝗虫崩葬西华 …… 19
周武王封妫满建立陈国 …… 19
申叔一言救陈国 …… 21
楚国都迁陈 …… 21
孔圣人游列国三次莅陈 …… 22
陈公子奔齐国田氏代齐 …… 24
陈胜王立国号名曰“张楚” …… 26
汉刘邦设巧计陈县捉韩 …… 26
光武帝开皇恩免除税赋 …… 27
平非议发志令曹操让县 …… 28
包青天下陈州放粮除恶 …… 30
建书院授理学兴学育才 …… 31
曾国藩驻周口围剿捻军 …… 32
周家口保卫战血战日寇 …… 33
高志航捐躯周家口 …… 35

名人扫描

——在记忆中定格的历史名人肖像　37

三皇之首太昊伏羲氏 …… 38
创世女皇女娲氏 …… 39
五谷先帝神农氏 …… 40
道德先哲老子 …… 41
起义英雄陈胜、吴广 …… 43
汉代循吏黄霸 …… 45
社稷诤臣袁安 …… 45
乱世枭雄袁绍 …… 46
建安七子之应玚 …… 46
千古名相谢安 …… 47
山水诗人谢灵运 …… 48
咏絮才女谢道韫 …… 49
蒙学先驱周兴嗣 …… 50
小说鼻祖殷芸 …… 52
唐代高医甄立言 …… 52
睡仙高道陈抟 …… 53
铁腕御史顾佐 …… 54
流民领袖刘通 …… 55
明代才子李梦阳 …… 56
耆英社长李擢英 …… 57
民国总统袁世凯 …… 58
民族英雄吉鸿昌 …… 60
文化峻峰张伯驹 …… 62
越调大师申凤梅 …… 65
相声艺人王朋 …… 67
科学界伉俪袁家骝与吴健雄 …… 68

寻根问祖

——万姓同根、源于伏羲、根在周口　71

伏羲与姓氏 ………………………………………… 72
周口姓氏源流 ……………………………………… 73
周口姓氏的特点 …………………………………… 75
专家倡议在淮阳筹建中华姓氏博物院 ………… 75
起源于周口的姓氏 ………………………………… 77
郡望在周口的姓氏 ………………………………… 89
中华姓氏文化节 …………………………………… 91

古城印象

——伴着桨声入梦的悠悠乡愁　93

沙河、颍河、贾鲁河：装点三川大地的彩练 … 94
周家口：蜚声大江南北的“小武汉” ………… 97
陈楚故城：三千年没有变动的城池 ………… 100
邓城叶氏庄园：沙颍河畔的一颗珍珠 ……… 105
项城袁寨：见证袁氏家族的兴荣衰亡 ……… 107

考古探秘

——轻轻唤醒沉睡的历史记忆　113

洞穿平粮台古城的奥秘 ………………………… 114
太清宫考古证实老子故里在鹿邑 …………… 119
发掘商周大墓 …………………………………… 123
东汉刘崇墓隐藏的秘密 ………………………… 125
从南顿故城回望春秋风云 ……………………… 127
武平故城见证曹操让县的史实 ……………… 129

胜景掠影

——彰显周口魅力的炫美华章 131

寻根谒祖的胜地——太昊陵庙 …………… 132
中华始母的家园——女娲城 ………………… 140
天高地古的道家之源——老子故里 ………… 142
水天一色的风景线——淮阳龙湖 …………… 146
书声隐隐的胜景——弦歌台 ………………… 152
山陕会馆的精品——周口关帝庙 …………… 154
宋代理学家程颢的杰作——大程书院 ……… 162
中国古塔精粹——寿圣寺塔 ………………… 164
时代变迁的一个缩影——太康文庙 ………… 166
中原小故宫——叶氏庄园 …………………… 168
民族精神的高地——吉鸿昌将军纪念馆 …… 171

名品荟萃

——周口人舌尖上的记忆 173

周家口牛肉 ………………………………… 174
胡记米酒 …………………………………… 175
关德功烧鸡 ………………………………… 176
马家小酥肉 ………………………………… 176
王三饺子 …………………………………… 177
胡辣汤 ……………………………………… 178
郑城叶氏猪蹄 ……………………………… 181
固墙热豆腐 ………………………………… 182
郑城杠子馍 ………………………………… 182
宁平麻花 …………………………………… 183
刁楼麻糖 …………………………………… 183
丹谷酪馏酒 ………………………………… 184
方布袋烧鸡、豆腐皮 ……………………… 185
东湖煎焖鱼 ………………………………… 186

“非遗”概览

——在活态文化中寻找周口记忆 187

太昊伏羲祭典：羲皇子孙的心灵诉求 ……… 188

越调：唱红全国的河南三大剧种之一 ……… 190

太康道情剧团：天下第一团 ………………… 192

文狮子舞：再现母性的慈善面孔 …………… 194

官会响锣：豫东老百姓的街舞 ……………… 195

心意六合拳：用鸡腿步法踩进武术之门 …… 196

淮阳泥泥狗：真图腾、活化石 ……………… 198

买氏中医：立足民间的中华医术 …………… 200

老子生日祭典：向圣哲致敬的集体膜拜 …… 202

南顿回民秧歌：韵致高雅的民族舞蹈 ……… 204

笙簧二夹弦：传承女娲遗响的乡土戏曲 …… 205

太康木偶戏：用三个手指传递欢乐 ………… 206

扑蝶舞：冲破传统禁律的爱情之舞 ………… 207

项城肘阁：惊险奇崛的空中芭蕾 …………… 208

两仪拳：中华武苑的点穴奇技 ……………… 210

圣门莲花拳：靠内家功名扬武术界 ………… 211

余家杂技：出神入化的特技表演 …………… 212

六道大方地棋：流行在周口的民间“国棋” … 213

张振福泥塑：立体的豫东风情画卷 ………… 214

汝阳刘毛笔：羲之用后称妙笔 ……………… 215

担经挑：来自远古时代的广场舞 …………… 216

城市名片

——周口市标 市歌 市树 市花 城市精神 219

周口市标：人文周口 ………………………… 220

周口市歌：《周口，我可爱的家乡》 ……… 221

周口市树：国槐 ……………………………… 224

周口市花：荷花 ……………………………… 226

周口城市精神：开放、文明、创新、崛起 … 227

本书音频资源列表

音频故事	来源	对应页码
大战蚩尤雾烟山		7
鬼谷子王禅的传说	原创	8
奉母城的故事		8
程颢扶沟建书院		11
陈毅五过黄泛区留诗篇		13
周恩来总理与黄泛区农场的建立		13
孔子问礼老子		23
陈胜鸿鹄之志		26
张占魁与周家口抗日保卫战		35
抗日英雄高志航		36
西出函谷化紫烟		42
吴广塔与吴广的传说		44
大小谢与山水诗		48
太康廉吏顾佐轶事		54
吉鸿昌借庙办学校		62
“中州名士”张伯驹		63
马季谈周口文化遗产的保护		68
叶邵颐诚善发家		106
鹿邑13发哑弹的故事		146
鹿邑老君台的传说		146
逍遥胡辣汤		180

本书视频资源列表

视频	来 源	对应页码
大美周口	原创	1
击落日机的中国第一人高志航	央视：华人世界	36
丹凤红梅——纪念越调大师申凤梅诞辰90周年系列活动纪实	央视：戏曲采风	65
平粮台遗址考古发掘成果展	央视网：新闻60分	118
发掘考古老子太清宫遗址群	央视：探索发现	122
泰学：河南鹿邑老子故里	央视网：泰学	142
鹿邑寻三绝	央视：美丽中国乡村行	145
鹿邑仙踪	央视科教频道	145
万亩龙湖荷花开 美景如画醉游人	央视网：新闻60分	146
吉鸿昌将军纪念馆	央视：百战经典	172
逍遥镇名吃胡辣汤	央视：文明密码	179
道情小戏：婚姻驿站	河南卫视	193
关注河南稀有剧种：太康道情	央视网：新闻60分	193
淮阳太昊陵与官会响锣	河南卫视	196
淮阳太昊陵泥泥狗	央视：文明密码	200
扑蝶舞	河南卫视	207
庙会上的余家杂技	河南卫视	213
杂技表演：太空漫步	央视：文明密码	213

谈古说今

——从三皇故都到中原大粮仓

河南，是孕育了中华文明的热土，而地处豫东的周口在中原文化中具有重要的地位。勤劳善良的周口人民，用智慧和汗水写下了从愚昧走向文明、从贫穷走向富裕的历史，描绘出在21世纪加快周口崛起、决胜全面建成小康社会的新篇章。

本章向您讲述周口这片古老而神奇的土地从三皇故都向中原大粮仓的历史嬗变。

大美周口

周口新姿

周口披着中华文明的曙光，从远古的地平线上向着今天一路走来。她的铿锵步履在神州大地留下一串深深的脚窝，她矫健的身躯是中华民族发展史的一个精彩缩影，她的厚重史迹是中原文化的闪光记忆。

周口在中原文化发展史上占有突出地位，灿烂的中原文化——史前文化、政治文化、神龙文化、圣贤文化、思想文化、名流文化、英雄文化、农耕文化、商业文化、科技文化、医学文化、汉字文化、诗文文化、宗教文化、民俗文化、武术文化、姓氏文化，都与周口有着很深的渊源。周口因此有着“华夏先驱，九州圣迹”的美誉，是渔猎文明、农耕文明的滥觞，中华姓氏、龙图腾、道家文化的起源地，海内外中华儿女的寻根家园。

2009年，著名作家、文学评论家、中国现代文学馆馆长舒乙先生，以“人之祖、史之初、国之根、文之源”赞誉周口厚重的文化底蕴，这是对周口历史的一个精当解读。

• 三皇故都：周口的文化根脉 •

周口市位于河南省东南部，地处黄淮平原腹地，东临安徽省阜阳市、亳州市，西接漯河市、许昌市，南与驻马店市相连，北与开封市、商丘市接壤，地理环境优越，海拔高度35.5米～64.3米，土质肥沃，四季分明。沙颍河、涡河、西淝河、汝河构成四大扇形水系，沙河、颍河、贾鲁河在市中心城区交汇，独具天时地利之便、南北通衢之要。

周口的得名，始自约650年前明初的山西移民与沙颍河漕运的兴盛。今周口市中心城区一带，处于沙河、颍河、贾鲁河交汇之地，自古就有乡民的聚落，属淮阳、商水所辖。明朝初年，大批山西移民迁到此地，人口渐多，当地农民为了交换农副产品，在沙河北岸、贾鲁河西侧形成一个名叫永宁集的双日集。明永乐年间开通沙颍河漕运，这里成为漕运船只转运之地，商业贸易日渐兴旺，在沙河南岸又开辟了一个名叫子午街的单日集。由于永宁集与子午街为沙颍河阻隔，有一周姓船户便在子午街北端辟一渡口，以摆渡商旅，称为周家渡口。由“周家渡口”演化成的“周家口”，渐成当地地名。官府行文呼为周家口，后来简称周口。周家口这个地名的文字记载，目前已知最早见于明隆庆四年（1570）黄山商人黄汴所著的《一统路程图记》。随着商业和航运的发展，三岸连起，万商云集，周口遂成明清时期的中原四大名镇之一。

周口在历史上一直是陈州府（治今淮阳）的商业巨镇，新中国成立后建县级周口市，后为商水县所辖的镇。1965年6月建立周口地区，周口为行署所在地。

2000年6月8日，周口撤地设市，现辖扶沟县、西华县、商水县、太康县、鹿邑县、郸城县、淮阳县、沈丘县、项城市、川汇区等8县1市1区，总面积11 959平方公里，耕地面积1170万亩，总人口1126万人。

周口是一片非常古老的土地。著名地

周口市区沙颍河段

质学家李四光在《中国古地理图》前言中说：“在五亿七千万年前（寒武纪以前）至十九亿年震旦纪期间，中国境内绝大部分是海的情况下，就出现了大片的淮阳古陆。”到了新生代（距今0.65亿年前至今），喜马拉雅山运动使河北西部的山地再次上升，东部继续下降，黄河从黄土高原上带来的大量泥沙，首先在山前河口一带形成一系列大小不等的冲积扇，且不断伸展，逐渐与淮阳丘陵连接，由此形成了今豫东平原。据1933年《淮阳县志》载：“淮邑地脉低湿，然冈陵西来，实接嵩少之麓。”周口地区境内至今还保留着一些岗丘，较为有名的有扶沟的桐丘、淮阳的宛丘、鹿邑的隐山等。

优越的自然环境为远古时期的周口先民提供了良好的生存条件，新石器时代文化遗存在周口有着广泛的分布，迄今为止已发现9000年～7000年前的裴李岗文化遗存12处。

进一步认识周口文化，首先要了解“三皇”以及他们与周口的历史渊源。

通常说，“三皇”是伏羲氏、女娲氏、神农氏。史载：伏羲“都于宛丘”，宛丘即今周口淮阳。因过去的周口淮阳一带曾为古部族陈丰氏所居，故又称陈，周

朱镕基题字：羲皇故都

封陈国，秦置陈郡。古人称水北为阳，因陈郡在淮水之北，西汉改陈郡为淮阳。因此，周口淮阳是大家公认的羲皇故都，朱镕基总理曾为之题匾。史籍上还明确记载“炎帝初都陈，又徙鲁”，女娲“都于中皇”。宛丘、陈是周口的淮阳，中皇是周口的西华。可见早在六七千年以前，史称“三皇”的伏羲氏、女娲氏、神农氏就在周口这片古老的土地上繁衍生息，开创了中华民族的远古文明。这充分表明周口在史前文明时期处于领先地位，也足以说明周口大地是中原史前文化的发祥地。

回溯历史，我们可以看到这样的画面——距今8000年左右，中华人文始祖太昊伏羲氏率部族告别干旱缺水的黄土高原，从成纪出发沿黄河一路东下，见宛丘一带水草丰盛，野生动植物充足，就在这里定居，繁衍发展，开创了灿烂的中华文明。伏羲对人类文明发展的贡献巨大，后

人概括为十大功绩：结网罟，兴渔猎；造干戈，饰武功；正姓氏，制嫁娶；刻书契，画八卦；制琴瑟，兴礼乐；养牺牲，充庖厨；传薪火，制皋陶；造屋庐，庇众生；归服诸夷，统一四海；以龙纪官，分理海内。

在宛丘龙湖畔，太昊伏羲从蜘蛛结网中得到启发，发明了渔网，提高了捕鱼效率，部族生活得到保障，开创了渔猎时代。他将石头打磨成薄片，捆绑在棍棒上，发明了最原始的武器，聚众狩猎，猎捕的动物堆满草屋。他教部众圈养幼小的野兽，以备不时之需。后又命人专司养殖，开创了中华畜牧业的先河。

部众有名无姓，过着群居杂居的生活，人伦不分，子女多残疾短命。伏羲制定嫁娶制度，规定同族不能通婚，禁止群婚乱配，实行对偶婚，把婚姻制度固定下来，改善了人伦关系，使部落生活稳定有序。

伏羲氏根据各个部落和氏族的特点，给人们确定代号，这就是姓的由来。他认为风的威力很大，能飞沙走石，自姓为风。百家姓中直接出于风姓的有韦氏、庖氏、宓氏、东方氏、典氏、皇氏等二十多个姓。所以说，伏羲是万姓之根，周口是万姓之源。

历代中华儿女都尊崇太昊伏羲氏，在他长眠的淮阳修陵建庙，每年春季和每月初一、十五隆重祭奠。这种对祖先的崇拜和祭奠以其巨大的凝聚力和感召力穿越时空，延续数千年。

女娲是与伏羲同时代的创世女祖，传说她与伏羲兄妹成婚，抟土造人，炼石补天，继伏羲之后治理天下130年，万民安居乐业，后来人们把她与伏羲、神农氏并列为三皇。每年农历二月，朝拜伏羲、女娲的农村妇女会用担经挑舞蹈的形式颂扬伏羲、女娲繁衍人类的丰功伟绩。女娲死后葬在西华县，西华因远古部族华胥氏曾在此聚居而得名。在西华县聂堆镇思都岗村有女娲城、女娲宫等规模宏大的建筑群，是传说中女娲筑城之所和建都之处。

相传伏羲是华胥氏履巨人迹受孕而生。从这里我们可以知道，因踩了巨人的脚印怀孕而生，说明那时的人们只知道自己的母亲，而不知道自己的父亲，它表明伏羲、女娲所处的年代，正是母系氏族制社会阶段。然而故事也告诉我们：巨人的脚步正向文明时代走来，传说中的伏羲与女娲已由族内婚向族外婚过渡。

伏羲氏为结束群婚、乱婚现象，就

"正姓氏，制嫁娶"，实行男女对偶婚，从而使远古先民的婚姻实现了从愚昧向文明的跨越。他还上观天文，下察地理，中观万物，创立了先天八卦。

炎帝神农氏姓姜，生于烈山，继风姓而王，定都陈（今周口淮阳），他制耒耜、艺五谷，开创农耕文明；尝百草、制九针，解除百姓疾苦，开创中华医药先河，与伏羲、女娲一起被后世奉为三皇。后人为纪念神农氏尝百草、种五谷的伟大功绩，在淮阳五谷台为他修建庙宇。每逢正月初五神农诞辰及四月二十八神农万寿之日，进行大规模祭拜，祈求五谷丰登、平安健康。三国时，陈思王曹植来五谷台拜谒，写下著名的《神农赞》："少典之胤，火德承木。造为耒耜，导民播谷。正为雅琴，以畅风俗。"

史学界一般认为，上古时代，中华大地上分东夷、苗蛮、华夏三大部族集团，太昊伏羲氏是东夷部族的祖先和首领，也是南方苗蛮部族认同的祖先。伏羲部族以其先进生产力、先进文化和先进的管理制度影响和促进了三大部族的交往融合，同时拉开了中华民族形成的序幕，使周口成为中华民族的主要发祥地，成为中华灿烂文明的重要组成部分。新石器时代的大汶口文化和龙山文化在周口境内有着广泛的分布。商水马村、太康方城、周口市烟草公司仓库等9处属于大汶口文化早期的遗址，西华小白庄、淮阳王禅冢等属于大汶口文化中期的遗址，郸城段寨、商水章华台、周口水灌台、项城高寺等属于大汶口文化晚期的遗址。龙山文化是大汶口文化的延续，龙山文化在周口最典型的遗存是淮阳平粮台。平粮台位于淮阳县大连乡大朱村，属龙山文化时期的古城遗址，距今4500多年，是我国目前发现时代较早、保存较完好、文化内涵最丰富的古城之一。现已发现了四周的夯土城墙、门卫房、高台建筑及灰坑、墓葬等，出土了大批文物，尤其是倒品字形的陶质排水管道让许多专家都感叹不已。

2006年，中国民间文艺家协会组织专家，在周口对三皇文化进行认真考察论证后，命名周口为"中国三皇故都文化之

李长春题字：人文始祖

乡”。

“三皇故都”是周口的一张金灿灿的名片。它向世人昭示：走进三皇故都，可以领略人文始祖开天辟地肇始中华文明的传奇魅力；漫步陈楚故地，能够品读周口人民筚路蓝缕创造历史辉煌的不朽诗篇。

大战蚩尤雾烟山

• 陈楚故地：斑斓的历史画卷 •

在漫长的历史长河里，周口一直是一朵激越翻卷的浪花，无数的历史事件和历史名人描绘出一幅斑斓的历史画卷，成为人们长久的记忆。

自伏羲“都于宛丘”，历史上的周口一带以陈、陈国、陈州为核心，而在中国文化的轴心时期——春秋战国时代，陈国与楚国有着800年的历史交集，形成了厚重的陈楚文化，对中原文化的发展产生了重要影响。

夏朝（约前2070—前1600）时，陈地属豫州。夏王太康因疏懒被弟弟仲康联络诸侯率兵占领了安邑（在今山西夏县），太康被流放。后来，仲康的孙子少康长大后，在部众的帮助下，完成了复兴夏王朝的大任，使夏朝的统治重归巩固。夏王太康葬于太康城东南2公里处，所以今天的周口在夏王朝时期就一度非常重要。

商朝（前1600—前1046）时，商王封虞舜的后代虞遂于陈。周朝建立后，因为虞舜的另一后裔遏父（或作阏父）助武王伐殷有功，武王封遏父之子胡公妫满于陈地，授侯爵，建陈国，以奉舜帝之祀。陈胡公妫满是陈国开国君主，陈国是西周首封十大诸侯国之一。第一任陈胡公是陈姓的得姓始祖，也是胡、田等大姓的得姓始祖。在淮阳龙湖畔建有气势恢宏的陈胡公陵园，每年都有无数海内外陈姓子孙前来祭拜，认祖归宗。

周王朝（前1046—前256）在周口分封的还有姬姓的顿、项、厉、沈等方国，在这些诸侯国的边地，周口境内还有郑、蔡等国的疆域，以及楚国的养等。春秋战国时期，特别是战国时期，诸侯之间相互攻伐兼并，境域归属变动频繁，周口境内的诸侯国领土绝多属陈。春秋后期，陈地归属楚国，楚惠王对陈城进行了修复，作为楚国东北的军事重镇。

楚庄王（？—前591）倾毕生精力问鼎中原，做春秋霸主。楚国从一个南方小国，发展成为疆域千里的泱泱大国，并出兵中原、败晋服郑、问鼎王室，威震中原。到了战国后期，由于楚国内臣纷争，强秦逼迫，国土沦丧。公元前278年，秦将白起攻陷楚都郢，楚顷襄王退守中原，迁都于陈，称陈城为郢，并对陈城进行增宽加高。陈城作为楚都38年之久。公元前263年，楚顷襄王葬于陈。陈国归属楚国后，成为楚国政治文化中心，楚文化与陈地原有的东夷文化交流、融汇，从而形成了独具特质的陈楚文化，也成为春秋战国时的经济、文化中心。千百年来，历经各个朝代，周口境内以陈国为中心的行政区划大体没变，形成厚重的文化氛围，孕育出许多杰出的人物，其人文精神延续至今。

2580多年前，伟大的哲学家、思想家、道教学派创始人老子诞生于楚国苦县。老子（约前571—前471），姓李，名耳，字伯阳，谥号聃，是楚国苦县厉乡曲仁里（今河南省鹿邑县太清宫镇）人。他西出函谷关，著五千言《道德经》，流传千古，经纬华夏。

公元前221年，秦始皇一统中国，结束了春秋战国的历史喧腾。秦代推行郡县制，设陈郡，属地有阳夏县（今太康）、阳城县（今商水）。秦朝末年（前209），阳城人陈胜、阳夏人吴广发动中国历史上的第一次农民起义，并在陈郡淮阳建立张楚政权。周口境内现留存与陈胜、吴广有关的历史遗迹有很多。陈胜在陈郡称王后，改阳城县为扶苏县，并修筑扶苏墓。在商水县舒庄乡扶苏村，还保留有阳城故

鹿邑太极殿老子像

鬼谷子王禅的传说

奉母城的故事

城遗址，故城由内城和外城组成，考古工作者在内城东南角发现了刻有“扶苏司工”的陶器残底。淮阳东关天齐庙，是纪念陈胜功高可以齐天，庙前尚存陈胜阅兵点将的点将台。淮阳郑集乡指挥营村，就是当年陈胜指挥起义军与秦军作战的指挥部。在太康逊母口镇的小吴庄，还有纪念吴广的宝塔。

陈胜、吴广掀开了反抗暴秦的历史序幕，撼动了秦朝统治的根基。刘邦、项羽将这一历史推向高潮，并最终推翻了秦朝统治。四年楚汉相争中的一场大战——固陵之战，就发生在今淮阳城西齐老乡柳林村。

西汉初年，刘邦改陈郡为淮阳国，封其第四子刘友为淮阳王，淮阳作为皇子的封地，这个建制一直延续400多年。淮阳北关东汉陈王刘崇墓，考古发掘出土了银缕玉衣、长袖玉舞女等稀世珍宝，足以证实当时的国力强盛。

汉高祖刘邦嫉贤妒能，害怕韩信功高震主，决计除掉韩信。后来，刘邦采用陈平的建议，设下一计。他巡游南方云梦泽，路过陈，韩信前来接驾。刘邦命令手下将其擒获，装上早已准备好的囚车，押解到洛阳，降为淮阴侯。后因与陈豨密谋造反事败，可怜一代名将，最后惨死于吕后之手。淮阳人为纪念韩信，就把韩信被擒的地方（弦歌湖与柳湖分界的小桥），更名为平信桥。桥旁一通石碑，记录了刘邦用计捉拿韩信的故事。

“卧阁清风”作为淮阳七台八景之一，是为纪念西汉名臣汲黯而修建的。汲黯是西汉濮阳人，字长孺，景帝时为太子洗马，武帝时为谒者，任东海太守和京兆尹期间政绩卓著，被召为主爵都尉，列九卿。元狩五年（前118），民间多违法铸钱，社会秩序混乱，楚地私铸钱币的风气盛行，淮阳国又是楚地的交通要塞和经济中心，汉武帝任命汲黯为淮阳太守。汲黯含泪说：我年老多病，不能胜任一国重任，只求做中郎一类侍从，出入宫门，为陛下效力，就心满意足了。武帝说：淮阳官吏与百姓不融洽，你治理东海郡很有名望，此去淮阳，可以‘卧而治之”。汲黯任用清正廉洁的郡丞和官吏，国中事务委派他们去干，自己适时督促检查，把淮阳国治理得井井有条，受到朝廷嘉奖，享受诸侯国相的待遇。元鼎五年（前112），汲黯病逝，葬于陈州东40里处，即今郸城县汲冢。他在淮阳10年，以清廉著称，去世后家无余财。后人为纪念汲黯，在淮阳城中建造“卧治阁”，追思汲黯的高风亮节。

东汉末年，诸侯雄起，魏蜀吴三国鼎立，分治天下。255年，魏司马师来到商水屯田，大本营设在乐家城（今平店乡李岗村），其间，对漕河清淤加深加固，筑黄台、马台、凉台为粮库，修通乐家城南通南顿、西北通汝阳的官道。261年，魏将钟会继司马师之后率军屯田，大本营设在今舒庄乡钟镇仓村。他兴水利、种五谷、除灾害、济世民，至今钟镇仓村还流传着钟会“大饥年馑放粮救民”的故事。曹操派邓艾屯田邓城，在沙河南东西百里、南北宽四十余里的肥沃原野上，创建了“厚粮于曹魏”的历史功绩，有力地支持了魏国雄踞中原、独霸黄淮的强权霸业。邓艾在商水大地上留下不少遗迹。邓城原名西埠口，因邓艾在此屯田，易名为“邓城”。

为平息曹丕、曹植的王权之争，曹操将淮阳国赐予其爱子曹植，封其为陈王。曹植是建安时期最负盛名的诗赋作家。南朝大诗人谢灵运对他的诗文尤为推崇，说：“天下才有一石，曹子建独占八斗。”曹丕称帝后，一直忌恨曹植。一次在朝堂上，他命曹植七步为诗，不成就将他杀掉。曹植七步成诗，曹丕闻诗落泪，自此不再杀他，但派人时刻监视他。曹植被封陈王后，他常常到龙湖游玩，看到姹紫嫣红的荷花，又想起昔日的梦中情人宓妃，心中的苦闷如同地下的岩浆一样喷薄而出，他挥毫写下了美文《芙蓉赋》，表达他内心不尽的思念。由于其兄曹丕和其侄曹睿为帝时其备受猜忌压抑，曹植郁郁寡欢，郁闷成疾，在他来陈就任的第二年就抱恨死去。在淮阳城南3里的旷野中，矗立着一个高大的荒冢，这便是陈思王曹植墓，因其谥号“思”，故称“思陵冢”。

南北朝时期（420—589），太康谢家是当时的名门望族。前秦苻坚统兵百万进攻东晋，被东晋8万人打得落花流水，东晋指挥者是陈郡阳夏人谢安和谢玄。“旧时王谢堂前燕，飞入寻常百姓家”，其中的“谢”就是谢家。谢家名士辈出，谢安、谢玄、谢灵运、谢道韫均是谢氏族人。

隋唐统一天下，帝业巩固，陈国更名为陈州，辖区和现在的周口大致相当，陈州府的建制一直沿袭到明清。

北宋（960—1127）时，陈州毗邻首都汴京，不仅是军事重镇，更是文化经济中心，程颢、程颐、苏轼、苏辙、陆游、欧阳修、张耒等这些在中华文明史上熠熠生辉的文化巨星，都曾来淮阳谒祖陵、游龙湖，留下了不朽的传世诗篇。

北宋年间，理学盛行。程颢、程颐在扶沟讲学，开办大程书院，成为当时理学的发源地之一。程颢因与王安石政见不合，到扶沟担任知县，当时扶沟水旱频繁，他带领百姓挖渠排涝、打井灌溉，造福一方百姓。他倡导“乡必有校”，在县城创办书院，吸收大量聪秀的农家子弟前来就读。成语典故“程门立雪”和“满面春风”都和大程书院有关。如今，大程书院成为远近闻名的旅游景点，吸引游人前来参观。

元朝末年，天下纷争，群雄蜂起。农家子弟朱元璋幼年贫穷，先后做过放牛娃，当过和尚，后来参加红巾军。一次与元军作战失利，孤身一人，元军紧追不舍，他走投无路，逃过太昊陵庙，跪求人祖爷保佑，许愿说：“人祖爷若能保佑我平安，将来得了天下，一定按皇宫标准重修宫殿，再塑金身。”说来奇怪，朱元璋叩头不久，一只蜘蛛爬到庙门口，很快地织成一张网挡住了视线。追兵看有蜘蛛网封住庙门，就说庙里没进人，转向别处搜捕。后来，朱元璋当上皇帝，亲自拜谒人祖伏羲，拨了几百万两白银修筑太昊陵庙，仿照南京皇宫修建，规模盛大，十门相望，从午朝门可以一直望到人祖伏羲墓。明清历代皇帝每年都派大员来太昊陵祭祖，复命时以人祖伏羲陵后的圣物蓍草为证。太昊陵内的数十通御祭碑，蔡河畔的洪武驻跸亭，见证着历史的沧桑变迁。

明万历二十六年（1598）重臣熊廷弼

程颢扶沟建书院

周口内河航运

经过周家口，看到颍河千帆竞发，货运繁忙，写下一首诗《过周家口》，其中有句云："万家灯火侔江浦，千帆云集似汉皋。"意即周家口的繁盛晚上像南京城的浦口一样灯火通明，白天像汉口一样千帆云集，由此可见当时的繁华程度非同凡响。

清朝乾隆年间（1736—1796），周家口迎来了鼎盛时期，开辟16个渡口，最繁盛时本地居民有四五万人，而流动人口则达到了数十万人，赢得了"南皮都"和"小汉口"的美誉，成为河南四大商业重镇之一。周家口镇仅街道就有116条，每条街道都有自己的专门行业，如箍子街专卖竹器，麻线街专门卖麻袋，打铜街专门做铜盆等铜器。周家口镇的商业靠转运贸易发达起来。这些转运贸易主要在河南东部和江南之间进行，输出的商品以陈州府、开封府所产农副产品为主，输入则以江南所产绸布、杂货为主。在这经商的商号先后建起山陕会馆、安徽会馆、江西会馆、湖广会馆、覃怀会馆等地域性会馆。山陕会馆位于沙河北岸的兴隆街，坐北朝南，占地2.1万平方米，又称关帝庙，如今是国家级重点文物保护单位。

• 中原粮仓：黄泛区的华丽嬗变 •

周口地广人多，物阜民丰，自古就是农作物的主产区。然而，自北宋时期黄河河道南移以后，在数百年的时间里，由于黄河多次决口，造成黄河长时期夺淮入海，处于黄淮之间的周口大地成为黄河泛滥区。特别是抗日战争时期国民党造成的炸开黄河花园口事件，更使周口成为黄泛区与苦难的代名词。

"七七事变"以后，日本侵略者大举向我华北地区进犯，国民党军队节节败退，1938年开封失守，日军直逼郑州，南慑武汉。为阻止日军西进，国民党政府以水代兵，炸开郑州黄河花园口大堤。汹

中原粮仓

涌的黄河水铺天盖地，一泻千里，广阔的黄淮平原沦为一片汪洋，近百万人丧生，造成5400平方公里的黄泛区，其中扶沟、西华、太康、淮阳受灾尤为严重。洪水退后，黄沙遍地、荒无人烟，数十里不见村庄。“一过黄泛区，水茫茫。陷泥过膝及腰腹，人马欲渡川无梁。”1948年夏，华东野战军转战豫东期间，陈毅元帅曾写下这样沉痛的诗句。当时，有西方人士说：“中国共产党不可能治理好黄泛区，黄泛区将永远是不毛之地。”

“雄鸡一唱天下白。”新中国成立后，黄泛区发生沧桑巨变，贫瘠的周口大地成为中原大粮仓。“1950年，小麦亩产47公斤；1955年60公斤；1978年146公斤……2007年，小麦亩产505公斤。”这一串翔实的数字，记录了周口1950年以来小麦的亩产增长量，记载着周口人年复一年的艰辛努力，更诠释了周口人如何把祖祖辈辈的梦想变成现实。

改革开放以来，周口发生了翻天覆地的变化。2000年6月8日，周口撤地建市，又迎来了一个快速发展的春天。

周口的粮食产量连年增长。“十二五”期间，粮食生产连续五年创历史新高，累计总产达到790亿斤，稳居全省第一位，周口市和7个县市连续荣获“全国粮食生产先进单位”。周口成为名副其实的中原大粮仓，为国家粮食安全做出了重要贡献。

周口的经济发展迅猛，综合实力大幅提升。“十二五”期间，全市经济总量实现由全省第九位到第五位的跃升。2015年生产总值达到2082.4亿元，连续三年稳居全省第五位，经济总量跻身全国城市前100名，人均生产总值由12 934元提高到23 644元，一般公共预算支出突破441亿元，规模

陈毅五过黄泛区留诗篇

周恩来总理与黄泛区农场的建立

抗日战争期间，日军渡过黄泛区（史料图片）

周口经济开发区

以上工业增加值达到927.3亿元，社会消费品零售总额完成947.7亿元，固定资产投资累计完成5814.7亿元，实际利用外资累计20.4亿美元。

周口新老城区面貌发生较大改变，特别是2013年1月省政府批准设立了城乡一体化示范区，确立了周口新型城镇化的主攻方向，推动了中心城区开发建设新一轮高潮，市文化艺术中心、市体育中心、市行政中心、周口公园、和谐公园等项目相继建成，港口物流产业集聚区建设取得重大进展，华耀城、碧桂园、沙颍河生态建设等初具规模，中心城区成为变化最大、最具发展活力的热土。

周口的交通便捷，境内有宁洛、大广、商周、永登四条高速公路交会。全市高速公路总里程达450公里，约占全省的十分之一。沙颍河的成功复航使周口船舶入淮河、汇长江，直达南京、上海，进一步带动了周口大港口、大路网、大物流新格局的形成。

历史缔造辉煌，创新成就未来。从三皇故都到中原大粮仓，历史悠久、文化厚重的周口正在中原大地迅速崛起，全市人民正在为决胜全面建成小康社会而努力奋斗。

要事回放

——精彩的周口历史断面

时光无法倒流，记忆的胶片却可以回放，周口历史上的许多精彩画面在中原文化记忆的银幕上闪现。让我们穿越时空，回溯一下那些在不同历史节点上发生的故事吧——伏羲氏都宛丘开辟鸿蒙，神农氏都于陈教民稼穑，废朝政失国都太康奔戈，商高宗灭蝗虫崩葬西华，周武王封妫满建立陈国，陈胜王立国号名曰“张楚”，汉刘邦设巧计陈县捉韩，光武帝开皇恩免除税赋，平非议发志令曹操让县，包青天下陈州放粮除恶，曾国藩驻周口围剿捻军、周家口保卫战血战日寇，高志航捐躯周家口……

本章将向读者展示周口历史的一个个精彩断面。

伏羲氏都宛丘开辟鸿蒙

伏羲位列三皇之首、百王之先，是远古父系氏族部落的首领。六七千年前，伏羲率部族从成纪出发沿黄河而下，都于宛丘（今周口淮阳），创造了华夏民族的图腾——龙。

伏羲建都宛丘后，在蔡水得白龟一只，于湖中建“八卦台”，在台前凿白龟池蓄养白龟。白龟是伏羲仰观俯察、以类万物之情、始画八卦的参照物。时至中秋，皓月当空，临池而睹，湖草之间，静影沉璧，悟八卦之奥、白龟之妙，通天道之秘、大道之玄，思天根月窟，探人生之道，别有情致。伏羲常临池观看，从白龟龟纹得到启发而用蓍草画出了八卦。蓍草是多年生菊科草本植物，呈正六棱柱形，春生夏长秋衰冬藏，只在伏羲陵墓后生长。当年太昊伏羲氏就是用蓍草画出了千古流传的八卦，因此蓍草被认为是卜筮的灵物，专用于揲卦。古时历代帝王钦差代帝王谒陵祭祖，无不虔诚地带一株回呈，因此蓍草又成为一种信物。

八卦作为伏羲氏的发明创造，是一门很深的学问。它揭示了天地阴阳、世间万物的对立统一规律。伏羲认为，最原始的物质为太极，太极生两仪，两仪生四象，四象生八卦，并发明了八种符号分别代表八卦。八卦代表八个方位，即四面八方，八卦的符号只分阳爻、阴爻，即古代哲学中的一对表示矛盾对立的概念。应当说，八卦是以二进制数理为基础的一门哲学，是中国“群经之首”《易经》的核心理论，也是当今尖端科学理论的母体理论。

淮阳画卦台

八卦图

• 神农氏都于陈教民稼穑 •

炎帝神农氏是中华民族始祖之一。伏羲建都宛丘，后来，神农氏也在此建都，沿其旧制而称陈。这就是淮阳古代称“陈”的一个由来。

太昊伏羲氏开创了中国原始畜牧业的先河，是谁开创了中国原始农业的先河呢？那就是炎帝神农氏。神农氏先都陈（今淮阳），后徙鲁（今山东曲阜）。他一生最伟大的功绩之一就是尝百草、种五谷。《白虎通义》记载：“古之人民皆食兽禽肉，至于神农，人民众多，禽兽不足，于是神农因天之时，分地之利，制耒耜，教民劳作，神而化之，使民易之，故谓神农也。”这说明，神农氏所处的时代，是中国从原始畜牧业向原始农业发展的转变关头。

神农氏教民种五谷后，并不单单靠天而收，还教民打井汲水，对农作物进行灌溉。在淮阳县城东北9华里处有一高台称五谷台，台的四角各有一口井，台中央有一口井，往外二百步又各有一口井，传说共有九眼井。这九眼井水彼此相连，如果汲其中一眼井的水，其他八眼井水都会波动。由于这一带历史上多次被黄河水冲击，黄河水退后大量泥沙沉积，这些井多数都被埋在地下，现仅找到一眼，在五谷台南面二百步远的地方。此井泉水清澈、甘甜，每天都有方圆近百里的人到这里取水，人们称其为神水，说它可以治病。

后人为了纪念神农氏尝百草、种五谷的伟大功绩，在这高台上修建了庙宇。传说神农氏生于农历正月初五，所以每年的正月初五到正月二十很多人来这里朝拜祭祀，祈求五谷丰登。历代达官贵人、文人学士到这里膜拜者比比皆是。据《淮阳县志》记载，三国时曹植来这里拜谒后，曾写下著名的《神农赞》来赞扬神农的功绩。

• 废朝政失国都太康奔戈 •

继黄帝之后，黄河流域又相继出现了颛顼、帝喾、唐尧、虞舜等几位有为君王，后人称他们为“五帝”。后来因为有个叫禹的人治水有功，舜就依照惯例把权位禅让给禹。于是，禹成了继五帝之后中原最大的首领。

禹年老后，本打算依照禅让制度将首领地位传给叫作皋陶的大臣，可皋陶不幸早丧，禹又打算禅位于发明了凿井技术的伯益。但是禹的儿子启却排挤掉了伯益，自己取得了最高权位，还把家族的姓氏“夏后氏”作为部落联盟的称号，从此开始了“父传子，家天下”的中国历史上第一个奴隶王朝——夏。

启晚年生活奢侈，终日沉迷于歌舞声色之中，朝中政事不修。启死了之后，王室内乱。诸子为了争夺权位，展开了激烈的斗争，后来权位被其中之一的太康所得。

太康即位后，起初很勤政，很受百姓拥护。后来疏懒起来，终日田猎无度，朝中众臣很是失望，也引起弟弟仲康的不满。仲康联络诸侯率兵占领了安邑（在今山西夏县），并活捉了太康，念在手足之情，仲康把太康流放到黄淮平原一个叫“戈”（今周口太康）的地方。

还有一说是，东夷族有穷氏首领后羿乘机进入国都安邑，将田猎远游的太康拒之国门之外。太康只好到处流亡，后流落在戈地，筑城建都。史称“太康失国”。

后羿篡权后，太康的弟弟随母亲一起来到戈地追随太康，今太康县有五子台村，相传为他们的居住地。当年太康的弟弟见兄长不能回都，就作了一首追念他们的祖父禹的歌，并以此劝诫哥哥，这首歌就是《尚书》中著名的《五子之歌》。歌词的大意是：我们的祖先大禹曾经训导子孙说，百姓是国家的根本，只有根本稳固了，国家才能安宁。君主应当勤于政事，用心治理好天下，……今天，太康不遵祖训，荒废政事，弄得百姓都仇视我们，使祖先创建的王朝被人颠覆，陷我们于凄苦的境地。太康啊，你铸下了大错，我们心中是多么痛苦啊！

据考证，今太康县城即太康所筑之城的旧址，秦王政二十二年（前225）改“戈”为“阳夏”，置县，而太康县也是全国唯一一个以古代帝王名字命名的千年古县。

太康在位29年而崩，葬于今太康县城东南1公里许，太康陵墓至今犹存。

商高宗灭蝗虫崩葬西华

前1192年夏，商高宗（？—前1192）武丁从殷商都城（今安阳）出兵征伐虎方、东夷。他带领军队深入荆蛮地区（今湖北长江中游）捕获大批俘虏，取道西华一带，在今县城西北90里处安营扎寨，即高宗寨（今属临颍）。

时值天气伏旱，蝗灾甚重，商高宗武丁不顾长途劳顿，率兵民群起灭蝗，不幸驾崩，葬于今西华县城东北15公里陵西村。

据《中国古今地名大辞典》载：商高宗陵“陵墓为椭圆形高大封土冢”。《陈州府志·卷二十五》记其全貌：“其广两千步，高百尺，岗阜丛拥，林木遮蔽，望之如山。”陵前原有高宗庙，宋太祖开宝三年（970）诏修。《陈州府志》载有王汾《修高宗陵庙碑记》云：“宋太祖开宝中，尝诏治王之庙而广，其栋宇至八十八楹，塑其像于殿中。又立傅说、甘盘二相夹持左右，列绘群臣于四壁。复辟东西两序，前辟重达，后严燕寝，致祭有所，供庖有次，珍木森于其中，缭墙周于其外。壮丽密邃，威灵如在。岁时敕守，吏恭洁致。”元代毁于兵燹。大中丞吴韫庵重修，陵前又竖二坊：一题“高宗陵”，二题“高宗神道”。陵园内翼廊夹道，松柏参天，浓郁蔽日。陵侧有株千年铁树，古意盎然，素有“铁树留春”之誉。清康熙六十一年（1722）、同治八年（1869），钦定祀典。1938年6月，国民党炸开黄河花园口大堤，陵庙建筑被洪水冲毁，现仅存陵冢和数通石碑。陵冢附近东南有两小冢，传为傅说、甘盘墓，现已无存。

周武王封妫满建立陈国

“陈”这个地名，源于黄帝时代。陈锋氏后裔自渭水流域东迁至宛丘一带生息繁衍，为纪念其祖地，遂以“陈”命名。陈乃原始部落的名称，最早见于《史记·五帝本纪》：“帝喾娶陈锋氏女，生放勋。”放勋即帝尧陶唐氏，帝喾是黄帝曾孙。陈部落是黄帝时代较大的原始部落之一，与黄帝的姬姓部落互相联姻，构成黄帝部族两大支系之一。黄帝部族起于姬水，即今陕甘之交的岐山一带，陈部落的起源也当在附近。陈部落跟随黄帝部落四处征战，最后统一了黄河流域。陈部落随着黄帝部族东迁于中原，最后落脚于太昊故墟宛丘（即今淮阳）。

3000年前，周朝新立，封前代三王朝的子孙，给以王侯名号，称三恪，以示敬重。《史记·乐书》载，周武王攻灭商朝，到达商都，尚未下车，就封虞舜后裔妫满于陈，建立陈国（都今淮阳），并把长女元姬嫁给他为妻，使陈国成为周王室的东南屏障。妫满，谥号胡公，史称陈胡公。

按照周代的封建官制，“王者之制禄者，公、侯、伯、子、男，凡五等”。妫满被封为“侯”，说明陈国是当时的二等封国，地位相当之高。

陈国初封之地方圆百里，四周有宋、郑、蔡等大国，随着实力的增强，其国土面积也不断扩大，所辖范围东至今安徽亳州，南至今河南新蔡县，西至今西华县、扶沟县，北至今开封陈留。周口市今所辖各县市区均在当时的陈国疆域内。

陈胡公妫满之世，建立宗庙，继奉舜祀。他推行舜时的九德，励精图治，选贤任能，教化民众，修筑陈城，以御外患。在他的精心治理下，陈国社会祥和，人民安居乐业，成为与中原大国并列的诸侯国之一。

东周时期，原为中原大国的陈国国势日趋衰弱。楚、晋、齐交争于中原，陈国处于四战之域，长期在夹缝中生存，无一日不处于战争的阴霾之中。加之国内多

淮阳陈胡公墓

次发生争夺君位的内乱残杀，致使国力不振，终至覆亡。

陈自前1045年胡公满立国，迄前479年楚公子朝灭陈，共传20世，26代国君，经历了西周至春秋长达558年的激荡岁月，与春秋时代一起终结。

• 申叔一言救陈国 •

前598年秋季，陈国发生了夏征舒之乱，楚庄王借机讨伐陈国。楚庄王来势汹汹，陈国上下陷入一片混乱之中，陈国打算与楚国决一死战。楚庄王见状就派人安抚陈国百姓说："不要害怕，我只是诛杀夏征舒而已。"可是楚庄王却不守信用，他杀了夏征舒后，并没有就此罢手，而是借势吞并了陈国，并把陈国划为楚国的一个县。楚国群臣为此都向楚庄王祝贺，唯有刚出使齐国回来后复命的楚大夫申叔没有这样做。楚庄王问其原因，申叔答道："夏征舒弑其君，其罪大矣；讨而戮之，君之义也。"接着给楚庄王讲了"蹊田夺牛"的故事："有人牵着牛抄近路踩了别人的庄稼，田地主人非常生气，就把这头牛抢走。抄近路的人确实有错，可因此就把那个人的牛夺了归己所有，不也太过分了吗？现在大王以夏征舒弑其君为不义，因此召集诸侯的军队讨伐夏征舒以伸张正义，这是人们都交口称赞的事，可事后您却贪图人家的土地，并乘机占领了陈国，为其他国家所不齿，以后还怎么号令天下呢？正是因为这个原因，我才不向大王您表示祝贺啊。"楚庄王听后，认为他讲的确实有道理，便听从了他的意见，从晋国接回了陈灵公的太子午，立为国君，使陈国复国。

申叔以一言救陈，使楚庄王灭陈而又复陈一事，在当时影响很大。

• 楚国都迁陈 •

前535年4月，陈国发生司徒招之乱，楚灵王派公子弃疾率兵伐陈，楚国再次灭了陈国，弃疾做了陈公。5年后，即公元前530年，弃疾回国弑楚灵王自立，是为楚平王，让陈国再次复国。

前478年，楚惠王伐陈，杀掉陈湣公，

将陈国降为楚国的一个县，从此陈地并入楚国版图。

楚顷襄王在位时，秦强楚衰。前279年，秦将白起攻破楚都郢（今湖北江陵县北），楚国贵族除一小部分通过水路退居江南长沙等地外，大部分贵族随楚顷襄王仓皇逃往陈城（今河南淮阳），迁都于陈，故陈城又称郢陈。

这一次战争，楚国失去了国都以及江汉流域的故地领土。楚国的上等之兵及保卫国都的王室主力被击溃，楚遭到致命打击。从此，楚国的盛世渐趋衰落，逐步走向灭亡的道路。

从前279年到前241年，楚国都陈38年，经历了顷襄王与考烈王两世国君。

顷襄王于前263年病逝于陈，就地埋葬于陈。顷襄王墓位于淮阳平粮台古城遗址东南1公里处。因两冢南北相连，状若马鞍而得名“马鞍冢”。

楚顷襄王死后，熊完继位，史称楚考烈王。

前257年，秦国灭掉西周国，作为天子之国的周朝不复存在。

前242年，秦国通过连年兼并战争，土地已与齐国接境，列国面临被分割和消灭的危险，合纵攻秦势在必行。

前241年，韩、赵、魏、燕四国公推考烈王为纵约长，由黄歇主其事，任用庞煖为联军主帅。同年，五国军队按约集中，合纵联军一度突破函谷关（今河南灵宝东北），深入秦国腹地。后秦国倾全国之兵迎战，庞煖心生惧意，五国罢兵而还。

五国一罢兵，秦国即发动报复性进攻，取韩、魏、卫地复建东郡，形成了三面逼近楚都郢陈的局面。考烈王迫于形势，前241年迁都寿春（今安徽寿县西南）。17年后，秦军俘虏楚王负刍，楚国的历史终结在前224年。

• 孔圣人游列国三次莅陈 •

孔子在周游列国期间，先后3次莅临陈国（今淮阳），设馆授徒，传播儒学，宣扬自己的政治主张。

孔子第一次莅陈是在前496年，《淮阳县志》载：“陈湣公六年九月，孔子至陈，居司城贞子家，讲学岁余。晋楚争霸，吴侵陈。孔子赋‘归欤’，过蒲归卫。弟子陈人公良孺私车五乘从之。”司城贞子为陈国卿大夫，今淮阳县城南关三官庙村尚存清代建筑司城贞子阁。

孔子在陈国期间，陈湣公曾派人向他请教如何鉴定楛木箭。一天，有一只隼鸟落在陈国朝堂上然后死去，楛木箭穿过隼鸟身子，石质箭头，箭杆长一尺八寸。陈湣公派人询问孔子。孔子说：“隼鸟从很远的地方飞来，这是肃慎国的箭。从前周武王战胜商纣后，打通了与九夷百蛮的道路，让他们用各自的特产来进贡，使他们不要忘记自己对周王朝的义务。于是肃慎国贡献石质箭头和楛木箭，长一尺八寸。先王为了显示自己的美德，将肃慎国的箭分给长女大姬，把她许配给虞胡公并分封在陈国。周武王将珍宝玉器赐给同姓诸侯，是要推广加深亲族关系。把远方献纳的贡品分赐给异姓诸侯，是要让他们不要忘记义务。因此将肃慎国的箭分给陈国。”陈湣公派人在仓库中寻找，果然找到了肃慎国的箭。

前492年夏，孔子第二次来到陈国。《淮阳县志》记载：“陈湣公十年，孔子来陈，讲学三载。”孔子在陈国，听说鲁国火灾的消息，料定火灾必定发生在桓公、釐公的庙宇，事后果真如此。同年秋，鲁国季桓子病重，坐在辇车上望见鲁都的城墙，深深地叹息说：“昔日这个国家将要振兴了，因为我得罪了孔子，所以不兴旺了。”回头对他的继承人季康子说：“我如果死了，你担任鲁国之相的话，必须召请孔子。”几天后，季桓子去世，季康子继位，打算召请孔子，鲁大夫

孔子问礼老子

淮阳弦歌台

公之鱼拒绝召请孔子，而建议召请冉求。于是季康子派出使者到陈国召请冉求。冉求将要上路，孔子说："鲁人来召冉求，不是小用你，将要大用你啊。"这一天，孔子说："回去吧！回去吧！我家乡的小子志向远大，文才斐然而有章法，我不知道调教他们的办法了。"子贡知道孔子心想回去，趁机告诫冉求说："倘若任用你，就一定要招聘孔子。"冉求离开陈国后，孔子从陈国迁居到蔡国。

孔子迁居蔡国三年后，也就是前489年，却在陈、蔡交界处遭遇了绝粮之厄。当时，楚昭王派人去聘孔子到楚国担任职务，孔子将要去楚国接受聘请。陈国和蔡国的大夫共同谋划对策，他们认为孔子是有德有才的圣贤，如果孔子被楚国委以重任，那么陈蔡两国就要遭遇危机了。于是就共同调发役徒将孔子及其弟子围困在荒郊野外。孔子不能如愿到楚国去，粮食也得不到供应，随行的弟子都感到失望。但是，孔子仍然传他的道，授他的业，弹起琴，唱起歌，如平常一样。后来，子贡去楚国报了信，楚昭王兴师把孔子迎接了过去。后来，楚国不用孔子了。孔子在返回卫国的途中，又在陈国逗留了一段时间，这是他第三次来到陈国。

据考证，孔子陈蔡绝粮的地点在今上蔡县的蔡沟店与商水县固墙镇一带。固墙古称互乡，为了纪念孔子，明代一位地方官曾把互乡改为"洁己乡"。在淮阳县，人们感念孔子大道难绝、弦歌不止的乐观向上精神，把当年陈王练习射箭的弩台、也是孔子开馆收徒的学堂命名为"弦歌台"，唐朝开元年间在此建孔庙，宋代又在此设立"弦歌书院"。弦歌台已经成为古往今来淮阳人民尊孔敬儒的象征，纪念孔子的一个著名旅游景点。

孔子三次莅陈期间，收了陈国的一些弟子，较为有名的有4位，他们是颛孙师、巫马施、公良孺和陈亢。孔子的弟子高柴也曾在陈一带活动，并安葬于此。

• 陈公子奔齐国田氏代齐 •

司马迁在《史记·陈杞世家》里说："及楚灭陈，而田常得政于齐，卒为建国，百世不绝，苗裔兹兹，有土者不伐焉。"这里讲述的是"田氏代齐"的故事。

陈厉公二年（前705），生子陈完（字敬仲）。时周朝太史路过陈国，陈厉公请他为陈完卜卦，卜得的卦象是由“观”卦变成“否”卦。周太史解释说：“这种卦象叫作‘出使他国观光，利于做君王的贵宾’。这个孩子很可能会代替陈氏而拥有整个国家。但它的实现不是在这里，而是在其他国家；不会应验在这个孩子身上，而会应验在他的子孙身上。”

陈宣公二十一年（前672），陈国发生内乱，陈完跑到齐国避难。齐桓公想让他做卿，被陈完推辞，于是让他做了工正，为掌管百工之官。

陈完生子稚孟夷，把陈姓改为田姓。陈完的后代田釐子乞侍奉齐景公，任大夫。他向百姓收赋税时用小斗称量，借给百姓粮食时用大斗称量，暗暗地给百姓以恩德，而齐景公不加禁止。田氏由此获得了齐国的民心，其宗族越来越强盛。

陈哀公三十四年（前535）三月，陈哀公之弟司徒招杀死悼太子师后，太子师的儿子吴出奔到晋国。晋平公问太史赵说：“陈国从此就要亡了吧？”太史赵回答说：“陈国是颛顼的后代，陈氏在齐国获得政权后，陈国才会灭亡。”果然，鲁昭公八年（前534），陈国第一次被楚国灭亡之时，恰是陈完的五世后代陈桓子开始在齐国兴盛之际。

前488年，齐悼公即位时，田乞做了相，独掌齐国的政权。悼公四年（前485），田乞去世，他的儿子田常继相位。田常再次施行田釐子的施政方法，用大斗借贷粮食，用小斗收回债务，深得民心。前481年，田常杀了齐简公，拥立齐简公的弟弟骜，这就是齐平公。前480年，齐平公登位，田常辅佐他，专揽齐国的政权，划安平以东作为田氏封邑。前404年，齐康公被立为国君后，沉湎酒色，不问政务，齐相田常的曾孙田和把他放逐海边，给他一个城作食邑，用来供奉祭祀他的祖先。齐康公十九年（前386），经周天子同意，田和被立为诸侯，排列在周朝的诸侯中。二十六年（前379），康公去世，姜姓齐国绝祀，来自陈国的田氏终于统治了齐国，这就是历史上有名的“田氏代齐”。

陈胜王立国号名曰“张楚”

前209年，陈胜、吴广大泽乡起义后，陈胜亲率一路军马向陈郡进军。义军至陈时已有战车六七百乘，骑兵千余人，步兵数万人。

陈胜指挥军队攻陈，郡首逃匿，守丞率军负隅顽抗。经过激战，守军兵败，守丞在城门下毙命，义军迅速占领陈城（今淮阳）。陈胜被推为王，立国号“张楚”，意为张大楚国，建立了中国历史上第一个农民政权。

陈胜运筹指挥，先后派吴广、周文各率大军西征，直指秦统治中心咸阳。次年，周文西征军失利，秦将章邯率军反扑陈城。为保卫“张楚”政权，陈胜派张贺在西郊构筑工事，组织留守义军并亲自督战，在陈城西部摆开战场。陈胜身先士卒，激励部下奋勇抵抗，决心给敌人以迎头痛击，终因寡不敌众，上柱国蔡赐、将军张贺先后英勇战死。陈胜率军坚守陈城一个多月，后被迫退至下城父（今安徽涡阳县东南）。这时，车夫庄贾暗杀了陈胜，投降秦军。当此危难之际，陈胜故涓人（清洁工）吕臣组成“苍头军”，奋然在新阳（今安徽界首市西北）起兵，继续坚持斗争，两度收复陈县，处决了叛徒庄贾，扭转了局势，振奋了士气。前206年，项羽、刘邦等领导的起义军终于推翻了秦王朝的统治。

陈胜鸿鹄之志

陈胜、吴广领导的秦末农民大起义虽然失败了，但是在中国历史上留下了光辉灿烂的一页。

汉刘邦设巧计陈县捉韩

前202年正月，刘邦胜利后兑现先前诺言，封韩信为楚王，彭越为梁王。前202年二月初三，刘邦在山东定陶汜水之阳举行登基大典，定国号为汉。即位的同年五月，刘邦在庆功宴会上总结自己取胜的原因时说：“夫运筹帷幄之中，决胜于千里之外，吾不如子房。镇国家，抚百姓，给馈饷，不绝粮道，吾不如萧何。连百万之军，战必胜，攻必取，吾不如韩信。此三人者，皆人杰也，吾能用之，此吾所以取天下也。”可见韩信在刘邦取得政权中的作用。

然而，刘邦当上皇帝后，在巩固皇权方面采取的措施之一就是剪除异姓王对他的威胁。韩信首当其冲。刘邦陈县捉韩信就是他剪除异姓诸侯的开始，这件事情就发生在今天的周口淮阳。

汉高帝六年（前201），有人上书告发楚王韩信谋反。刘邦问询将领们，将领们说：“赶紧发兵活埋这小子。”刘邦问陈平，陈平一再推辞，反问道：“各位将领说些什么？”刘邦把各位将领的话告诉了陈平。陈平问：“有人上书说韩信谋反，有知道这件事的外人吗？”刘邦说：“没有。”陈平问：“韩信本人知道这情况吗？”刘邦说：“不知道。”陈平说：“陛下的精锐部队跟韩信比哪个强？”刘邦说：“韩信强。”陈平问：“陛下的将领中用兵有能超过韩信的吗？”刘邦说：“没有谁赶得上他。”陈平说：“如今，陛下的军队不如韩信精锐，将领的才干又赶不上韩信，却要发兵攻打他，这是促使他同我们作战，我私下里为陛下的安危而担忧。”刘邦说：“那该怎么办呢？”陈平说：“南方有个云梦泽，陛下可以假装出游云梦，在陈县会见诸侯，趁机将他拿下，这只不过是一个力士就能办到的事。”刘邦觉得他的主意不错，于是派出使者告知各诸侯到陈县会面。刘邦到达陈县时，韩信果然在路上迎接。刘邦命令武士将韩信捆绑起来，装在囚车中。韩信喊道：“天下已经平定，我本来该当烹杀了！”刘邦回过头对韩信说：“你别喊叫了！你谋反，这已经很明显了！”

陈县（今淮阳）西郊是刘邦捉韩信的地方。后人为了纪念这一重要的历史事件，把淮阳县西门桥叫作“平信桥”。

光武帝开皇恩免除税赋

刘秀（前6—57），南阳蔡阳（今湖北枣阳市西南）人，汉高祖刘邦九世孙。

刘秀的父亲刘钦曾任陈留郡济阳县（今河南兰考县东北）县令。建平元年（前6）十二月，刘钦的第三子刘秀出生在济阳县舍。后刘钦调任南顿（治今项城市西南顿镇）县令，刘秀和他的两个兄长刘縯、刘仲跟随父亲在南顿生活。太傅张禹的祖父张况曾“数往来南顿，见光武”（《后汉书·张禹传》）。元始三年（3），刘钦死于南顿任上，刘秀时年9岁。刘秀和两个兄长遂离开南顿，寄养于叔父刘良处。

25年，刘秀在河北高（今河北柏乡县北）称帝，建立东汉政权。刘秀当上皇帝后念念不忘南顿父老乡亲的养育之恩，一度巡幸南顿，并多次惠及南顿人民。

建武十九年（43）秋九月，光武帝在南巡南阳后驾临汝南郡南顿县舍，设置酒宴，赏赐吏民，表态免除南顿县田租一年。当地父老趋前叩头请求说：“皇帝您的父亲曾在南顿这里任县令很长时间，您曾跟随在此住过，因此熟悉这里的官府房舍，每次您来到这里都施予我们深厚的恩惠，希望能降恩免除十年的赋税。”光武帝说：“治理天下责任重大，我经常担心不能胜任，过一天是一天，哪敢过远约到十年呢？”南顿吏民说：“陛下实际是舍不得减免，何以讲得这样谦逊呢？”光武帝大笑，又答应增免一年的赋税。随后又驾临淮阳等地。

“光武台在县（治时在秣陵）西北二十里。光武幸南顿时所筑”（《读史方舆纪要》卷四十七）。后人为纪念此事，就在当年刘秀宴请的高台（光武台）上建光武庙祭祀。

• 平非议发志令曹操让县 •

建安十五年（210），曹操56岁时，“挟天子以令诸侯”，实际掌握了东汉政权，基本统一了中国北方，就在他为进一步统一全国而努力时，孙权、刘备两大军事集团除在军事上联盟抗曹外，在政治上则抨击曹操“欲废汉自立”，“托名汉相，实为汉贼”。在这种形势下，曹操为了平息诽谤和议论，发布了《让县自明本志令》，并奉还了受封的武平国食邑2万户。这就是历史上著名的“曹操让县”的故事。

曹操受封的武平国地域大多在今周口市境内，所辖四县，武平（今鹿邑县西）、阳夏（今太康县）、柘（今柘城县北）、苦（今鹿邑县东），食邑3万户。

曹操在令文中写道：我被举为孝廉时，年纪很轻，自以为不是那种隐居深山而有名望的人士，恐怕被天下人看作是平庸无能之辈，所以想当一个郡的太守，把政治和教化搞好，来建立自己的声誉，让世上的人都清楚地了解我，所以我在济南任国相时，开始革除弊政，公正地选拔、推荐官吏，这就冒犯了那些朝廷的权贵，因而被豪强权贵所恨。我恐怕给家族招来灾祸，所以托病还乡了，返回家乡后，整年不出，在谯县东面五十里的地方建了一栋精致的书房，打算在秋夏读书，冬春打猎，想老于荒野不被人知，但是这个愿望没有实现。后来我被征召做了都尉，又调任典军校尉，心里就又想为国家讨贼立功了，希望得到封侯，当个征西将军，死后在墓碑上题字“汉故征西将军曹侯之墓”。这就是我当时的志向。然而遇上董卓犯上叛乱，各地纷纷起兵讨伐，后来我担任兖州刺史，击败了黄巾农民军，收编了30多万人。再有袁术在九江盗用皇帝称号，部下都向他称臣。此后我出兵讨伐，擒拿了他的四员大将，抓获了大量部属，致使袁术势穷力尽，最后得病而死。待到袁绍占据黄河以北，我估计自己不能和他匹敌，但想到我这是为国献身，这样也足以留名后世了。幸而打败了袁绍，还斩了他的两个儿子。刘表占据荆州，我又平息了他，才使天下太平。自己当上了宰相，作为臣子显贵到极点，超过我原来的愿望了。可能有的人看到我的势力强大，说我有夺取帝位的野心，这种胡乱猜测，常使我心中不得安宁。齐桓公、晋文公所以被传颂至今日的原因，是因为他们的兵势强大，仍能够尊重周天子啊。但要我就此放弃所统率的军队，把军权交还朝廷，回到武平侯的封地去，这实在是不行的啊。为什么呢？实在是怕放弃了兵权会遭到别人的谋害，这既是为子孙打算，也是考虑到自己垮台，国家将有颠覆的危险。现在天下还未安定，我不能让位。至于封地，可以辞退一些。现在我把阳夏、柘、苦三县的两万户赋税交还给朝廷，只享受武平县的一万户。姑且以此来平息诽谤和议论，稍稍减少别人对我的指责吧。

曹操此举，足见其在政治上的深谋远虑。

• 包青天下陈州放粮除恶 •

包拯任开封府尹时，陈州（今淮阳）为开封府所辖。宋庆历三年（1043），陈州大雪成灾，桑树、枣树多被冻死，第二年，春蚕及大麦、小麦均大为减产。陈州知州任师中上书要求免除“支移折变”。转运使只免除支移，照样将夏税大小麦每斗折变为缴纳现钱140文。当时小麦市价每斗才50文，这样一折变，百姓的纳税负担增加近两倍。包拯奉命到陈州察访，了解实情后，立即上疏，请求宋仁宗特降诏书，令陈州百姓按大麦、小麦的市价缴纳现钱，或直接缴纳大小二麦。这一请求得到批准，使陈州百姓在大灾之年免受折变之苦。1933年版《淮阳县志》所载的包拯《请免陈州添折见钱疏》，真实地记载了这个历史事件。

包拯任监察御史时，转运使王逵状告陈州地方官任师中苛剥农民，多收钱粮。当时，民众心目中的任师中廉洁，王逵贪鄙。是否是恶人先告状？要派人访查。人惧王逵权势，不愿前往。包拯为弄清真相，毅然来到陈州。经过访查，掌握了证据，包拯回到京城，向皇帝报告：肆意搜刮农民，引起农民不满与无法生活的，正是王逵。包拯要求将王逵撤职，将多收的钱粮还给农民。包拯监粮的具体地点在古粮城。据1933年版《淮阳县志·古迹·古粮城》载：“古粮城，在城北一里蔡河滨，相传包公监粮处。”古粮城在今淮阳县城北关进步南街一带。元杂剧《陈州粜米》及后来的戏剧《包公下陈州》、民间故事《包公放粮》，就是依据包拯惩处王逵这一史实创作而成的。

汴梁、陈州流传“忌四十五”的习俗。据《汴梁琐记》说：“汴地民间流传老包（拯）奉命往陈州放粮，中途遇盗，乔装忘八（江湖中对妓女的仆人的称谓），逃出险地，幸免于难。其时正值四十五岁，民间认定四十五这一岁，必属厄运，因而忌言四十五岁，多改称四十四岁或四十六岁以避之。”

陈州人民对包拯的恩德铭记不忘，明成化年间（1465—1487），知州戴昕在位于城西北隅的永积仓内建包公祠。明代进士刘思温撰文的《四贤祠碑记》记载有包拯奉旨到陈州除恶的史实。

• 建书院授理学兴学育才 •

宋神宗熙宁八年（1075）至元丰三年（1080），程颢任扶沟知县，程颐同往。程颢有着强烈的济世安民之志，无论在哪里做官，都将“视民如伤”（把百姓当作有伤病的人一样照顾，旧时形容在位者极其顾恤民众疾苦）作为座右铭，勉励自己勤政为民。他任职扶沟期间，有相当的政绩。他离开扶沟县到别处任职时，百姓们都哭着追到县境去挽留他。

程颢到任扶沟听说当地饮用水发咸，问幕僚：“百姓一直都饮这种水吗？”幕僚说：“您有所不知，附近只有僧舍的井水还稍微甜一点，可又不让妇女去汲水。”程颢反复与幕僚相商，令人在同一地脉的地段上凿了一口井，解决了百姓吃水问题。百姓都说：“这么多年的问题程县令一来就给我们解决了。”他上任不久，扶沟正逢大旱，他认为“一井不过数工，而所灌数亩”，让人们赶快凿井灌田。扶沟县地势低洼，几乎年年发生水旱灾害。他亲自主持，用“经画沟洫”法开建水利工程。然而工程尚未展开，程颢就“去职”了。他在去职之前，抓紧时间使水利工程上马，他说：“以扶沟之地尽为沟洫，必数年乃成。言为经画十里之间，以开其端。后之人知其利，必有继之者矣。”（《永乐大典·程子外书》）程颢的目的很明确，就是自己先开个头，做个榜样，让后继者继续这项利民的工程，真可谓用心良苦。

扶沟大程书院

程颢在扶沟任上，主张乡必有校，建乡校、社学多处。他亲自创建书院，选择县内有培养前途的百姓子弟在此就读，亲自书写“书院”字匾悬于大门之上。据《永乐大典·程子外书》记载：“夫为令之职，必使境内之民凶年饥岁，免于死亡；饱食逸居，有礼义之训，然后为尽。故吾于扶沟兴设学校，聚邑人子弟教之，亦几成而废，夫百里之施至狭也。而道之兴废系焉，是数事皆未及成，岂不有命？然知而不为而责命之兴废则非矣。此吾所以不敢不尽心也。”扶沟教育在程颢的重视倡导下，较前有很大发展。他创建的“大程书院”，经多次重修，一直延续至近代，为扶沟培养了大批人才。他重教兴学的思想，深深地留在扶沟人民心中，至今令人景仰。

• 曾国藩驻周口围剿捻军 •

清同治五年（1866）八月初九至次年正月初六，清朝重臣曾国藩在周家口设帅府行营坐镇指挥剿灭捻军，连续度过了147天。

曾国藩为什么把剿捻的大本营设在周家口？因为他认为周家口的军事位置非常重要。同治四年（1865）七月初九，他在上书清廷的奏折中明言：“臣窃观刻下局势，周家口最为扼要之区。……自周家口以下至槐店以上，扼守沙河；自周家口以上至朱仙镇，扼守贾鲁河，由臣派兵设防。”

同治五年（1866）六月十五，身在山东济宁的曾国藩“拔营东下，由运河入淮，溯流而上，径赴周家口”。

来到周家口，曾国藩的帅府安扎在位于北寨的覃怀会馆（又名四圣会馆）。

曾国藩每次到周家口，都与剿捻有关。清咸丰三年至十一年（1853—1861），捻军与清军曾国藩部在豫东多次交战。捻军一部从淮阳到周家口，清军予以截击。咸丰七年（1857）九月十八，捻军围攻陈州城，守城清军出城迎击，在龙王集被捻军击溃，邑令保淳与千总等人被杀死。咸丰八年（1858），捻军从安徽亳县进攻周家口，陈州府通判候补同知王可思率清军练勇300人在周家口督战顽抗。捻军攻势强大，清军步步退后，练勇溃散，捻军占领周家口，活捉并杀死王可思后离去。同年，捻军首领姜太林、侯四淮、李太清等人率军数万，在周家口一带和清军数次激战后，经西华北去。咸丰九年（1859），捻军首领任柱、赖文光率军五六万人，由豫西向皖北转移。清军在周家口沿贾鲁河设防，阻止捻军东下。曾国藩惧起义军势众，固守周家口，未敢妄动，仅纠集商水、淮阳、西华乡团4万余人，在任桥坡（周家口西10公里，今属商水县张庄乡）布防。同治五年（1866）五月，曾国藩亲率刘铭传部驻扎周家口，与捻军一部激战于沈丘、阜阳一带。

清军与捻军的数年激战，致使周口饱受战乱之苦，商业、水运日渐凋零，慢慢失去了中原“四大名镇”的辉煌。

• 周家口保卫战血战日寇 •

1938年6月，国民政府为阻止日军西进，派军队扒开黄河花园口，滔滔黄水一泻千里。周口北寨有一条光绪十三年堵黄水时修的大堤，正是这条大堤挡住了汹涌南下的黄水，使周口北寨以南免遭劫难，而周口以北变成了宽达20余里的水乡泽国——黄泛区。当时泛区以北各县相继被日寇占领，周口正处在黄水南岸，为国共两党军队控制地区的边缘，又据豫皖水陆通道中枢，在军事、交通等方面的地理位置显得非常重要。因此，日军侵占淮阳不久，就对周口虎视眈眈，妄图一举夺取，以便切断豫皖交通，与平汉线上的日军会合，占领全部中原。

在豫东地区领导抗日武装斗争的是新四军游击支队司令彭雪枫，驻防周口一带的是原属国民党西北军的骑兵十四旅。虽然当时在周口市区内还驻有七区行政督察专员刘基炎的保安队，贾鲁河以西驻有张位明的游击队，但这些都是不太能真正打仗的。他们装备落后，不堪一击，而十四旅是骑兵，没有重武器。此外，由于防线太长，兵员不足，而日军却拥有飞机、大炮和大批汽艇等船只，敌我力量悬殊。

为争取国民党骑兵十四旅，我党派张侠等30多名共产党员到骑兵旅工作，向士兵们讲抗战道理，教抗战歌曲，在士兵中秘密发展党员，这支队伍的抗战士气迅速提高。激战开始前，骑兵十四旅旅长张占魁，及时采取了应变措施，重新调整了作战布置。十四旅大部分官兵都是周口以南和东南几县的人，张占魁在战前动员会上对全体官兵讲：“根据我们侦察到的情况，敌人很快就要对周口发动大规模进攻。周口是守卫黄水南岸的军事要地，是保卫东南各县的堡垒。周口一失守，整个豫东南都保不住了。周口是我们家乡的大门，周口丢了，家乡也就完了，我们就要当亡国奴。现在已经到了和敌人拼死决战的时刻，咱们要为保卫家乡奋战到底！”同时，为了弥补部队人员与火力的不足，更有效地打击来犯之敌，张占魁还从周口以南百十里以内的村镇，调集了所有的土枪火炮，运来了大批耙齿、犁面和铁砂，集中了各村镇的炮手、火药手，以备在敌人逼近南岸时，协助守军轰击敌人的汽艇，压制敌人的火力。

日军对周口进犯是从1938年10月6日开始的。当天天刚亮，日军就出动成批飞机对我军阵地进行轮番轰炸。10月9日拂晓，7架日军飞机呼啸着窜入周口上空，对市区特别是周口老桥进行了猛烈轰炸，企图炸毁沟通沙河南北唯一的桥梁，切断南北交通通道。空袭中，老桥两端大部分民房被炸，两枚炸弹落在桥面上，炸穿了两个大洞。

周家口抗战文物

飞机轰炸市区的同时，日军炮火开始向我军阵地轰击。炮火过后，日军出动一个旅团约4000人的兵力，乘坐100多只汽艇、橡皮船和木船，架着机关枪，气势汹汹地向南岸我军阵地潮水般涌来。我们的木船被打穿了，守在船上的士兵撕烂衣服用布堵塞漏洞，继续守着木船打；一部分跳入水中的士兵，被敌人密集的枪弹打得挺不起腰来，他们索性蹲到水里露个头打。

战斗中，周口市内的商户纷纷慷慨解囊，为士兵捐钱捐物。周口市民踊跃参加战斗，扛着土枪火炮，运送弹药。妇女们为士兵烧水做饭，冒着炮火送到前沿阵地。周口抗建班的学员组成战地救护团，从阵地上把伤亡的士兵送到救护所。青年学生组成慰问团，把捐来的月饼、糕点、水果、牙膏、毛巾等慰问品送到阵地。就这样，激烈的战斗持续了三天三夜。

激烈的战斗中，旅长张占魁亲临前沿阵地指挥，所有官兵都能奋不顾身，尤其是刚刚秘密加入中国共产党的官兵，更是冲锋在前，力挫强敌。敌人一次又一次的冲锋被击退了，伤亡惨重。这次战斗开始后，十四旅接到国民党第一战区司令长官卫立煌电令，命令他们要坚守周口，等待四十军增援。激战进入第三天，四十军第三十九师增援一个团的兵力投入战斗，敌人不可一世的嚣张气焰被十四旅压下去了。

这次战斗持续了一周左右，击毁敌人船只几十艘，消灭日伪军千余名，日军指挥官铃木因战败剖腹自杀在黄水窝的破窑中。张占魁因这次作战有功，晋升为陆军少将。周口和上蔡、商水、项城等县的群众，抬着衣物和宰好的猪羊到十四旅驻地慰劳，胜利的喜悦充满周口上空。

张占魁与周家口抗日保卫战

自此一战，历时六载，日军不敢冒犯周口。

•高志航捐躯周家口•

《周口市志》载：1937年，国民党空军第四大队驻防周家口飞机场。周家口飞机场地点在市区西南部臧坡，今现代城一带。8月14日，第四大队在大队长高志航的率领下奉命从周家口起飞，参加淞沪保卫战，一举击落日机6架，大长中国人民的士气，高志航被誉为“抗战天神”。12月15日，苏联援赠飞机到达周家口机场。12月21日，日机袭击周家口机场，炸毁飞机多架，高志航迎战，未及起飞不幸阵亡。

高志航，原名铭九，字子恒，1907年5月14日生，吉林省通化县高丽墓子村人，出身于农民家庭，6岁入学，中法中学毕业后，考入东北陆军军官学校教育班炮科学习。1922年第一次直奉大战后，张学良向德国、意大利购买各类新式飞机120余架，组成了“飞鹰”等5个大队，从陆军选拔百名学员学习飞行技术，1924年又从中精选28人到法国学习，高志航以优异的成绩被录取。临出国前，他找到张学良要求改名。他说：“当中国空军英雄就是我的奋斗目标！”从此，他改名高志航。

1927年，高志航以优异的成绩毕业返回祖国，任张学良部东北航空处“飞鹰”队少校队长。“九一八”事变后，他在中央航校任职。1933年任第八航空教官，次年升任第四航空大队大队长，1936年12月驻防周家口机场。

1937年8月13日，淞沪大战爆发，高志航奉命由周家口飞到南京，接受了飞往杭州笕桥机场（国民党中央航校所在地）保卫南京的任务。14日，日本海军木梗津航空队、鹿屋航空队的13架九六式重型轰炸机直向笕桥飞来。是时，高志航立即带领两僚机飞上天空，率队迎敌。高志航首创纪录，打落一架敌机，接着又打落第二架。霎时，其他中国战机也纷纷报捷。30分钟的空战结束了，高志航的驱逐机中弹五六处，其他无一损失。狂妄的日本空军遭到侵华以来前所未有的打击，6架敌机被击毁坠落。此举打破了日本空军不可战胜的神话，鼓舞了全国人民的斗志，在国际上震动很大。国民党当局为了纪念这一可喜的事件，将8月14日定为“中国空军节”。

1937年12月，高志航奉命赴兰州接收苏联援助的驱逐机，于15日率队飞抵周家口。21日11时许，日寇轰炸机袭击周口机场。高志航一面命令飞行员：“赶快登机杀敌，快！快！谁怕死我毙谁！”一面不顾日机的扫射与轰炸，自己强行登机，并命令军械长冯干卿给他调整机枪。战机尚未启动，敌机已俯冲而下，投下了罪恶的炸弹。高志航在紧急关头跳出机舱，但他尚未落地，日寇的炸弹已经爆炸。高志航头部及下肢被炸得不知去向，只剩下胸部在燃烧。

日寇这次空袭，共计损伤我飞机10多架，以及机场部分设施。军械长冯干卿也被炸死，被炸死的还有为机场军人送饭的金骏斋饭庄的徒弟。

高志航为国捐躯时年仅29岁，数日之后，国民党当局授予他空军少将军衔。在对日军突袭周口专案调查后查明，原来系国民党行政院秘书黄某向日寇提供情报所致。

高志航的名字和他的爱国精神长驻人间，周口人民更为怀念他。

央视网

抗日英雄高志航

击落日机的中国第一人高志航

名人扫描

——在记忆中定格的历史名人肖像

风起云涌的历史，造就了一代又一代周口的先贤名士。

中华民族的第一帝太昊伏羲出现在周口，北洋政府总统袁世凯也出现在周口，伟大的思想家、天下第一的老子出现在这里，中国第一次农民起义的领袖陈胜和吴广、被《汉书》称为“治为天下第一人”的黄霸、第一位创制蒙学《千字文》的周兴嗣、第一个以小说命名的殷芸等名人也出现在这里。在周口名人里，有着众多的第一，有着迷人的传奇。这到底是一种历史巧合，还是历史的眷顾？

本章讲述的部分周口名人的故事帮助您破解其中的玄机。

周口历史名人画卷

• 三皇之首太昊伏羲氏 •

太昊伏羲氏，传说中的远古帝王，“三皇”之首，是中华民族的人文始祖。自姓为风，以木德王。生于甘肃成纪，大约在公元前40世纪时东迁，在宛丘（今淮阳县）建都。

伏羲聪慧过人，又善于思考。他将自己带领部落战天斗地的实践进行总结，发现规律，加以推广，使人类逐步从愚昧走向文明。

他仰观于天，俯察于地，后根据天地间阴阳相济、荣枯循序、周而复始的客观存在，“远取诸物，近取诸身”，发明创制了先天八卦。他造书契，“使天下义理必归文字，文字必归六书，以同文而代结绳之政”。

他正姓氏，制嫁娶，变革婚姻习俗，把血缘婚改为族外婚，结束了长期以来子女只知其母不知其父的原始群婚状态。

电影《人皇伏羲》剧照

他以龙纪官，分理海内，将其统治地域进行社会化管理，为后代治国安邦提供了借鉴。

他作甲历，创制古代历法，教民遵循天时季节，趋热避冷，秋储冬用。

他造干戈，建城堡，御外患。面对野兽及外族部落侵扰，伏羲教民用竹、木、藤条、石块制作武器；堆土为城，覆草为屋；使部落进可战，退可守，冷热可避，风雨可防，建立起无虞的生存、生活环境。

他模仿蜘蛛结网捕食飞虫的形式，教部族居民用植物的纤维作网罟去捕鱼狩猎，大大地提高了当时人类的生产能力。收获多了，猎物吃不完，他又教人“养牺牲”，即将那些受轻伤的小兽圈养起来，以备无猎时食用，从而揭开了原始畜牧业的序幕。

他留火种，兴庖厨，教民熟食，结束了人类茹毛饮血的蒙昧历史，从而减少了疾病，增强了族群体质，提高了族群的生殖繁衍能力。

他“味百药而制九针”，开创了我国最早的针灸学和医药学。

他发明陶埙、琴瑟等乐器，创作乐曲歌谣，将音乐带入人们的生活，帮助人们“修身理性，返其天真”。

太昊伏羲氏的一系列改革创新措施，使本部落的实力大大增强，文明程度显著提高，同时也使四夷归服。接着他把自己的发明创造推广到其他部落中去，帮助大家共同进步，因而伏羲氏在当时享有极高的威望。《史纲评要》说伏羲“以木德继天而王”。

太昊伏羲死后，葬于今淮阳县城龙湖北岸，即现在的太昊陵。

• 创世女皇女娲氏 •

女娲氏，传说中的远古帝王“三皇”之一，是中华民族的人文始祖。《史记·补三皇本纪》载：女娲出生于成纪，亦风姓，有神圣之德，代宓羲（编者注：宓羲即太昊伏羲）立，号曰华胥氏。由此可见，她与伏羲原为兄妹的传说，并非虚妄。在伏羲之后，她做了华胥氏的首领。在她统御部落的时候，为壮大自己的族群，“祷神祠祈而为女媒，因置婚姻”。与此紧密相关的是“女娲作笙簧”：为让

女娲

男女以歌声交流感情，她发明了可吹奏的乐器——笙簧，借音乐激发男女的欢悦情窦，从而达到促成婚嫁、快生多生子女的目的。正因为此，女娲被中华民族尊为“生育之神”“创世女神”。女娲死后，葬于今西华县聂堆镇思都岗村。

为了纪念这位“伟大母亲”，后人在思都岗建祠——女娲城，代代相继，香火不断。

思都岗在今西华县城北7.5公里处的聂堆镇思都岗村西北，相传为女娲故墟。《河南通志》载：“女娲氏遗民思故都，因以为名。”

三国魏曹植做陈王时，曾游历思都岗，《陈州府志》载：“女娲城在县西北十里。曹植赞曰：‘古之国君，造簧作笙；人物未就，轩辕纂成。’”宋乐史《太平寰宇记》卷10载：“县西二十里，旧传女娲之都，本名娲城。”《读史方舆纪要》卷47载：“娲城在西华县西，女娲之都也。”这里的“县”为西华旧县柳城县。思都岗村古刹龙泉寺保存的明代《思都岗龙泉寺记》碑载：“西华治北十五里，有城遗址，半就湮没，相传为女娲故墟也。”清《西华县志》记载：“娲城，以为女娲所筑之城。古老相传，其来已久。城上朝来缤纷，烟霞袅袅。尤以春夏之交，此景最为壮观。”

• 五谷先帝神农氏 •

神农氏，即炎帝，传说中的远古帝王“三皇”之一，是中华民族的人文始祖。据历史文献记载，炎帝神农氏诞生于湖北烈山东南麓的随州厉山镇，约在公元前30世纪建都于陈（今淮阳县）。

人类之初，皆以兽禽之肉为食。到了神农氏时代，人口增多，禽兽不足，生活发生危机。从山区来到土地肥沃、水源充沛的平原的神农氏，依据植物春生秋实、周而复始的现象，选择可食、有丰硕果实的植物，教人有目的地种植。这也就是原始农业的开始。为了生产需要，神农氏“斫木为耜，煣木为耒”，在实践中发明了劳动工具；同时还根据生活需要，发明了陶器，使人类的生存方式发生了根本性变化——由渔猎转为农耕。

随着生产的不断扩大和技术的提高，人们种植收获的谷物越来越多，有了剩余。神农氏就在人多的地方设立集市，让大家把吃不完、用不了的食物和东西，每天中午拿到集市上去交换，从而产生了中国的原始商品交易。

《纲鉴易知录》记载：民有疾，不知如何调治。炎帝就试着去品尝各种草木的性味，看其对自己的身体发生什么作用，尔后拿来为民疗疾，从而医道肇始。这就是传说的“神农尝百草”的故事。

• 道德先哲老子 •

老子（约前571—前471），姓李，名耳，字伯阳，谥曰聃，故又称老聃，是楚国苦县厉乡曲仁里（今河南省鹿邑县太清宫镇）人。是我国古代伟大的思想家、哲学家，道家学派创始人。

老子幼年潜心攻读，沉默寡言，纯朴无邪，以“少私寡欲”饮誉乡里。青年时期从师常枞，求学问道，刻苦自励。周

鹿邑太清宫广场的老子李耳像

灵王二十一年（前551），老子随父亲到了东都洛阳，任守藏室史官，掌管周朝的典籍，兼记朝议。当时老子在朝堂跪地作记，周王怜其苦，就命其倚柱而书，故人们又称老子为“柱下史”。

老子在任守藏史期间，博览群书，学识大进。对天体之本、万物之源及社会哲理有了独到的唯物见解。在临朝作记中，他又对周王朝的施政方略、贵族之间的明争暗斗、百姓疾苦以及百工们的无畏反抗，有了更深切、全面的了解。

此时，周王室发生争夺王位的内战，王室在诸侯国中的威望与地位也降到中小诸侯的水平。在连年征战中，老子所管理的周室典籍散失殆尽，他因此被免职。他眼见自己为之毕生奋斗的事业毁于战火，心中充满悲愤与绝望。他目睹人欲横流，天道灭绝，周王朝与各诸侯国的贵族阶层穷奢极欲，鱼肉人民，贪赃枉法，尔诈我欺，黎民百姓忍受饥寒交迫之痛、赋税徭役之苦，在连年争城夺地的战争中生命如蝼蚁，朝不保夕。他同情人民，反对战争，痛恨贵族王公。他感到道义难施，幻想过安静的生活，因而辞官，回到故里苦县厉乡设坛讲学。因老子知识渊博，德高望重，求学问道者络绎不绝。在归隐讲学期间，他的精深博大的见解得以弘扬和传播，受到知识分子和百姓的赞许。

周敬王四十一年（前479），楚国灭陈，老子遭亡国之痛，遂骑青牛，负竹简，离家西去。

老子经过函谷关（今灵宝市东北），关令尹喜请他著书讲道。老子盛情难却，遂写下五千余言，这是老子用语录体韵文写成的具有深刻思想内涵的哲学著作，被称为《老子》或《道德经》，是道家学派和道教最著名的经典。该书表述了他的天道观、人生观，较为系统地揭示了事物发展、转化的唯物辩证规律，为后来的唯物主义哲学奠定了基础。

老子从函谷关西去，在秦国四处讲学。周元王五年（前471）病逝于秦国的扶风（今陕西省秦岭以北地区），葬于槐里（今陕西周至县城东南25公里楼观台西的大陵山北麓的山坡上）。

西出函谷化紫烟

• 起义英雄陈胜、吴广 •

陈胜（？—前208），字涉，秦末阳城（今商水县）人。

吴广（？—前208），字叔，秦末阳夏（今太康县）人。

陈胜少时，帮人种田，虽寄人篱下，却胸怀大志。曾对一同做佣工的穷哥们儿说："苟富贵，无相忘！"大家笑着说："咱们都是穷人，现在给人家做工，啥时候会富贵哟！"陈胜叹息道："燕雀安知鸿鹄之志哉！"前210年，秦始皇驾崩，胡亥继承王位，称秦二世。秦二世为维护其统治，大肆杀戮大臣；筑王陵、建宫殿，征兵派夫，置人民于水火之中，以致民怨沸腾。

秦二世元年（前209）七月，朝廷征召平民900人赴渔阳（治今北京市密云区西南）戍边。陈胜、吴广皆在其中，并担任小队长。行至大泽乡（今安徽宿州刘村集），遇大雨受阻，难以如期到达。依照秦律，超过期限者一律诛杀。陈胜、吴广商量说："现在继续往前走是死，逃亡被捉也是死，起事若失败了也是死，既然都是死，那何不起事，干一番大事？或许成功了，反而不死呢！"陈胜说："我听说胡亥是秦始皇的小儿子，不该他来继位，应当继位的是公子扶苏。二世上台后，就把他杀了。我们起事，如果说是扶苏的队伍，响应的人一定不会少。"吴广觉得陈胜说得有道理。

吴广平时爱护戍卒，有群众威信，人们大多愿意听他的。一天，吴广趁官府派来领队的营尉喝醉了酒，屡次扬言要逃跑，意在激怒营尉，使其当众侮辱自己，从而激起大家的愤怒。营尉果然中计，拔剑欲刺吴广。吴广奋起夺剑，陈胜相助，当场杀死两名营尉。他们随即召集戍卒

陈胜、吴广雕塑

说："我们被大雨耽误，无论怎么赶路，都已过了到达的期限。朝廷规定误期要杀头，即使得到宽恕，十之六七也要丧生成所。大丈夫不死则已，死就要干大事情。'王侯将相，宁有种乎！'想建功立业，过富贵生活，得靠我们自己去争取。"戍卒们听罢，群情激奋，一致表示：跟着陈胜、吴广走。于是中国第一次农民大起义便爆发了。

陈胜、吴广领导的义军，首先攻占大泽乡，继之攻陷蕲县（今安徽宿州市埇桥区），又连克酂（治今湖北老河口市西北）、苦（治今河南鹿邑）、柘（治今河南柘城）、谯（治今安徽亳州）等地。他们一面作战，一面壮大队伍，至陈已有战车六七百乘，骑兵千余人，步卒数万人。起义军攻占陈地后，按地方士绅之议，建立了"张楚"政权，陈胜被推立为王，陈为国都。

陈胜称王之后，封吴广为假王，督率各将领西击荥阳。他又派武臣为将军，张耳、陈余为左、右指挥，率3000余人北进夺取赵魏土地；派邓宗向九江郡（治今安徽寿县）进发；派周市率军进占旧时魏国、齐国地区；授周文将军印信，命他带兵西进攻秦。陈胜坐镇陈都。

武臣率军攻占邯郸后，自立为赵王，不再听从陈胜的调遣。周市进占魏地后，立魏国宗室、从前的宁陵君咎为魏王，周市任宰相。西进的周文义军，沿途征召兵马，到达函谷关（今灵宝市东北）时，已拥有战车千辆，兵士几十万人。胡亥命章邯率军迎战周文。结果周文屡战屡败，溃不成军，就自杀了。吴广率军围攻荥阳，受到三川郡郡守李由（秦相李斯之子）的抵抗，久攻不下。将军田臧等人密谋，假传陈王命令，袭杀吴广。陈胜任命田臧为上将军迎战秦军章邯，结果被秦军击溃，田臧战死。章邯乘胜进击，大军直逼陈城。陈胜急令将领张贺在陈西郊构筑工事，抵御秦军。陈胜亲自督战，保卫陈城。但仍大败，张贺战死。十二月，陈胜退到汝阴（治今安徽阜阳），在转至下城父（今安徽涡阳东南）时被车夫庄贾所杀，死后被辗转埋葬在砀邑（今河南永城市东北）。

陈胜、吴广虽建都称王仅6个月就相继遇害，但他们点燃的起义烈火愈烧愈旺，为秦王朝擂响了丧钟。刘邦称帝后，对陈胜行礼祭祀，并专设30户人家守护陈胜墓地。

吴广塔与吴广的传说

• 汉代循吏黄霸 •

黄霸（？—前51），字次公，西汉阳夏（今太康县）人，历任阳夏游徼（乡官，掌一乡的巡察缉捕）、侍郎谒者，左冯翊属下卒史，宣帝时任丞相。

黄霸性温良、谦虚，识闻博广，理事以法律为准，治民以教化为先，在当时官吏中政绩最为突出。黄霸奉职守法，持政宽和。任左冯翊属下卒史时，管一郡钱粮，账目明白无误，经上司考察，补为河东均输长，后升迁河南太守丞。宣帝即位后，得知黄霸执法公平，召他任廷尉正。他多次明断疑案，深受众人好评，授任丞相长史。后因夏侯胜非议诏书，他附和不劾报，被廷尉查办下狱，三年后获释。夏侯胜复出后任谏议大夫，让左冯翊宋畸荐举黄霸为贤良。他也不断向宣帝推荐，宣帝遂升黄霸为扬州刺史。三年后又下诏书表彰，并提升黄霸为颍川太守。

在颍川任上，他关心百姓疾苦，经常到各地视察，了解下情，吏民都称颂黄霸英明。为此，皇帝又让他任京兆尹。后因征役修整驰道，未事先行文上报等罪，连降品级，回任颍川太守。然而黄霸居官治理一如既往，前后八年，出现了“田者让畔，道不拾遗，养视鳏寡，赡助贫穷，狱或八年无重罪囚，吏民向于教化，兴于行谊”的大治局面，被宣帝赞扬为“贤人君子”“国家栋梁”，赐爵关内侯，俸禄二千石，后聘为太子太傅，升任御史大夫。

汉宣帝五凤三年（前55），黄霸代丙吉为丞相，封建成侯，食邑600户，移居杜陵。甘露三年（前51），黄霸病逝，谥号定侯。

• 社稷诤臣袁安 •

袁安（？—92），字邵公，东汉汝阳（今商水县）人。性耿直，敢于主持正义。

袁安历经明帝、章帝与和帝三代。明帝时，被举为明经，为太子舍人，后任楚郡太守，以严明著称。他知人善任，奖掖士子。他说：“凡学士者，高则望宰相，下则希牧守，锢人于圣世，尹所不忍为也。”闻之者皆感激自励。袁安在职十年，京师肃然，名重朝野。章帝建初八年（83）升为太仆。元和三年（86）代第五伦为司空。章和元年（87）为司徒。

和帝继位，窦太后临朝，外戚窦氏兄弟专权。袁安不畏权贵，据理相争。车骑将军窦宪，争功邀宠，要北击匈奴。袁安与部分大臣上书朝廷，极力反对。数次上书，皆无音信，其他人畏惧而退，唯袁安坚谏不辍。

袁安看朝廷昏聩，外戚猖嚣，而自己无力回天，与公卿每言国事，无不伤心流涕。和帝永元四年（92）病卒。

• 乱世枭雄袁绍 •

袁绍（？—202），字本初，东汉汝阳（今商水县）人。袁安后裔。袁绍倚仗祖辈权势，初为大将军何进属官，后升为侍御史、中军校尉，以至司隶校尉。中平六年（189），灵帝死，少帝继位，董卓尽揽朝政，欲废汉帝。袁绍愤然奔冀州，号召起兵讨伐董卓。初平元年（190），关东各路讨卓军队以袁绍为盟主，进屯洛阳周围。经过五六年混战，袁绍占据冀、青、幽、并四州，成为当时兵多地广的割据势力。

袁绍“志大智小，色厉胆薄”。建安五年（200）十月，袁绍与曹操在官渡（今郑州市中牟县东北）会战，袁绍不听谋士意见，十万人马被曹操五千将士击败。建安七年（202）正月，袁绍抑郁发病，五月呕血而死。

• 建安七子之应玚 •

应玚（？—217），字德琏，今项城市南顿镇上头村人。他父亲名叫应珣，官至司空掾。汉献帝建安时期（196—219），他与刘桢一起被曹操聘用为掾属，后来转任平原侯庶子。曹丕任五官中郎将时，应玚任将军府的文学，著有诗赋数十篇，是东汉末年著名的“建安七子”之一。同为“建安七子”的曹植曾有《送应氏诗二首》，就是送给应玚和应璩兄弟的。应玚的笔下，常表现出一种对漂泊流离生活的

应玚

感叹，行文委婉和柔而缺少豪放，这可能与他饱经世故沧桑的生活经历有关。

建安二十二年（217），应玚与同为“建安七子”的徐幹、刘桢、陈琳同期死于瘟疫，归葬于项。

曹丕《与吴质书》说：“德琏常斐然有述作之意，其才学足以著书。美志不遂，良可痛惜也。”原有作品集5卷，已佚。明人辑有《应德琏集》，仅存诗6首。

• 千古名相谢安 •

谢安（320—385），字安石，东晋陈郡阳夏（今太康县）人，谢缵曾孙，谢裒第三子，谢奕胞弟。

谢安自幼聪颖，4岁时便被谯郡名士桓彝赞誉为“风神秀彻”，少年时便显露出了才华，喜行书，好赋诗，颇负盛名，就连宰相王导也很赏识他。19岁时谢安被王导任命为著作佐郎，辞而不就，在会稽始宁常与书法家王羲之、支遁和尚等游弋山水，吟诗作赋，无意出仕。40岁时，谢安兄谢奕、从兄谢尚先后辞世，弟谢万受命北讨，兵溃单骑逃归，被废为庶人。门户中衰，谢氏家族的社会地位、经济利益都受到损害。要保持家门荣耀，谢安只得于晋穆帝升平四年（360）到镇西大将军桓温处任司马，从此建功立业。不久朝廷任命他为吴兴（今属浙江）太守，后调入朝中任吏部尚书、中护军。

当时前秦势力强大，苻坚踌躇满志，

谢安

打算灭晋统一全国，并出兵攻陷了今陕西、四川、湖北三省的一些地区。为加强防御，谢安竭力协调各方面的力量，并派遣侄子谢玄坐镇广陵（今江苏扬州）。太元八年（383），苻坚大举南下攻晋，自长安出发，戍卒60余万人，骑兵27万余人，前后千里，晋室朝野震恐。赖谢安运筹帷幄，以谢氏家族督练的北府兵为主力，出奇制胜，以8万人马战胜了苻坚的近百万大军，取得了淝水之战的胜利，创造了历史上著名的以少胜多的辉煌战例。战后，谢安进拜太保。他想乘胜进军，收复北方领土，完成晋朝统一大业，于是上疏朝廷，要求亲自出征北伐。朝廷命他都督扬、江、荆、司、豫、徐、兖、青、冀、兖、并、宁、益、雍、梁15州军事，加赐黄钺，原来的官职一律保留。太元十年（385），谢安因受孝武帝与会稽王司马道子的联合排挤，决意交出权柄离开京城建康，出镇广陵，不问朝政，因此制作了泛海之装，待一切都安排就绪之后，由水路回到东山。七月间忽然生病，他要求回建康疗疾，得到朝廷批准。八月二十二日，一代名相谢安溘然长逝，终年66岁，葬于建康城南梅岭，后迁葬于浙江长兴县三鸦岗。

谢安一生著述很多，重要的有《谢安集》（10卷）、《孝经注》等。其书行、草、楷俱佳，后人评价很高。

• 山水诗人谢灵运 •

谢灵运（385—433），世居会稽始宁，祖籍陈郡阳夏（今太康县）。谢玄之孙。母刘氏是大书法家王献之的外甥女，颇有才华。谢灵运幼年丧父，祖父恐他不能成人，把他寄养于钱塘人杜明师的道馆，直至15岁时才接回都城建康家中，因取乳名“客儿”，后人称他为谢客。

谢灵运少时聪颖好学，博览群书，为文华美，与颜延之并称为“江左第一”。他颇为清高自负，曾说：“天下才有一石，曹子建独占八斗，我得一斗，天下共分一斗。”祖父谢玄卒后，谢灵运18岁袭封康乐公，史称“谢康乐”。

晋安帝义熙十二年（416），刘裕北伐长安，留守建康的刘道怜召谢灵运为

大小谢与山水诗

咨议参军，转中书侍郎，又为世子中书咨议、黄门侍郎。刘裕到达彭城（今江苏徐州），他奉命前往慰劳，写了《撰征赋》献上，除为刘裕歌功颂德外，还回忆了江左东晋的历史。一年后，刘裕灭后秦，得胜回师，驻扎彭城，谢灵运又一次前往彭城，参加了戏马台盛宴，写了《九日从宋公戏马台送孔令》。此时刘裕已晋爵宋国公，后升宋王。谢灵运回到建康后，任宋国黄门侍郎。

刘裕代晋建宋后，废除东晋原有封爵，只保留王导、谢安等五大家族，但各降一级，谢灵运被降为康乐县侯。刘裕死后，由长子刘义符继位，调谢灵运出任永嘉（今浙江温州）太守。永嘉境内多名山大川，谢灵运由水路赴任，途中写下了许多诗篇。永嘉的秀丽山水很是吸引他，他纵情遨游，不管政务，一出去就是十天半月，每到一处便纵情歌咏，写下很多脍炙人口的诗篇。但他毕竟是被排挤出朝的，心情郁郁寡欢，只在任一年，便挂冠而去，回到了会稽始宁。

谢灵运居住始宁期间，朝中大臣徐羡之等废掉少帝刘义符，拥立刘裕第三子刘义隆为帝，是为宋文帝。刘义隆笼络谢灵运进京拜秘书监，让其整理秘阁遗缺书籍，撰写《晋书》。《晋书》仅粗列条目，尚未成书，又调他任侍中。他的诗和书法“皆兼独绝”，每作一诗，都亲手书写，文帝称为“二宝”，对他“赏遇甚厚”，谢灵运一时也颇为得意。但不久他便发现，文帝只不过拿他作文士弄臣而已，并无意重用，上表要求东归疗疾，这样，他又回到了始宁。

谢灵运是中国文学史上山水诗派的开创者。魏晋玄言盛行、诗风颓靡，谢灵运的山水诗如异军突起，开一代诗风。他一生著述甚多，计有《文集》9卷、《策集》10卷、《诗集》50卷、《诗集抄》10卷、《设论集》5卷、《连珠集》5卷、《新撰集乐府集》11卷、《回文诗集》1卷。后人集其著作为《谢康乐集》传于世。

• 咏絮才女谢道韫 •

谢道韫，东晋陈郡阳夏（今太康县）人。生长于会稽（约376前后），谢奕之女，谢安侄女。

她自幼聪颖，善于应对。有一次，

谢安聚集族中子侄讲论文章时，室外纷纷扬扬下着大雪，谢安即景问道：“白雪纷纷何所似？”他的侄子谢朗说：“撒盐空中差可拟。”把下雪比作向空中撒盐，不十分贴切。谢道韫说：“未若柳絮因风起。”雪花飘飘，像是柳絮因风而起，漫天皆白，煞是好看。这一比喻贴切传神，使人浮想联翩，得到了谢安的赏识。世称其为“咏絮才”。她的作品原有集两卷，后失传，仅存有《登山》《拟嵇中散咏松》等诗作。

谢道韫后来嫁了大书法家王羲之的次子王凝之。王凝之得其父真传，在书法上也有成就，后来官至左将军、江州刺史。

进入老年后，她守寡居住于会稽，太守刘柳闻其大名，前来谈议。谢道韫簪髻素褥，坐在帐中，刘柳则正襟危坐。谢道韫谈吐雅致，先谈家事，慷慨流涕；后谈玄学，条分缕析，见解精辟。刘柳赞叹说，说理透彻，让人心服。但是谢道韫的家庭非常不幸，她的丈夫和两个儿子都惨遭杀害。悲愤之中，她命侍婢抬她出去，亲执刀剑，在乱兵中杀死数人为夫报仇。被俘后，乱兵又欲杀她的外孙刘涛，她说：事在王门，与别人无干，如要杀他，请先杀我。乱兵只好将她的外孙释放。谢道韫孀居多年，家门严肃，一举一动都遵循礼法，直到晋宋之际去世。

蒙学先驱周兴嗣

周兴嗣（？—521），字思纂，南朝齐时陈郡项（今河南沈丘）人，是西汉太子太傅周堪的后代，曾祖父周凝曾任西晋征西府参军、宜都太守。

周兴嗣13岁开始到齐的京都建康（今南京）游学，十几年后，精通了各种纪事文章的写法。建武元年（494）中，齐侍中谢朏任吴兴（今浙江湖州）太守。谢朏厌恶与士人交往，却喜欢和周兴嗣在一块儿谈论文史。谢朏任职期满，他在朝廷极力赞扬周兴嗣的才学。于是周兴嗣被推举

周兴嗣

周兴嗣雕像

为桂阳（今湖南省桂阳县）郡丞（郡守的副职）。郡守王嵘欣赏周的文才，待他很好。

中兴二年（502），萧衍代齐建梁，周兴嗣上奏《休平赋》，文章非常优美，受到萧衍重视，聘用他任“安成王国”侍郎，就在梁都的华林园当值。其年，河南献来一匹会随着音乐跳舞的马（儛马），萧衍命周兴嗣与待诏张率等人作赋歌颂。赋成，萧衍评定周兴嗣的最好，升周兴嗣为员外散骑侍郎。

梁天监七年（508），梁武帝萧衍用南京城内自己在三桥的旧居，改建为光宅寺，命周兴嗣与陆倕各写一篇寺碑碑文。碑文完成后，梁武帝只使用了周兴嗣的作品。自此以后，著名的《铜表铭》、《栅塘碣》、《北伐檄》以及《次韵王羲之书千字》等，梁武帝都只要周兴嗣一人去完成。每成一篇，都会受到梁武帝的称赞和财物赏赐。天监九年（510），周兴嗣任新安郡丞，任满后，重任员外散骑侍郎，协助编撰国史。天监十二年（513），升任给事中，继续为皇室撰写文稿。

周兴嗣的双手常年患有风疽（湿疹）病，升任给事中后，又染上了疠疾，这是一种不好医治的流行疫病，结果左眼失明。梁武帝抚摸着他的手，感叹地说：“斯人也，而有斯疾也！”当场又亲笔抄写了一份专治风疽病的秘方，赐给周兴嗣。可见梁武帝对周兴嗣何等爱惜。

与萧衍同为“竟陵八友”、时任萧衍记室（相当于秘书长）的任昉，也很欣赏周兴嗣的才华，经常对别人说：“周兴嗣如果没病，十天内就能当上御史中丞。”

周兴嗣著有《皇帝实录》《皇德记》《起居注》《职仪》等专著百余卷，文集10卷传世。但流传最广、最久远的，则是《千字文》。

梁普通二年（521），周兴嗣病故。

• 小说鼻祖殷芸 •

殷芸（471—529），字灌蔬，陈郡长平（今河南西华）人。

殷芸风流倜傥，不拘小节，励精勤学，博览群书。南朝齐武帝永明时期（483—493），为宜都王行参军。南朝梁武帝天监元年（502）任临川王记室。累迁尚书左丞、国子博士、昭明太子侍读、秘书监、司徒左长史。曾奉梁武帝命，博采故书，撰成《小说》，世称《殷芸小说》。据1982年12月8日《文摘报》载：殷芸是我国第一个以小说作书名的人。该书以时代为顺序，首列帝王之事，继以周、汉，终于南齐，规模很大，内容丰富。所记均为历代帝王、士大夫之逸闻轶事。原书30卷，隋时已散失过半，仅存10卷。宋代因避太祖父弘殷讳，改称《商芸小说》。明初此书尚存，以后不见。鲁迅《古小说钩沉》辑录有130余条。

梁武帝中大通元年（529），殷芸卒，终年59岁。

• 唐代高医甄立言 •

甄立言（545—？），许州扶沟（今周口扶沟）人，著名医学家甄权之弟。少年时期，与哥哥甄权一起发愤潜心研究医术，遍读医学典籍，遍访名医拜学，遂成为著名高医。

唐高祖武德年间（618—626），甄立言被朝廷任命为太常丞。他医术娴熟，长于医方、药物和养生，精通本草，善治寄生虫病，尤以医方、针灸著名于世，著有《本草音义》7卷、《本草药性》3卷、《本草集录》2卷、《古今录验方》50卷。

甄立言在医学实践中，发现了消渴

甄立言

病（糖尿病）尿甜的现象，并且记录在他的《古今录验方》一书中，指出：“消渴病有三，一渴而饮水多，小便数，无脂似麸片甜者，皆是消渴病也；二吃食多，不甚渴，小便少，似有油而数者，此是消中病也；三渴而饮水不能多，但腿肿，脚先瘦小，阴瘦弱，数小便者，皆是肾消病也。”又说“每发即小便至甜”，“焦枯消瘦”，给消渴病即糖尿病下了一个准确完整的定义，至今仍有较强的科学性。

甄立言和有“药王”之称的医学家孙思邈关系密切。孙思邈十分推崇甄氏的医疗技术，并在甄立言关于“糖尿病尿甜”的基础上，最早提出糖尿病的饮食疗法。唐朝医家王焘利用甄立言关于糖尿病研究的理论，治好了父亲的糖尿病。他把治疗过程写进了《外台秘要》一书。王焘关于糖尿病的正确诊断和治疗方法，比10世纪阿拉伯医生阿维森纳的《医典》中关于糖尿病的诊断和治疗早300多年。

• 睡仙高道陈抟 •

陈抟（？—989），字图南，自号扶摇子，宋太宗赐号希夷先生，真源（今鹿邑县太清宫镇陈竹园村）人。他历唐（唐末）、五代、宋（宋初）三个时代，以隐居、研探学问为乐，88岁时皈依玄门为道士。他精通易学、相学、医学和养生学，是一位哲学家、易学家、自然科学家和相术大师。他被列入“高道”之列，成为继老子、庄子之后的道教至尊，世称“陈抟老祖”“睡仙”等。在中国道教史和哲学史上，陈抟都占有极为显要的地位，享有崇高威望。

陈抟少读经史，一见成诵，悉无遗忘。后唐长兴年间（932年前后）举进士不第，遂不求仕禄，以山水为乐。63岁时离开家乡，初居武当山九室岩，后游四川、峨眉等地。五代后周显德年间（954—959），移居华山云台观，后止于少华石室，专注内丹修炼之道。同时，他创立了“六合八法拳”和“坐功法”“睡功法”。

陈抟曾传授武功给赵匡胤。赵匡胤称帝后，不忘陈抟之恩，屡次召请，陈抟执意不从。宋太宗赵光义即位，对陈抟仍十分器重，特许他入朝不拜。陈抟感于太宗的诚意，遂下山。太宗向他请教济世安民之策，他提出四字方针：“远、近、轻、重”。即要太宗“远召贤士，近去佞臣，轻赋万民，重赏三军”。太宗感服。临别时，太宗设宴饯行，并将华山赐予陈抟，赐号“希夷先生”。陈抟一时名震朝野。

陈抟一生著述颇丰，著有《九室指玄篇》81章，《入室还丹诗》50首，《易龙图》、《赤松子诫》（或作《赤松子八诫录》）、《人伦风鉴》（或作《龟鉴》）各1卷；另有《三峰寓言》《高阳集》《钓潭集》及诗600余首。他曾绘《无极图》，并将其刻于华山石壁。陈抟善棋艺和书法，有行书“开张天岸马，奇逸人中龙”楹联和一米见方的“福”“寿”等书法作品传世。

宋太宗端拱二年（989），陈抟卒，葬于张超谷石室。

• 铁腕御史顾佐 •

顾佐（1376—1446），字礼卿，明代太康县人，出生于世代官宦家庭。祖父顾泉，元代官至太常礼仪院佥院；父名澄，字景清，元时任山西阳城知县，转辽州知州，明洪武初授两浙盐运司库官。

顾佐自幼聪明，严遵父训，苦读诗书。于建文二年（1400）以明经科登进士第，任陕西庄浪知县。永乐初年，升监察御史，不久，奉命去广西庆远（今广西宜州市）一带招抚少数民族。事毕还朝，又受命往四川督办采集木材。因处置有方，军民称道，甚合成祖心意，于是就命他随驾北征，巡抚边关。很快升任江西按察副使，在任两年，又授应天府尹。他为官清廉，黎民敬服，人们把他比为“包孝肃”。永乐十九年（1421）为顺天府尹。洪熙元年（1425），任通政使。

顾佐性刚毅，重德操，持法严谨，为官30多年，历五朝，所任皆有政声。宣

太康廉吏顾佐轶事

德三年（1428），都御史刘观因贪赃被贬黜。大学士杨士奇、杨荣力荐顾佐继任，说他公正无私，素有威望，特别是做京兆尹时，政治清明、革除弊端等。朝廷立即任他为都察院右都御史（正二品），并命他考核诸御史，不称职者罢免，缺员由顾佐荐举，报吏部补选。顾佐上任后，竭诚尽心，决心澄清风纪。经严格考核，奏请罢黜严皑、杨居正等20人，贬谪为辽东各卫所小吏。另又降职8人，免职3人，接着举荐进士邓棨、国子生程富等40余人任御史，经皇帝许可，试任3个月后再正式任职。这是顾佐对都察院吏制所做的第一次重大改革。由于皇帝的信任和支持，顾佐整肃吏治的作为取得很大成效，纲纪为之一振。

英宗即位不久，顾佐又对诸御史进行一次考核，对15个不称职的人分别降职或免职。其中邵宗任御史已9年，也被降职。邵宗不满，向朝廷申辩，吏部尚书郭琎也说邵宗不该降职。英宗昏庸，听信郭琎谗言，责备顾佐。这时御史张鹏等弹劾邵宗过失，英宗却认为张鹏等与顾佐串通同谋，有意欺压邵宗，于是再次痛责顾佐。顾佐看英宗昏庸无能，又奸臣当道，宦官专权，便含愤辞归。临行时，公卿士大夫的送别车马列满都门之外。

英宗正统十一年（1446）九月二十七日，顾佐病故于太康老家，次年五月十二日葬于祖茔西南一里许之善德村旁（即今县城西南7华里的顾坟）。万历三年（1575），朝廷追赠顾佐为少保，谥号端肃。

• 流民领袖刘通 •

刘通（？—1466），今商水县郝岗乡千斤刘村（古属西华县）人。他膂力过人，相传县衙前有石狮子，重千斤，通能以手举之，故号称“刘千斤”。后人为纪念他，将其出生地刘庄村改为千斤刘村。

明朝中叶，土地兼并加剧，赋役繁重，民不聊生。英宗正统十二年（1447）发生大灾荒，刘通为生计所迫，流亡到襄阳、房山一带山区。此处山中有野生果实可充饥，但明朝官吏却严禁逃难到此地的“流民”进山采食。“流民”既多，饥饿所迫，渐不听命，于宪宗成化元年

刘通

（1465），公推所敬之人刘通组织“流民”，反对官府封山，史称“流民起义”。刘通自称汉王，建元德胜，以和尚石龙（绰号石和尚）为军师，率起义军攻打襄阳、邓州（今邓州市）、汉中等地，屡胜明军。“流民”纷纷响应，义军迅速发展到10万人，明廷震惊。遂命抚宁伯朱永为总兵官，兵部尚书白圭为提督军务，太监唐慎为监军，统领京师、山东、河南及湖广军队，从南漳、保康、房县分三路围攻义军。刘通、石龙指挥义军诱敌深入，设伏以待，在梯儿崖大败明军。成化二年（1466）三月，明廷又调集重兵，分四路再次扑向义军。刘通率部转移，明军处处围追阻击，义军转至房县大石厂与苗龙率领的起义军会师。同年闰三月间，义军在雁坪与明军激战中失利，刘通之子刘聪及苗龙牺牲，刘通率部退至后石岩山。白圭督军攻山，被义军用滚木、礌石击退。白圭看正面难攻，乃密令部将刘清领兵千名，迂回到义军背后，登山纵火。义军腹背受敌，伤亡惨重。刘通等3500名将士及10 000多名家属被俘，只有石龙率一小部分将士突围西走，进入四川，后失败。刘通被押解至北京，惨遭磔刑，其他被俘的将士和家属，凡年龄在10岁以上的男子，统被杀害。

刘通领导的“流民”起义失败后，明王朝对“流民”做了一些让步，允许在山区附近为民，开荒种地。

明代才子李梦阳

李梦阳（1473—1530），字天赐，又字献吉，号空同子，祖籍扶沟县大岗村（今崔桥镇曹岗村），祖上迁居庆阳（今属甘肃），后又回归故里。文学家，明文坛“前七子”的领袖。

幼年家贫，随父亲在外地过着漂泊

李梦阳

生活。父亲任开封周王府教授时，回归故里。18岁参加乡试，考中解元，次年，又登进士第。科场得意的李梦阳从此步入了他几度出生入死且饶具传奇色彩的仕宦生涯。他历官户部主事、郎中，江西按察司提学副使。由于倔强不屈的性格和为社稷安危着想的思想，他对统治集团的腐朽邪恶势力，敢于做坚决勇猛的抗争，因而五次下狱，两次罢官还乡，却始终不屈，被誉为“文章气节，明代当不居第二”。

明初至弘治正德年间，八股文考试制度严重地束缚了文士们的思想，阻碍着社会、文化的发展。卑靡萎弱、庸冗浮浅的“台阁体”文风弥漫一时。这种现象，引起了以李梦阳为首的一批文人的强烈不满。他们以复古自命，在文学理论上倡言“文必秦汉，诗必盛唐”，公开宣布：“真诗乃在民间。”自此，这一文学主张形成了一个长达百年的声势浩大的文学复古运动，以不可阻挡之势，荡涤了“台阁体”在文坛上的统治地位，文坛面貌随之一新。茅盾先生在评价以李梦阳为代表的前后七子的文学运动时说这场运动“有它的政治改革和思想解放的意义，他们的文学主张是说实话、记实事、抒真情，这是符合当时对政治不满的人民大众的要求的，那时候政治的黑暗，人民的痛苦，士大夫的庸碌畏缩，都表示着，非有一个大爆发不能振奋人心，前后七子是担当了这一历史使命的……是有进步意义的”。

• 耆英社长李擢英 •

李擢英（1844—1914），字子襄，河南商水（今周口市川汇区）人。幼学精良，旋中秀才，后晋廪生。清光绪三年（1877）中进士，任刑部直隶司行走。光绪十六年（1890）任刑部秋审处坐办。光绪十八年（1892）提升员外，不久又补直隶司郎中。光绪二十一年（1895）考取御史。光绪二十二年（1896）被派往江南道为监察御史。光绪二十三年（1897）转往贵州道为监察御史，兼命其巡视北城事务。光绪二十七年（1901）春，因功升内阁侍读学士。光绪二十八年（1902）赏戴二品花翎，不久调任太常寺少卿。光绪三十二年（1906）因违皇帝旨意，阻挠新政，开缺另候任用。宣统元年（1909）任大理寺少卿，受命礼部参议，奉派为西陵奉安大臣，负责安葬光绪皇帝。宣统二年（1910）受命任甘肃、新疆考试法官正考官。宣统三年（1911）调任典礼院直学士兼礼学馆提调，是年七月以年老请准致仕。归家后，与太康王新祯，项城杨凌阁，淮阳周景濂、于云楼，西华凌甲烺等知名人士组成宛丘耆英社，李擢英被推为社长。

李擢英为官近40年，廉洁公正，生活朴素，好善乐施。1914年病故，享年70岁。著有《退思斋诗草》4卷、《诗草拾遗》百余首、《蜀江竹枝词》40首、《云司慊心要言》1卷、《言责录》2卷等，文集和骈体文均毁于兵燹。

• 民国总统袁世凯 •

袁世凯（1859—1916），项城人，字慰庭，又作慰亭，号容庵。少年乡试不第，于光绪七年（1881）前往山东投奔吴长庆。吴长庆将他留在营中读书，不久被提拔为庆军营务处帮办，从此踏上了仕途。

光绪八年（1882）六月，朝鲜发生兵变。清廷调吴长庆率海陆军赴朝平乱，袁世凯随军负责军需供应、勘定行军路线等。袁世凯办事干练，深得吴长庆赏识。后当朝鲜国王要求清廷派出教习，帮助训练新式军队时，吴长庆便毫不犹豫地委派袁世凯充任此职。

中法战争爆发后，吴长庆回国，袁世凯总理驻朝营务处，会办朝鲜防务。光绪十年（1884），朝鲜亲日派发动宫廷政变。袁世凯不暇请示清廷，自行派兵入宫，平息事变。光绪十一年（1885）九月二十日，经李鸿章举荐，清王朝正式任命袁世凯为驻朝鲜办理交涉通商事务的全权代表，并以知府分发，以道台升用，加三品衔。

甲午战争爆发前夕，袁世凯回国。光绪二十一年（1895）十月二十二日，清王朝命令袁世凯接管“定武军”十营，在小站训练新军。袁世凯依照德国军队的编制，编成“新建陆军”，聘请德国军官进行训练。因练兵有功，升为直隶按察使，仍专管练兵事宜。

戊戌变法失败后，袁世凯的新建陆军随即改名为武卫右军。不久，升工部侍郎，仍专管练兵。光绪二十五年（1899），实授山东巡抚，镇压义和团。八国联军侵华战争中，荣禄的四支武卫军全部溃败，只有袁世凯的武卫右军安然无恙。

李鸿章死后，袁世凯署理直隶总督兼北洋大臣。他襄赞新政，在天津创建了中国第一支警察部队。他在保定创设北洋军政司，自兼督办，开始编练北洋常备军，即北洋军。

光绪三十四年（1908），光绪帝与慈禧先后死去，宣统皇帝继位，摄政王载沣监国，袁世凯被免去一切职务，退隐彰德（今安阳）洹上村。

1912年1月1日，孙中山在南京宣告中华民国成立，就任临时大总统。列强纷纷表示：清王朝没被推翻，他们不承认南京的中华民国。于是，孙中山在1月4日给袁世凯发电明确表示：“如清帝实行退位，宣布共和，则临时政府决不食言，文即可宣布解职，以功以能，首推袁氏。”经过双方谈判，达成协议：1.国号为中华民国，首都定于南京。2.规定《临时约法》为现行宪法。3.袁世凯任临时大总统，宣誓就职后解除孙中山临时大总统职务。4.次年选举正式大总统。

迫于局势，隆裕皇太后不得不同意清帝逊位，国事全权委托袁世凯处理。3月10日，袁世凯在北京就任中华民国临时大总统。

袁世凯虽然当上了中华民国临时大总统，但从就职伊始便极力图谋专制独裁统治。1912年，孙中山领导的同盟会改组为国民党，以对袁的权力加以限制。因此袁把国民党视为实行集权的最大障碍。策动北洋军警干涉政治，逼迫国民党人退出内阁，裁减南方各省的革命军队，派人刺杀国民党的领导人宋教仁。经过一系列的准备，袁世凯于1913年7月公然派北洋军南下，镇压了孙中山发动的二次革命。同年10月，袁世凯派军警胁迫国会选举他为正式大总统，并取得列强的正式承认。接着，解散国民党和国会，另行召集政治会议和约法会议，作为独裁统治的工具。

1914年底，袁世凯以为做皇帝的条件

已成熟，示意心腹爪牙四出煽动，制造舆论，声言共和制度行不通，只有改为帝制国家才能富强。为了取得日本政府对帝制的支持，他不惜出卖国家主权，于1915年5月接受了日本提出的“二十一条”要求中的大部分条款。不久，又唆使一些北洋官僚政客出面组织筹安会和请愿团。至12月11日，御用的参政院以国民代表大会总代表的名义推戴他为“中华帝国大皇帝”。改民国五年（1916）为“洪宪元年”，准备于1916年元旦加冕登基。

但是，袁世凯的倒行逆施激起全国各阶层的义愤。12月25日，蔡锷、唐继尧等在云南宣布起义，发动护国战争，讨伐袁世凯。贵州、广西相继响应。北洋派内部危机四伏。袁世凯被迫于1916年3月22日宣布取消帝制，恢复“中华民国”，但是起义各省不承认他有再做总统的资格。段祺瑞也逼他交出军政大权。广东、浙江、陕西、湖南、四川纷纷通电宣告独立或与袁世凯个人断绝关系，袁世凯陷入众叛亲离的境地。5月下旬忧惧成疾，6月6日在举国声讨中死去。

1916年6月28日，袁世凯的灵柩运回河南安阳洹上村，8月23日下葬于“袁林”。

民族英雄吉鸿昌

吉鸿昌

吉鸿昌（1895—1934），原名恒立，字世五，今扶沟县吕潭乡吕潭村人。父亲吉筠亭在镇上开小茶馆，为人正直，有朴素的爱国思想。吉鸿昌6岁丧母，读私塾两年。14岁因家境窘迫，在镇上“松盛楼”首饰店当学徒。1913年夏天，因痛打镇上一个恶少，被迫逃到周口镇“曾盛和”杂货行当学徒。

1913年8月，18岁的吉鸿昌投冯玉祥部当兵，开始了戎马生涯。因他为人忠实、机敏果断，很受冯玉祥的赏识，很快被提升。1925年，吉鸿昌在张家口结识了共产党员宣侠父等人，开始学到新鲜的革命道理。1926年9月，吉鸿昌追随冯玉祥在五原誓师，参加北伐战争。部队扩编为第十九师，吉鸿昌升任师长。1928年秋，吉鸿昌被任命为第十一师师长。1930年春，蒋、阎、冯中原大战爆发。吉鸿昌随冯玉祥讨蒋，冯、阎失败后，吉鸿昌部被迫由蒋介石收编为第二十二路军，并担任总指挥。

“九一八事变”爆发后，吉鸿昌对日军暴行十分愤恨，立即向蒋介石请缨上阵杀敌。不但没被获准，反而被强令“出国考察”。1932年2月28日，吉鸿昌回到上海，将出国考察情况写成《环球视察记》一书出版，抒发他忧国报国的激情。8月，吉鸿昌到湖北黄陂、宋埠一带策划旧部起义，参加红军。1932年，吉鸿昌光荣地加入了中国共产党，由一个爱国的旧军人转变成了共产主义战士。

1933年5月，吉鸿昌奉中共北方局党组织之命，联络冯玉祥，在张家口宣布成立察哈尔民众抗日同盟军，冯玉祥任总司令，吉鸿昌任第二军军长兼警备司令和公安局局长。6月15日，抗日同盟军在张家口召开第一次军民代表大会。会上，冯玉祥接受吉鸿昌尽快出兵察哈尔东北抗日前线、一致对外的主张，任命吉鸿昌为北路前敌总指挥，率部北征收复察东失地。22日，鸿昌率部收复康保城。7月1日收复宝昌，12日光复多伦。至此，察哈尔省全境收复。8月8日，日伪军大举反扑多伦城，吉鸿昌率部撤出多伦。24日，前委在张北县二泉井村召开军事会议，决定为保存抗日革命力量，部队西进商都，然后转至陕北或南下。9月9日，部队沿黑河向冀东挺进到大、小汤山地区，遭国民党军队和日军飞机、大炮的联合围攻、阻击，同盟军伤亡惨重，弹尽粮绝。11日，吉鸿昌和方振武只得同国民党第三十二军商震谈判。

1934年5月，脱险后的吉鸿昌在天津组织了中国人民反法西斯大同盟。9月，吉鸿昌的工作暴露，党组织通知吉鸿昌速离天津，吉鸿昌因经手的几批武器尚未运到，准备会面的广西方面抗日反蒋代表也尚未到达，决定暂时留下，于11月9日晚，转移到天津国民饭店45号房间。当他以打牌为掩护，正在房间内与广西李宗仁的代表刘某秘密会谈时，突遭国民党特务枪击，刘某当场死亡，吉鸿昌胳膊中弹受伤，被法租界工部局逮捕。11月22日，在敌人重兵严密警戒下，吉鸿昌被秘密押解北平。

1934年11月24日晨，吉鸿昌面对“就地处决”命令，镇静安详地向敌人要笔墨纸砚，挥笔疾书，写了自己怎样走上革命道路，历述蒋介石反动派祸国殃民的罪行。殉难前，吉鸿昌披上斗篷，从容走上刑场。他用树枝作笔，以大地为纸，写下了气壮山河的就义诗：“恨不抗日死，留作今日羞。国破尚如此，我何惜此头！”然后严正地对刽子手说：“我为抗日而死，不能跪下挨枪，我死了也不能倒下！给我拿椅子来，我得坐着死！”他坐在椅子上又向拿枪的敌人说：“我为抗日而死，死得光明正大，不能在背后挨枪，你们在我眼前开枪，我要亲眼看到敌人的子弹是怎样打死我的。”当刽子手在鸿昌面前举起枪时，他扬眉瞪目，高呼：“抗日万岁！”“中国共产党万岁！”英勇的共产党员、抗日民族英雄吉鸿昌壮烈地牺牲了，年仅39岁。

吉鸿昌借庙办学校

在1945年4月召开的中共第七次全国代表大会上，吉鸿昌被追认为“革命烈士”。1979年，为了缅怀这位抗日英雄的丰功伟绩，扶沟人民在县城东南隅的县烈士陵园内，建成了“吉鸿昌烈士纪念馆”并正式开放。1984年在扶沟县城举行纪念吉鸿昌将军牺牲50周年活动，并将纪念馆更名为“吉鸿昌将军纪念馆”。1995年，在纪念吉鸿昌将军100周年诞辰之际，国家主席江泽民亲笔题写了馆名“吉鸿昌将军纪念馆”。目前，它已成为国家、省、市级的青少年思想教育基地，爱国主义、国防教育基地。

• 文化峻峰张伯驹 •

张伯驹（1898–1982），原名家骐，字丛碧，别号好好先生、春游主人、平复堂主人，项城县秣陵镇阎楼村人。他集大收藏家、鉴赏家、书画家、诗词学家、京剧艺术研究家于一身，是中国近现代最响亮、最具传奇色彩、最令人敬佩的具有现

张伯驹

“中州名士”张伯驹

越调《张伯驹》剧照

代民主思想的爱国人士之一，国画大师刘海粟曾说：“他是当代文化高原上的一座峻峰。从他那广袤的心胸涌出四条河流，那便是书画鉴藏、诗词、戏曲和书法。四种姊妹艺术互相沟通，又各具性格，堪称京华老名士，艺苑真学人。”张伯驹和末代皇帝溥仪的族兄溥侗、袁世凯的次子袁克文、奉系军阀张作霖之子张学良并称“民国四公子”。

光绪三十一年（1905），张伯驹去天津读家塾。清宣统三年（1911）与袁世凯的四、五、六、七子同入新学书院肄业。民国政府成立后，其伯父张镇芳任河南都督，就让张伯驹进河南陆军小学读书。张镇芳从河南卸任后，张伯驹随其入京，考入中央陆军混成模范团骑兵科。毕业后，张伯驹历任安武军全军营务处提调、长江巡阅使署谘议、盐业银行监事、湖北湖南四川江西四省经略使署谘议（经略使为曹锟）。

第二次直奉战争后，张伯驹不满军阀的腐败生活，离开旧军队，辞去一切挂名差事，在其父创办的北方第一家商业银行——盐业银行中任常务董事兼总稽核。1934年，张伯驹又出任南京盐业银行经理。盐业、金城、中南、大陆四行储蓄会成立后，张伯驹兼任监察委员。“卢沟桥事变”后，南京盐业银行迁往重庆。后张伯驹被推举去上海照料总管理处事务。

人生“三十而立”。恰如其言，张伯驹走上艺术之路时正好30岁。此年起，他开始收藏中国古代书画，初则出于爱好，后则以保存中国主要文物不使其流出国门为旨。如传世最古之法书《平复帖》、传世最古之绘画《游春图》，皆经其收藏而得以保存，他因此成为近代著名之书画收藏家。

1941年，张伯驹被汪精卫手下绑架，索价300万（伪币）。绑匪通知张妻潘素筹资赎人。此时，张伯驹已将生命置之度外，悄悄关照潘素：宁死魔窟，决不许变卖所藏古代书画。如是僵持了近8个月，绑匪见敲诈无望，自动将赎价降到了40万。经过多方奔波借贷，张伯驹总算被赎出来了。是年秋，张伯驹携全家入秦。一路上，将国宝《平复帖》缝入衣被，虽经离乱，未尝去身，可见用心之良苦。

日本投降后，张伯驹任故宫博物院专门委员、北平市美术分会理事长、盐业银行董事长、华北文法学院国文系教授等职。

解放军包围北平时，张伯驹多次劝说傅作义将军要保护首都文物，保护老百姓的生命财产安全。由此，对和平解放北平起到了一定作用。

中华人民共和国成立后，张伯驹曾任燕京大学国文系中国艺术史名誉导师，北京棋艺研究社理事兼总干事，北京京剧基本艺术研究社副主任理事，北京中国画研究会理事，北京古琴研究会理事，北京书法研究社副主席，国家文物局文物鉴定委员会委员，公私合营银行联合董事会董事，第一届北京市政协委员，中国民主同盟总部财务委员会委员、文教委员会委员、联络委员会委员。

1956年，他参加了中国国民党革命委员会。出于赤诚的爱国心，与其夫人潘素共商，他从30年收藏的书画名迹中挑出8件精品无偿捐赠给国家，《平复帖》《游春图》皆在此列，以偿夙愿，被文化部部长沈雁冰褒奖为“化私为公，足资楷式”。张伯驹认为这是平生最可欣慰的一件事。

1957年，他被戴上了“右派”的“铁冠”。1962年，张伯驹任吉林省博物馆副研究员、副馆长。“文化大革命”中，家被抄，收藏多被焚毁，并遭到迫害和诬陷。1972年周恩来得悉后，指示聘任他为中央文史研究馆馆员。晚年还担任过北京中山书画社社长、北京中国画研究会名誉会长、中国书法家协会名誉理事、京华艺术学会名誉会长、北京戏曲研究所研究员、北京昆曲研习社顾问、民盟中央文教委员等职。

1978年9月，中共吉林省委对张伯驹予以平反，恢复名誉。自此之后，张伯驹精神抖擞，笔耕不止。1981年1月，在北海公园画舫斋成功举办“张伯驹、潘素夫妇书画联展”。

1982年2月26日晚，这位85岁老人的心脏停止了跳动。3月4日上午，举行张伯驹遗体告别仪式。3月26日下午，举行了张伯驹追悼大会。追悼会上，叶剑英、邓颖超、王震、谷牧等国家领导人送了花圈，赵朴初、夏衍、胡愈之、牛满江、刘海粟等各界知名人士送了挽联，有500多人参加了追悼大会。吉林省委党校校长宋振庭送的挽联是：

爱国家、爱民族，费尽心血，一生为文化，不惜身家性命；

重道义、重友谊，冰雪肝胆，赍志念一统，豪气万古凌霄。

• 越调大师申凤梅 •

申凤梅（1928—1995），艺名大梅，临颍县人。1938年，为生活所迫，申凤梅与妹妹申秀梅同入张潘镇越调科班学戏。三年出科，又为班主效力一年。1942年首入临颍县南将罗村越调班。之后，入西华县长乐村、临颍县繁城镇、郾城县大新店等戏班或剧团演戏。因她嗓子又宽又亮，上百句的唱词可一气呵成，不倒腔、不叉音，所以出科不久群众就送她个“铁嗓子”的美名。申凤梅出名后，所在剧团凡演出挂牌，总把申凤梅写成大梅，申秀梅写成二梅，久而久之，大梅、二梅便成了姐妹俩的艺名。

申凤梅为群众表演

1947年，申凤梅所在的大新店剧团在叶县解放区改成刘邓一纵人民胜利剧团，申凤梅出任业务团长，开始了她新的艺术生涯。1949年春，胜利剧团由部队交地方，改为漯河市人民越调剧团。剧团排演《天水关》时，申凤梅根据剧团需要和自己的情况试演诸葛亮，一举获得成功。自此她一改过去以演旦角为主，而以演

央视网

丹凤红梅——纪念越调大师申凤梅诞辰90周年系列活动纪实

申凤梅剧照

生角、演诸葛亮为主。

1951年，该团划归项城，改为项城县越调剧团。1958年11月初，毛泽东主席在郑州观看了申凤梅主演的《收姜维》，倍加赞赏。同年11月，她加入中国共产党。1963年3月19日，申凤梅所在的商丘专区越调剧团晋京演出。申凤梅的出色表演，受到北京群众和文艺界田汉、老舍、曹禺、马连良等名家的高度赞扬。曹禺说她："诸葛亮再世，越调之光。"马连良高兴赞赏之余，收申凤梅为徒。她是马连良唯一的女徒弟。4月9日晚上，周恩来、董必武、李先念、彭真、薄一波、罗瑞卿等党和国家领导人在怀仁堂观看了申凤梅主演的《收姜维》，并接见了全体演员，周恩来高兴地说："河南的诸葛亮会做思想工作。"称申是"活诸葛"。

1965年，剧团改属周口专区，申凤梅仍任业务团长。是年，她主演的《扒瓜园》一剧，由北京电影制片厂拍成彩色戏剧片。这是她第一次走上银幕。

"文化大革命"开始后，申凤梅被打成"大戏霸""反动学术权威""马连良的孝子贤孙""反动文艺路线的黑干将"，受到批斗，下放到太康县常营劳动改造。1976年粉碎"四人帮"，申凤梅重返剧团当团长。1978年，中共十一届三中全会后，党的文艺政策得到贯彻落实，申凤梅焕发了青春，带领全团职工，以饱满的热情连排了一批新老剧目，《李天保娶亲》《诸葛亮吊孝》《收姜维》还被拍成了电影，《吵闹亲家》获中宣部"五个一”工程奖。

1995年5月，申凤梅赴太原参加中国戏曲第二届“金三角”交流演出。后又应文化部之邀晋京演出。当时，她身体已极度虚弱，演出时往往需要输氧、输液才能维持。但她以惊人的毅力，坚持到底。回周口不久，因心脏病发作，于7月20日5时不幸逝世，享年68岁。国家和省委、省政府有关部门及领导发了唁电，送了花圈。26日，数以万计的群众怀着无比沉痛的心情，挥泪送别了这位在舞台上奋斗了一生的人民艺术家。

基于她高尚的思想品德，深厚的艺术造诣，卓著的成绩和崇高的威望，1977年被选为河南省第四届人大代表；1979年被评为全国“三八”红旗手；1987年被评为省劳动模范；1988年被选为第六届河南省政协委员；被河南省文化厅、省文联授予“人民艺术家”称号；1989年被评为全国劳动模范。她是中国戏剧家协会常务理事，中国戏剧家协会河南分会主席，出席过中共第十三次、十四次全国代表大会。面对荣誉，她说：“我是党培养的一名演员，是人民给了我艺术生命，为了报答党和人民，我只有一心一意唱好戏！”这正是一个攀登艺术高峰者的原动力，道出了一位人民艺术家的心声。

• 相声艺人王朋 •

王朋原籍山东滕州市卢村桥，生于1897年，3岁丧母。他8岁时被“拉魂腔”艺人卜端品收为徒弟，13岁时师父去世。从此，他孤身一人，手打竹板，四处漂泊。16岁时，他流浪到天津卫，被相声艺人刘月樵收为门徒，按照“字派”排列，被纳入“松”字派，赐名王松朋。1918年，21岁的王朋与师傅刘月樵来到周家口卖艺。当时周家口是个内陆码头，市场繁荣，虽然说书唱戏的不少，但对相声表演还不多见。他师徒在北岸“后地”（游乐场）等处卖艺，由他给师傅“捧哏”，二人妙语如珠，又有滑稽表演，听众笑声不绝，很快引起轰动，并经常来往于界首、槐店、水寨、周家口和漯河一带。后来，他的师傅刘月樵返回天津，王朋便长期与周家口艺人陈聚魁等人搭帮说相声。新中国成立后，王朋入籍周口。1988年8月12

日，王朋在周口市医院安详瞑目，终年91岁。

王朋的相声表演诙谐幽默，妙语连珠，雅俗共赏，令人忍俊不禁。尤其是他的单口相声《打砂锅》《摇铃铛》《圆梦》《酒迷》《戏迷》等，能使观众多次听也没有“吃剩饭”之感。

王朋善于观察生活，创作了很多脍炙人口的相声段子，比如《喝酒》。过去经济困难，有人在酒席上想多喝又怕丢面子，便在两人划拳时故意输。第一回合结束，这人说：“咦！我输了，该我死（喝一杯）。”第二回合又输了：“咦！该我死（又喝一杯）。”这人连“死”三回，对手反应过来了。第四回合，这人又输了，对手抢过酒杯说：“你别‘死’啦，该我‘死’一回啦！”端起酒杯一饮而尽……这段相声后来成为流传的笑话，在周口的酒桌上不断被提起。

1957年，王朋参加了周口曲艺团，成为国家文化团体职工、人民艺术家。他感谢共产党，拥护社会主义。当时演员分散演出，演出收入按比例上交，王朋从来不隐报，不拖欠，交款最为忠诚老实。“文化大革命”期间，周口曲艺团被砍掉，他被划为“黑线人物”，游街示众，被下放到火葬场劳动锻炼。

马季谈周口文化遗产的保护

粉碎“四人帮”以后，王朋获得二次解放，按国家退休职工待遇，安排他和老伴余桂香住在福利院，得以安度晚年。

1986年1月，中国曲艺家协会副主席、相声大师侯宝林专程来到周口市福利院为王朋祝寿，亲笔书赠中堂一幅。王朋的师傅刘月樵与马三立的师傅是师兄弟，王朋与马三立同一字派，而马三立是侯宝林的师叔，因此，侯宝林当以“师叔”称呼王朋。马季对王朋非常尊敬，下跪呼之为“王老前辈”，体现出相声艺人的传统美德。

• 科学界伉俪袁家骝与吴健雄 •

袁家骝与吴健雄，华人科学家中知名的一对伉俪。二人于1936年先后赴美留学并相识相爱，1942年完婚，1947年有了他们的儿子袁纬承。他们携手一生，以卓越的科学贡献，挚诚的爱国情怀，成为世界华人的骄傲和楷模。

袁家骝，祖籍河南项城，1912年出生于河南安阳洹上村，为袁世凯之孙，袁克文之子。1932年毕业于燕京大学物理系，后获该校硕士学位。1936年赴美入加州大学柏克莱分校学习，一年后转学加州理工学院，1940年获该校博士学位，留校任物理研究员。1942年，在美国无线电公司研究所工作，任普林斯顿大学物理研究员，任布鲁克海文国立实验室物理研究员、高级物理研究员。1972年，获美国古根海姆奖金。1973年以后，先后任纽约科学院院士、台湾中研院院士、中国科学院院士等。1983年，受聘为台湾同步辐射研究中心董事会主席。2003年2月11日在北京协和医院病逝，享年91岁。

吴健雄，1912年出生于江苏太仓市浏河镇。1934年毕业于国立中央大学，1936年赴美入加州大学柏克莱分校学习，1940年获加州大学博士学位，1944年参加“曼哈顿计划”（制造原子弹），1958年任哥伦比亚大学教授，同年当选为美国科学院院士，1972年担任哥伦比亚大学普平讲座教授直到退休，1975年任美国物理学会第一任女性会长，同年获美国最高科学荣誉——国家科学奖。1997年2月16日在美国纽约病逝，享年85岁。

1942年，袁家骝博士在美国无线电公司研究所工作，研究无线电技术和原理，在超高频无线电测向和自导装置的最佳航线诸方面，取得了较大成就。袁家骝博士在美国普林斯顿大学期间，主要从事宇宙线中的中子来源研究。第一个证明了地球上空中子不是来自太空，而是初级宇宙线在大气中产生的次级粒子。1949年，袁家骝博士在美国布鲁克海文国家实验室工作期间，负责设计并建造了国际上第一个特殊高频系统。同时进行了粒子探测器、高能加速器等方面的研究。1953年这台当时全世界能量最高的质子加速器运转成功。袁家骝博士一生最重要的成就，是在高能物理领域的研究。科学史上承认袁家骝是最早证明介子和质子有共振现象的科学家。

袁家骝、吴健雄夫妇对祖国科教事业的发展倾注了满腔热情，他们利用在美国科教界的影响，牵线搭桥，促成了许多重要的交流和合作。袁家骝是新中国建立后代表西方与中国物理学家直接接触的第一人。

1972年，美国总统尼克松访华，中美关系得到改善后，袁家骝夫妇多次回国访问讲学，先后得到周恩来、邓小平、江泽民、胡锦涛等党和国家领导人的亲切接见。

袁家骝与吴健雄伉俪是当代世界杰出的物理学家，他们是海内外炎黄子孙的骄傲，更是家乡人民的自豪。尤其是到了晚年，夫妇二人来往于中美、大陆与台湾，倾注了满腔热情，牵线搭桥，设立奖学金，为促进华人华侨对新中国的了解、认同，促进中美两国关系和海峡两岸交流，以及祖国的教育和科学事业做出了重要贡献。

寻根问祖

——万姓同根、源于伏羲、根在周口

“参天之木，必有其根；怀山之水，必有其源”。自从远古时期三皇之首的太昊伏羲氏“正姓氏、制嫁娶”以后，姓氏便作为中华民族的集体胎记，在每一个中华儿女的身上烙下了鲜明的“中国印”。姓氏是全球华人的纽带，情之所系。千百年来，无论在何时，无论在何地，任何一个中华儿女都能凭借自己的姓氏寻找到祖根，寻找到同胞，寻找到魂牵梦萦的家。

中华一脉，万姓同根，源于伏羲，因此羲皇故都周口淮阳是中华姓氏的起源地，也是全球华人寻根的圣地。

伏羲与姓氏

范文澜在《中国通史》中说："中国最早的姓就产生在伏羲氏时期，伏羲氏之后有风姓，这是中国第一个姓。"

据当代学者的研究，伏羲应是我国原始渔猎时期、母系氏族社会向父系氏族社会过渡阶段的氏族首领，或者是这一时期众多部族首领中的代表人物。他所在的氏族为风姓，这也是中国最古老的姓氏。

姓氏是人类社会发展进化的产物，我国古人命姓定氏，最基本的功用之一就是明确血缘关系，以规范先民的社会行为。上古原始社会之初，人们处于群婚无序状态，对人类种群的发展造成种种危害。到伏羲时代，人们已逐渐发现血亲通婚不利于人类的优生繁衍。为此，伏羲制定出一套"正姓氏、通媒妁、制嫁娶"的婚姻制度，推行族外婚。伏羲规定：出自同一血缘部落（同一女性始祖为同姓）的家族成员之间不准通婚，族外通婚要以俪皮为礼，而表示血缘关系的符号就是姓氏，从而遏制了初民在性关系方面紊乱无序的原始状态，推动了社会向父系氏族制度的转变。

太昊伏羲祭典

伏羲通过"正姓氏、通媒妁、制嫁娶"所创建的婚姻制度，对华夏民族的发展和进化具有重大和深远意义，是中华民族的姓氏之始。自伏羲"正姓氏、通媒妁、制嫁娶"之后，中华姓氏开始了漫长的发展演化过程。夏、商、周三代，华夏族的姓氏开始大量产生，为后来中国姓氏的演变和定型奠定了坚实基础。姓氏，原是"姓"与"氏"的合称。"姓"是指源于同一母性始祖具有共同血缘关系的族属所共有的符号，"氏"是源于同一父性始祖的子孙分支的符号。秦汉以后，中国社会结构发生重大变化，封建宗法制度遭到破坏，与之相关联的姓氏制度也有了相应的变化，人们不分贵贱，普遍地拥有姓氏，姓与氏之间的差别逐渐消失，于是姓、氏可以混称，或简单地以姓表示姓、氏。

当今，中国人的姓氏绝大多数是由伏羲时代华夏族的古姓氏演变而来，其中延续至今和影响较大的姓，主要来自古代的氏族部落名、国名、邑名、地名，以及先人的爵位、名、字、谥号和职业等，还有相当一部分姓氏来自帝王赐姓，以及因避祸等原因改姓而成。

2011年9月3日至4日，由河南省姓氏祖地与名人里籍研究认定中心主办、淮阳县人民政府承办的河南淮阳为中华姓氏起源地暨中国姓氏博物馆立项研讨论证会在河南省淮阳县召开，来自中国社会科学院、中国科学院、北京大学、北京师范大学、陕西师范大学、湖南省社会科学院、河南省社会科学院、河南省文物考古研究所、河南省发改委经济研究所的文史和姓氏学专家会聚于国家级历史文化名城淮阳，对中华姓氏起源于淮阳达成共识：中华姓氏源远流长，大约有6000余年的历史，可溯源于伏羲时代。

姓作为“远禽兽，别婚姻”的符号，是中华文明进步的重要标记。经过数千年的分衍发展，使用过的姓氏已达22 000多个。这些姓氏代代相传，成为中华民族生生不息的血缘纽带。伏羲风姓为中华第一姓，也是中华姓氏的源头。中华万姓一统，始自伏羲，而伏羲故都在今河南淮阳。可以说：中华一脉，源自伏羲；万姓同根，根在淮阳。综上所述，可以认定河南省淮阳县为中华姓氏最重要的发祥地。

• 周口姓氏源流 •

周口是华夏姓氏的重要起源地之一。经初步统计，起源于周口以及历史郡望在周口的姓氏达130多个，这些姓氏的来源大致可分为五大类：

一是与伏羲氏有关的姓氏。史载伏羲生于成纪（今甘肃天水一带），建都于宛丘（今河南淮阳县），死后亦葬于淮阳，因风而生，故姓风。伏羲之后分衍出伏、羲、牺、庖、包、泡、宓、戏、湫、伏牺等姓，至于由伏羲支裔部族分化出来的姓氏就更多了，有华胥氏、风胡氏、何氏、汉氏、颛臾氏、颛氏、臾氏、吴氏、昊英氏、腺氏、呙氏、娟氏、汝氏、女氏、宿氏、缩氏、柏氏、柏侯氏、柏常氏、伯常氏、柏氏、朱襄氏、赫胥氏等。

二是直接起源于周口地区的姓氏。如当代中国第一大姓李姓，人口近亿，其始祖李耳（老子）是周口鹿邑县人，今鹿邑太清宫镇即老子故里。李耳又称老聃，相传他的后裔还有聃姓。还有一些出自古国名或邑名的姓氏，如在今周口境域的项国（故城在沈丘）、厉国（又作赖国，在鹿邑）、顿国（北顿在商水，南顿在项城）、戈国（故城在太康）、古国（故城在鹿邑）、养国（故城在沈丘）以及宛、虞（均在淮阳）等。它们虽为区区小国，但后裔均以国名为姓氏，历经2000余年血脉相继，传承至今，成为中华姓氏的重要成员。

三是来源于周代陈国之姓。周武王封舜帝后裔妫满于宛丘建立陈国，陈国灭亡后，其公族为纪念故国，纷纷以国名为氏，就是陈姓。由陈国衍生出来的姓氏甚多，除了由陈国开国君主胡公满直接传承下来的妫、胡、满、陈四姓外，又有夏、田、孔、敬、庆、原、袁、爰、辕等，共61姓。虽然有些已不再使用，或者已经改变成其他姓氏，但它们都是在历史上存在过的姓氏。

四是出自战国齐国田齐的姓氏。春秋时陈厉公之子陈完为避难出奔姜姓的齐国，改称田氏。他的子孙后代事齐为臣，逐渐发展成为强宗大族，后来田氏执掌了齐国朝政，取代姜齐建立了田齐政权，成为战国七雄之一。田齐王族分衍出许多姓氏，主要有王、孙、薛、姚、陆、文、车、法、穰、咸、尝、靖、单、赐、威、威王、第、第一、第二、第三、第四、第五、第六、第七、第八、庹、占、子占、舆、子舆、与、於陵、司马、五王、胡母、胡仰、母、纥千等38姓。这些姓氏虽然不直接产生于周口，但它们都是陈国公子完的后裔之姓氏，与陈氏有着密不可分的亲缘关系，溯其根源，亦是源自周口的姓氏。

五是以郡望名著于天下并发祥于周口的姓氏。较著名的阳夏（太康）谢氏，汝南（商水）袁氏，长平（西华）殷氏，宛丘（淮阳）符氏等。这些姓氏有些虽然不直接发源于周口地区，但其家族世代聚居于此，衍为豪门望族，并且都曾在中国历史上产生过重大影响，周口遂成为这些姓氏子孙寻根谒祖的圣地。

综上可知，起源于周口的姓氏甚多，其中一些姓氏现在已成为中华著姓，如李、王、陈、胡、田、孙、姚、夏、陆、袁、谢、薛、文等姓，均位列于当代中国100大姓之中，人口总数有4亿左右。

• 周口姓氏的特点 •

一、姓氏众多。周口1065万人口有1177姓，每姓平均只有9000余人。全国常用的姓氏约3000个，周口占40%。

二、姓氏与人口数量成反比。一是大姓少人口多，前123个姓氏占总人口的93%；二是小姓多人口少，百人以下的姓有750个，占姓氏总数的64%，而人口只有9512，仅占总人口的0.09%；单人姓232个，大多为边远地区少数民族嫁到周口的单身妇女，这从一个侧面显示了改革开放对人口流动与民族融合的巨大作用。据商水县调查，该县即有回、白、土、苗、藏、满、傣、侗、彝、朝鲜等10个少数民族，除回族超1000人外，其他民族均不足10人。

三、姓氏用字不严谨。一是随意使用笔画少的字代替笔画多的字，如用“付”字代替“傅”“符”字，用“凡”字代替“樊”字，用“代”字代替“戴”字，用“豆”字代替“窦”字，用“才”字代替“柴”字，用“闫”字代替“阎”字，等等；二是选用复姓中的一个字代替复姓。如用“皇”“黄”字代替“皇甫”，用“轩”字代替“轩辕”，用“呼”字代替“呼延”，用“尉”字代替“尉迟”，用“欧”字代替“欧阳”，用“司”字代替“司马”，等等；三是凭自己想象或意愿选字作姓，如将“侯”字写成“候”字，也有将夫妻双方的姓合起来作儿女姓的，还有嫌自己的姓不好听改用其他字代替的，如姓“骂”的有改姓为“会”的；四是有的姓的字不好写或没有电脑字，用其他字代替的，如“虢”姓用“决”字代替。

• 专家倡议在淮阳筹建中华姓氏博物院 •

2011年9月3日至4日，在河南淮阳为中华姓氏起源地暨中国姓氏博物院立项研讨论论证会上，与会专家学者中国河洛文化研究会副会长、北京大学考古文博学院教授、博士生导师、北京大学中国考古学研究中心主任、北京大学古代文明研究中心主任李伯谦，中国社科院荣誉学部委员、研究员、博士生导师、中国殷商史学会会长王宇信，中华炎黄文化研究会副会长、中国社科院历史研究所副所长、研究员、博士生导师王震中，中国先秦史学会副会长、秘书长、中国社科院历史研究所研究员、博士生导师宫长为，中华伏羲文化研究会副会长、华夏姓氏源流研究中心主任、中国科学院遗传与生物发育所研究员袁义达，北京师范大学文学院教授、博士生导师王泉根，中华伏羲文化研究会原副会长、湖南省社科院研究员何光岳，中国古都学会秘书长、陕西师范大学教授李令福，河南省姓氏文化研究会会长、河南省社科院党委书记林宪斋，河南省姓氏祖地与名人里籍研究认定中心主任、河南省社科院正厅级干部赵保佑，河南省姓氏祖地与名人里籍研究认定中心执行主任、河南省姓氏文化研究会副会长、河南省社科院历史与考古研究所所长、研究员张新斌，河南省政府参事、省发改委经济研究所所长、研究员郑泰森，河南省姓氏祖地与名人里籍研究认定中心副主任兼秘书长、河南省姓氏文化研究会秘书长、河南省社科院中原文化研究中心副主任、博士李立新，河南省炎黄文化研究会副会长、河南省文物考古研究所研究员曹桂岑，联名发出倡议："河南省淮阳县历史悠久，文化

中华姓氏博物院奠基

灿烂，太昊伏羲氏和炎帝神农氏均建都于此。伏羲在这里‘正姓氏、制嫁娶’，开创了中华姓氏6000年历史。伏羲风姓，为中国第一个姓氏。姓作为‘远禽兽、别婚姻’的符号，是中华文明进步的重要标记，是维系中华民族生生不息的血缘纽带。中华民族拥有尊祖敬宗、报本反始的优良传统，所以，中华姓氏文化得到了全球华人的广泛认同。河南省淮阳县是中华姓氏的重要发祥地，河南省也是中华各个单姓的起源地，源于河南的姓氏有1500多个，在中华100大姓中，源于河南的就有78个。可以说：河南是中华儿女心灵的故乡。为了传承和弘扬中华历史文明，增强中华民族的凝聚力和向心力，团结海内外华夏儿女，构建中华民族共有精神家园，建设华夏历史文明传承创新区，我们郑重倡议：在中华姓氏的重要发祥地河南省淮阳县筹建中华姓氏博物院。”

• 起源于周口的姓氏 •

【风姓】 据历史文献记载，伏羲氏姓风。马骕《绎史》引《三坟》说“伏羲氏，燧人子也，因风而生，故风姓”。大概是伏羲部族以风为图腾崇拜物，因而得姓。古代传说中的女神女娲氏也为风姓，可见伏羲与女娲是兄妹关系（即相互通婚的胞族）的说法有一定的依据。现在风姓人口不多，但分布较广，今河南周口、上海松江、安徽临泉、山东鱼台、辽宁清原、山西长治、陕西韩城、新疆塔城等地有此姓。

【李姓】 起源于周口的姓氏。李姓始于上古八大姓之一的嬴姓，是皋陶的后裔。相传皋陶在帝尧时担任理官，他的后代世袭此职，于是以官名命氏，称理氏。商朝末年，有一位名叫理征的大臣，因直言敢谏，得罪了商纣王，遭残杀。理征的儿子理利贞随母亲契和氏逃难到伊侯之墟，靠采食树上的果子（李子）得以存活，于是改姓为李，称李利贞。商朝灭亡

直接出自风姓的姓						
伏姓	羲姓	庖姓	宓姓	牺姓	戏姓	呙姓
颛姓	臾姓	东蒙姓	须姓	宿姓	东方姓	

李鹏题字：万姓同根

之后，李利贞随母亲回到母亲的故乡陈国。后来，李利贞娶了契和氏族中的女子为妻，生子李昌祖，任陈国大夫，家于苦县（今鹿邑东）。春秋时著名思想家、哲学家李耳（老子）就是李利贞的第十一代孙。现在的李姓人多尊春秋时期的李耳为始祖。李耳的儿子李宗，战国时为魏国大夫，封于段干木（今河南辉县境）。李宗之子李同（本名谈）任赵国大将军。李同的儿子李兑为赵相。李兑之子李跻封赵阳安君，居今河北。李跻的裔孙李昙，秦朝时任御史大夫，封赵柏人（今唐山境）侯。李昙的长子李崇，官拜陇西太守，封南郑公，因此定居陇西（治所在今甘肃临洮南）；小儿子李玑为秦太傅。李崇和李玑的后代繁衍兴旺，都发展成为当地的名门望族，同时也形成了李姓家族历史上最著名的两大郡望：陇西李氏、赵郡李氏。如今，李姓已发展成为中国第一大姓，人口近亿。在全国的分布主要集中于河南、四川、山东，其次为河北、广东、湖南、湖北及东北三省。河南是李姓第一大省，占全国李姓总人口的10.8%，周口的李姓占全市总人口的10.2%。

【陈姓】 起源于周口的姓氏。陈姓是当今中国第五大姓，其主支出自妫姓，是帝舜的后裔。远古舜部落因居山西永济妫水一带而姓妫。商朝，商王封帝舜后裔虞遂于陈，即今淮阳一带，其地原为帝尧母族陈锋氏部落所居，故地名为陈。西周初年，帝舜后裔妫满，又称胡公满，是周武王的女婿，因助周灭商有功，受封于宛

李氏宗亲祭拜老子

丘，取代虞遂氏，建立陈国，为西周重要的诸侯国之一。公元前479年，陈国被楚国所灭，族人逃散，为纪念故国，便以国名为姓，形成陈姓，这是后世陈姓的主要来源。今河南淮阳县为陈国故城所在地，是天下陈姓的发源地。相传陈胡公死后，铸铁棺葬于湖底。现在淮阳城边柳湖旁有陈胡公墓，已成为陈氏子孙追思先贤、寻根谒祖之地。现在陈姓已发展成中华第五大姓，人口约有5400万，占全国总人口的5.4%，分布广泛，尤以南方地区为多。在广东、福建和台湾一带，素有“陈林半天下”之称。其中广东为全国陈姓第一大省，广东省陈姓占全国陈姓总人口的14.7%，占省总人口的10.5%。在福建、台湾，陈姓在当地人口中所占的比例最高，分别为人口总数的14%和12.2%。此外，四川、浙江、江苏、湖北、湖南以及河南、山东等省也有不少陈姓人聚居。

【孙姓】 起源于周口的姓氏。孙姓是中华古老的姓氏之一，源头较多，其中有一支出自妫姓，是陈国公子完的后裔。田完的四代孙田桓子有两个儿子，其次子田书，字子占，担任齐国大夫，因征伐莒国立下战功，被齐景公赐姓孙氏，形成孙姓一支。

【胡姓】 起源于周口的姓氏。胡姓的来源较多。一支出自妫姓，为陈国君主胡公满的后代。周朝初年封帝舜后裔妫满于宛丘（今淮阳）建陈国。妫满死后，谥号胡公，因此他又被称作胡公满。胡公满的后代子孙中有以祖先的谥号为姓者，为胡姓，是胡氏的主支。现在的胡姓人多奉陈国开国之君胡公满为始祖，以河南淮阳为祖源地，安徽绩溪龙川胡锦涛家乡的胡氏宗谱即把陈胡公列为本宗胡姓始祖。如今，胡姓总人口已经达1600万，是当今中国的第13大姓。

【夏姓】 起源于周口的姓氏。夏姓的一支出自妫姓。西周初年封帝舜后裔妫满于宛丘（今淮阳县）建陈国，陈国传第十六君为陈宣公，陈宣公有一庶子名西，字子夏，为陈国大夫，子夏的后代以祖字为氏，成为夏姓重要的一支。今淮阳县陈国故城就是妫姓夏氏的发源地。

【孔姓】 起源于周口的姓氏。孔姓的来源较多，其中有一支来自妫姓。据史书记载，春秋时陈国有公孙宁，又称孔宁，陈灵公时任大夫之职，子孙以祖名为姓氏，其后有孔奂等妫姓孔氏。周口为陈国故地，是妫姓孔氏的起源地。

【敬姓】 起源于周口的姓氏。据《元和姓纂》等古代姓氏书记载，敬姓出自妫姓。春秋时陈国厉公之子陈完，避难奔齐，死后谥号“敬仲”，其支庶子孙以祖先谥号为氏者，形成敬姓，这是当今敬姓的主要来源。周口是陈国故地，是敬姓的起源地。现在敬姓人口约有12万，分布较广，河北尚义，山东鱼台、平邑，山西太原，陕西韩城，湖北利川，四川合江等地均有分布，尤以四川多此姓。

【田姓】 起源于周口的姓氏。田姓起源古老，最早出自古代官职名。据殷墟出土的《甲骨卜辞》记载，商朝时设有主管农田垦殖的官员，称田官，田官的后代世袭官职者，以官为氏，就是田姓。现在的田氏主要出自妫姓，为舜帝后裔。公元前672年，陈宣公的宠姬生下一子，名叫款。宣公十分偏爱这个小儿子，打算把国君之位传给他，便找借口杀死了太子御寇。陈完与太子御寇的交情颇深，怕殃及己身，就从陈国（都今周口淮阳）逃亡到齐国去了。汉代以前陈字的读声与田字相似，陈、田二字可以互换使用，陈完居齐国之后，因避嫌而不再用本国故号，便改称田氏，称田完。田完的后代田和后来成为齐国国君，他的子孙后代遂以田为姓，田完成为田姓的始祖。田姓为当代中国第58位大姓，人口约460万，遍布全国及世界各地。尤以河南、四川、山东省最多，这三省田姓约占全国田姓总人口的34%。其次分布在河北、陕西、山西、湖北、贵州，这五省又集中了33%。河南为当代田姓第一大省，占有全国田姓总人口11.5%，占全省总人口的0.51%。

【顿姓】 起源于周口的姓氏。顿姓出自姬姓。周初封同姓于今周口商水县境的古顿地建顿国，为子爵，史称北顿。春秋时期，顿国弱小，经常受到陈国的攻击，被迫南徙到项城一带，依靠楚国，史称南顿。春秋末期，南顿在大国争霸中苦求生存，游移于南北盟主之间。公元前496年，顿子国背楚事晋，楚国兴师问罪，灭掉了顿子国。今商水县平店乡李岗村一带有北顿故城遗址；项城有南顿故地，都是顿姓的发源地。今顿姓人口不多，但分布较广。河南息县、卢氏，山东东平、平度，山西太原、大同、阳泉，甘肃酒泉，黑龙江嫩江，湖南芷江，湖北武昌等地均有此姓。

【姚姓】 起源于周口的姓氏。姚姓主要来源于妫姓，是帝舜的后裔。舜所在的部落最早居于妫水（山西永济南）一带，其族遂以水名为妫姓，这也是舜的本姓；后来，舜族东迁，舜出生于姚墟，又以所出生之地名命姚姓。姚墟故地在今河南濮阳县徐镇西南一带，是姚姓最早的起源地。古时候，妫、姚二姓在帝舜的子孙中可以互相通用，故后为帝舜后裔妫满的封地陈国（今周口），也是姚姓的起源地之一。西汉末年，王莽篡汉，建立新莽王朝。王莽本系陈完田齐后裔，追本溯源是帝舜之后，他为了扩大本宗势力与刘姓贵族抗衡，就把与帝舜有关联的“妫、姚、陈、田”本为一宗的四姓列为宗室，封地赐爵，与王姓一样享受“国姓”待遇。姚姓为当代中国第64位大姓，人口约420万。主要分布在四川、江苏、浙江3省，约占全姚姓总人口的31%；其次分布在安徽、河北、河南、山西等地，四川为当代姚姓第一大省，占有姚姓总人口的13.5%。

【满姓】 起源于周口的姓氏。满姓主要出自妫姓，周代陈国（今周口）开国君王陈胡公姓妫名满，他的后裔有的以祖先的名字为姓，始有满姓。满姓的历史郡望有山阳、汝南、河东等，今人口约12万，分布较广。周口有满姓，尤以陕西多此姓。

【庆姓】 起源于周口的姓氏。庆姓主要有三个来源，分别出自姜姓、姬姓、妫姓。其中妫姓庆氏的祖地在陈国故地周口。《古今姓氏书辨正》记载：陈国桓公五世孙亦为庆氏，其族有庆虎、庆寅等，庆氏兄弟曾风云一时。妫姓庆氏最早在河南淮阳一带活动，秦汉时期逐渐与姜姓庆氏混为一体。庆姓望出河内（今武陟），今人口不多，分布较广，河南驻马店与周口、山西汾阳、安徽淮南、陕西西安、山东新泰与东明、江西丰城、湖南湘潭、浙江义乌、四川武胜与泸定、台湾台北、北京、上海等地均有此姓。

【文姓】 起源于周口的姓氏。文姓的源头较多，根在周口的文姓出自妫姓，系“战国四君子”之一孟尝君之后。孟尝君本名田文，为齐威王之孙、齐相田婴庶子。孟尝君死后，齐、魏两国乘机联手灭掉薛，孟尝君的族人和他众多的食客为了纪念他，有的就以他的名字为姓，为文姓。另外，敬姓的分支也有文姓。五代后晋主石敬瑭在位时，天下敬姓人为避皇帝名讳，拆敬字改成苟、文两姓。敬姓主要也是出自妫姓，是春秋陈国公子陈完后裔。因而出自敬姓的文氏与孟尝君田文之后的文氏实际上同宗共祖，他们的祖源地都可以追溯到淮阳。以上诸支文姓，后来逐渐混为一体，因为周文王在历史上地位最高、名气最大，所以后世文姓人多尊奉他为文姓正宗始祖。现在，文姓繁衍发展成中国第100位姓氏。人口达200多万，主要分布在广东、江西、广西、湖北、四川，其中广东文姓最多，聚居了全国文姓总数的26%。

【项姓】 起源于周口的姓氏。项姓主要来源于古代项国，出自姬姓。西周王朝至春秋时，所分封的诸侯国已达124个，其中有姬姓项国。项国故城在今沈丘县槐店镇西沙河北岸的赵古台村一带，地域包括今项城东南部和沈丘县大部分地区。春秋时期诸侯争霸，项国弱小，夹在列强之间，成为齐、楚等国争相蚕食的目标。公元前643年，鲁僖公派遣一支军队攻占项国。项国灭亡后，族人四散，纷纷以国名为氏，形成项姓。宋、元以来，项姓主要在浙江一带发展。明、清时期，浙江项氏的发展进入鼎盛时期，其中嘉兴项氏名人辈出，影响巨大。同时，浙江其他地区的项氏也得到快速发展，涌现出许多名人，较有名者有奉化项氏、江西乐平项氏等。项姓现主要分布于湖南、浙江、湖北、贵州，这四省项姓约占全国项姓总人口的74%。

【柴姓】 起源于周口的姓氏。柴姓得姓于春秋末期齐国人、孔子七十二贤之一的高柴，字子羔或季羔，生于齐（今山东新泰市），官于卫国（都今河南濮阳），在孔子门下学习儒家思想，博学多才，多次受到孔子的称赞。尤以恪守孝道著称，为母亲守墓三年，“泣血三年”，“未尝露齿”。因卫国战乱，师兄子路被杀，高柴出走。他一不回老家齐国，二不去鲁国，而是至陈国梁乡（今太康县高贤）择土定居，从事儒家经典的传播达88年，寿高128岁，死后葬于梁乡宁庄村东。高柴有9个儿子，29个孙子。其长孙高举生于楚惠王十年（前479），成人后以父名“柴”为氏，始有柴姓。东汉时，高柴开始被文人骚客于春秋二季祭祀，唐朝时被封为共伯，修寺院；宋朝时被封为共城侯，建塔，并从祀孔子，明朝重建。高柴以高寿被尊为“寿圣儒贤”，寺院命名为“寿圣寺”，塔称为“寿圣寺塔”。清朝，人们为纪念高柴，将原梁乡、双塔集更名为高柴集，又称高贤集。今太康县高贤镇有寿圣寺塔保存完好，浙江、福建、广东、江西、贵州、台湾、香港、澳门等许多高氏都尊奉高柴为本支脉的一世祖，历代高氏、柴氏族人都到太康县高贤朝圣拜祖。周口太康县有两个乡镇的五个村庄，有柴姓500余人，且有柴家庄。

【招姓】 起源于周口的姓氏。招姓主要出自妫姓，为春秋时陈国哀公之弟陈招之后。《古今姓氏书辨正》记载：“陈侯之弟招，杀陈世子偃师，楚人讨而执之，放之于越，其后以王父字为氏。”这是说，春秋时楚国灭陈国后，将陈招抓起来流放到南方的越地，他的子孙后代以陈招的名字为姓，始有招姓。陈国灭亡之后，陈招的后代一直在我国南方发展，后来在广东一带形成望族。今招姓人口不多，主要聚居在我国南方，在湖北武昌，广西田林、荔浦，广东新会、澄海、高要、高明等地均有分布。

【车姓】 起源于周口的姓氏。车氏有一支出自田姓（陈国公子陈完避难到齐国，后裔以田为姓）。汉武帝时，田完后裔田千秋，先任高庙卫寝郎，后为大鸿胪，不久升为丞相，封富民侯。汉昭帝继位后，因田千秋年迈行走不便，特许他乘小车入宫殿朝见，人称“车丞相”。田千秋的子孙因此以车为姓，形成车姓。车姓为当代中国第197位姓氏，人口有40余万。分布较广，尤以四川、山东、甘肃最多。

【古姓】 起源于周口的姓氏。古姓起源的一支出自古部族苦成氏。苦成氏为少昊族裔的分支，建有古国。苦，又作古。商代古国在今河南鹿邑县境，因不甘屈从商王统治而多次遭到商人的讨伐。在商王祖庚、祖甲之世，古国曾一度降服于商。商朝末期，古国之地被厉人夺占，其后有古姓。今鹿邑县城东的太清宫镇为古（苦）国故城所在地，为古姓祖地之一。古姓为当代中国第208位姓氏，人口约45万，分布较广，尤以四川、广东一带最为集中，两省古姓约占全国古姓总人口的78%。

【虞姓】起源于周口的姓氏。虞姓主要有两个源头：主要的一支出自姚姓，为帝舜后裔。舜是古代有虞氏部落的首领，又称虞舜，生于姚丘，故又以姚为姓。姚丘在今河南范县、濮阳县一带。夏禹继舜为中原部落联盟首领之后，封舜子商均于虞，建虞国，为夏的属国，其地在今河南虞城县境。夏朝末年，商汤起兵伐夏，灭虞国，迁其民于宛丘（即今淮阳），虞氏族人便以国名为姓，形成了最早的虞姓。商朝建立后，虞遂聚集族人在宛丘重建虞国，后改称遂国。其后传国至商末。因遂国亲商，被周武王所灭。周朝建立后，另封虞遂支裔妫满于陈，同时把虞遂的嫡裔徙封到今山东宁阳县西北，再建遂国，后被齐国所灭。今河南虞城县为夏、商时虞国故地，有商均墓；周口淮阳是虞姓聚居和形成之地。虞姓为当代中国第268位姓氏，人口约24万，主要分布在浙江一带，该省虞姓约占全国虞姓总人口的48%。

【戈姓】起源于周口的姓氏。戈姓出自姒姓。夏初，夏禹支庶封于戈坡地建立立戈冈，又称戈方，地域在今周口太康县境，北达杞县。戈国在有穷氏寒浞篡夏时曾一度被灭，少康复国后又重新建国，以后历经夏、商两代，戈国一直存在。商代时，戈国为商国的属国。据安阳殷墟出土的《甲骨卜辞》记载，商王曾多次到戈地进行田猎，并令戈人征伐其他方国，戈人还向商王进贡龟甲。商朝晚期，戈族发生分化，一支东迁鲁西，一支西迁关中。周代以后，戈国不再见于史载，可能被周人灭亡，其后有戈姓。据一些姓氏书记载，戈姓望出临海（三国吴置郡，地域相当于今浙江东部沿海、象山港以南地区），但其族情不详，大概是戈姓后人追溯的郡望。今周口太康县城关镇为古戈国故地。现今戈姓人口不多，但分布较广，北京，天津武清，河北景县，山东平度，内蒙古乌海，山西太原，湖北利川，湖南芷江，江西崇仁、金溪，广西灌阳，云南陇川等地均有此姓。

【厉姓】起源于周口的姓氏。厉姓

主要出自姜姓。商、周时期有两个厉国，一在周口鹿邑县境，一在湖北省随州市境，都是炎帝族裔厉山氏所建的小国。周口鹿邑的厉国在太清宫一带，其地出土有龙山文化和商、周、汉代陶器，并发现了东周时期的城基，考古人员认为该城就是厉国故城址。在商代，厉人与商人的关系密切，因此周武王灭商时，曾命伯韦征伐厉国，厉人损失惨重，于是降周。春秋时期，厉国与鲁国建立了联姻关系，后来这支厉人南迁到商城一带，不久被楚国所灭。春秋早期，在随州的厉国也被楚国吞并。这两个厉国灭亡后，族人均以国名为姓。今厉姓人口不多，分布较广，周口鹿邑有厉姓，以上海松江、浙江东阳、江苏丹阳、湖南芷江、湖北武汉、河北黄骅、山东平邑等地较为集中。

【宛姓】 起源于周口的姓氏。相传伏羲的老师有宛华，黄帝时有大臣宛驹，为宛姓之始。一支以地名为姓。古时山东菏泽西有宛邑，春秋时魏大夫食采于宛，其后以邑为氏，即宛氏。一说以国为姓，古宛国有二，一在今周口淮阳，淮阳古称宛丘；一在南阳，其后以居地为氏，形成宛姓一支。现在宛姓人口不多，分布较广，北京、天津武清、河北景县、辽宁清原和建平、山西大同、陕西韩城、湖北老河口、福建清流、云南陇川等地均有此姓。

【养姓】 起源于周口的姓氏。养姓出自嬴姓，系以国为氏。周代有养国，在今周口沈丘县境，为嬴姓小国。春秋中后期吴、楚争霸，养国被楚国所灭，子孙以国为氏，形成养姓。另据史书记载，今河南宝丰县西北也有一养国，为姬姓，称“南养”，后来被楚国灭掉为邑，封给楚将养由基作采邑，其后代以邑名为姓。今养姓人口不多，但分布较广。北京、沈阳、成都、武汉、临汾、临泉、钟祥、永修、泸水和台湾南投、台东等地均有此姓。

【聃姓】 起源于周口的姓氏。聃姓的一支出自李姓。春秋时苦县人李耳（老子）的后裔有以祖字为姓者，形成聃姓的一支。周口鹿邑县是老子故里，也是聃姓祖地。聃姓人口不多，散布国内各地。

【庹姓】 起源于周口的姓氏。曾有人推测庹系度姓所改，明陆容《菽园杂记》曰：“广西有庹姓，音托。今吴中以两臂量物曰托，庹既与度相似，又从尺，疑即度。”《姓氏考略》云：蜀中多庹姓。而据《庹氏家谱》所记，庹姓有一支出自田姓。又有民国庹学赐《慈利庹氏源流考》一文记述：其族出自有虞氏，周武王封舜后胡公于陈，其后为陈姓。春秋时陈太子御寇被杀，公子完奔齐，改姓田。田完的后人田和取代姜齐建立田齐政权，后被秦灭，子孙四散分居。到元朝有一位叫田亮的人，出任蜀郡太守，居住在四川成都北门外长草岭大泽园槐花树里。元朝至元年间，田亮的儿子田熙出任永州太司，镇守诸夷。田熙死后，葬于大庸县莫家冈。田熙有二子田龙、田虎，田虎受钦命为太师太保都督大元帅，兼袭父职于田家坪。相传有一天，田虎奉命修造皇宫，掘得一铁弓铁箭，这时恰有一白鹿从宫外跑过，田虎即援弓而射，不料铁箭放空，飞入宫中，箭杆上还刻着田虎的名字，朝廷遂加以叛逆之罪，诛其三族。田虎的长子田宗朝为避祸而隐居乡间，改姓庹氏，始免其难。这就是今天湖南省慈利、大庸等地庹姓的来历。今湘、鄂、川、黔四省交界地区，聚居有庹姓族人20余万，分为汉族、土家族，实同出一祖。另外，广西灌阳、田林，四川长寿、合江，湖北武昌、老河口，山西太原、运城、大同，河南南阳、鲁山，以及新疆的布尔津等地均有此姓。

【虢姓】 （音jue）源自周口的稀有姓氏。在周口淮阳县大连乡，居住着一个稀有姓氏家族——虢姓。《辞海》《辞源》均无这个字，《康熙字典》中有这个字，却注曰“读音不详”，而虢姓族人将此字读作“jue”。据他们讲，其先祖早年曾参加清嘉庆年间的天理教（又称八卦教，为白莲教的一个支派）起义，是起义队伍的师爷，精通四书五经和阴阳八卦。

『世界客家播迁路』启动暨太昊伏羲陵圣土采集仪式

天理教起义失败后，先祖逃到淮阳，隐姓埋名，定居在淮阳县城南距平粮台不远的地方。为了不忘义举，也为了不与其他姓氏重音重字，他取起义队伍旗帜上象征着勇猛无敌的古字“虢”为姓，又以天理教咒语中的第一个音节“jue”为该字的读音，自称姓虢，并且运用八卦数理为后代定了10个辈分用字：“丝、应、永、士、莲、锡、清、树、培、灼。”将这10个字无论用何种方式装入六十四卦后，卦象都是从损卦开始到泰卦结束，暗含着家族积少成多，兴旺发达。不到200年时间，虢姓人口已繁衍到5000多人（包括外姓嫁过来的媳妇），目前居住在淮阳的最多，约2500人，绝大多数世代务农，聚族而居在大连乡的大李庄、虢庄和附近的4个自然村。其他族人散居在安徽省临泉县滑集镇虢老庄、艾亭镇、谢集乡虢刘庄、张集乡、陶老乡，阜南县卢楼、方集，河南平顶山市、罗山县，及广东省、陕西省、新疆维吾尔自治区，在台湾只有一家。虢氏家族的人，虽然知道自己姓“虢”，却有相当一部分人写不好这个字，与之有交往的人又都不认识这个字，电脑上也没有这个字，在社会交流中经常遇到麻烦，他们通常用“决”字代替。

【第姓】 源自周口的姓氏。“第”是个复姓，原本为“第一”“第二”……一直到“第八”，该姓始源于妫姓，出自汉高祖刘邦强迁原战国时期齐国的田氏公族时封的编序，属于帝王改姓为氏。复姓第可以追溯到舜帝，其后有妫、田、陈、姚、胡五姓，皆为同根同源，史称“妫汭五姓”。舜的后裔33代孙妫满被封于陈地（今周口）建陈国，史称陈胡公，胡公满，其后代以国为姓，从而产生了陈姓氏族。在陈厉公时，陈国发生了争夺君位的内乱，陈厉公之子陈完逃到齐国避难而改为田姓，陈完是田姓的始祖。陈完在齐国受到礼遇，田氏家族在齐国逐渐发展，后掌握齐国国政，这就是历史上著名的“田齐代姜”。姜姓齐国绝祀后，田氏仍以“齐”作为国号，史称“田齐”。汉高祖刘邦建立汉朝后，为了增强关中的经济实力，削弱各地豪强的残余势力，把战国时的齐、楚、燕、韩、赵、魏六国国君的后裔和豪族名门共十万多人迁徙到关中、房陵（今湖北省房县）一带定居。在迁徙原齐国田姓贵族时，因族大人众，以门第顺序被分为第一至第八氏。唯有“第五”这一支后来出了不少名人，作为显姓收到《续百家姓》中，“第五言服，百家姓终”。其他后来都改为单姓“第”及“五”（伍）两个姓氏，保留复姓的很少。目前复姓第五主要聚居在陕西省咸阳市的魏落村和第五村，这两个村子除了个别的杂姓外，基本都复姓第五。另外在甘肃、宁夏、江苏等地也散居着很多复姓第五，台湾有7家复姓第五，其祖先也在今天的魏落村。魏落村约4000人都姓第五，传说汉朝时祖上就住在这里，村上建有“第五氏三朝宰相祠堂”，即东汉宰相第五伦，唐朝宰相第五琦，宋朝宰相第五均。

【袁姓】 源自周口的姓氏。春秋时期，陈国（今周口）公族中的妫诸，字伯爰，为陈胡公11世孙，伯爰的孙子名涛涂，担任陈国大夫之职，因代表陈国参加齐桓公召集的诸侯盟会立功，被赐食邑于阳夏（今太康县），他以祖父的字号为氏，称爰涛涂。古时爰、辕、袁等字音同字通，故爰涛涂又作辕涛涂。公元前484年，辕涛涂四世孙辕颇在陈国担任司徒，因事被国人驱逐，逃往郑国，他的子孙遂定居于郑地，到秦朝末年，天下大乱，辕颇的后裔辕告又避战乱徙居于河洛之间（今洛川附近）。辕告的小儿子名政，以袁为姓，此为袁氏正式命姓，袁政成为袁姓的立姓始祖。现在，袁姓为中国人口最多的100大姓之一，排列第33位，约有650万人，四川为全国袁姓第一大省，居住了袁姓总人口的11.8%，占全省总人口的0.7%。

【仵姓】 周口郸城县东部的汲水、张完、南丰、白马4个乡镇辖区内有18个村庄的村民大部分姓仵，仵姓为此地所仅有，相传他们是明朝建文皇帝朱允炆的后裔。建文帝是明太祖朱元璋的长孙，朱元璋驾崩后，朱允炆继位，年号建文。当时，他的叔父都是藩王，拥兵自重，对建文帝不服。建文帝采纳大臣黄子澄的建议削藩。建文帝的四叔燕王朱棣以靖难为名，起兵讨伐建文帝，攻克南京，火烧皇宫，从此建文帝下落不明。建文帝到底哪里去了呢？至今是一大历史谜团。相传，当年建文帝化装成难民逃出了南京，几经周折，到了凤阳老家。凤阳城里大街小巷张贴着捉拿建文帝的告示，建文帝一行不敢久留，继续朝西北方向走去，落脚在今周口郸城县的汲水、张完、南丰、白马一带，隐姓埋名，开荒务农，度过余生，其子孙繁衍至今。据仵姓人讲，建文帝不敢称姓朱，把朱字下面的人字移到左边，再把右边出头的一竖去掉，成了仵字，意为埋头朱。其实“仵”字是一个古代的形声字，《古文字释要》的解释中有两个义项，一是同、合；二是逆、叛逆。从这种字义上解释，明朝本为朱家王朝，取“仵”字为姓，既含有与“朱”相同的意思，又有谴责叛逆者的意思，含义很深，也很贴切。由此来看，今郸城仵姓人与建文帝的确有一定关系。另据仵姓人讲，建文帝有两支龙枪，一支死时随葬了，另一支流传到现在，被县文物部门收藏，龙枪为宫廷兵器，仵姓拥有龙枪对证明仵姓是建文帝的后裔又多了一条实证。

• 郡望在周口的姓氏 •

【阳夏谢氏】 周口市太康县是历史上著名的阳夏谢氏的祖地。太康虽然不是谢姓的直接起源地，但由于阳夏谢氏家族在历史上有着巨大影响，历来有“阳夏谢氏遍天下”之说，太康也就成为天下谢姓共认和向往的朝宗谒祖圣地。阳夏谢氏发迹于三国时期的谢缵，他仕曹魏任典农中郎将，是掌管农业和民政的官，去世后由其子谢衡扶柩归葬家乡——今太康县谢家堂村。谢衡在西晋时历官博士、国子祭酒、太子少傅等，晋永嘉年间五胡乱华，中原地区战祸连年，谢衡带领家人南迁，辗转流徙，最后安家于始宁东山（今浙江绍兴市上虞区南）。阳夏谢氏由中原迁移到东南地区后繁衍发展，涌现出许多著名的政治家、军事家、思想家和文学艺术家，其中谢安、谢哲等人先后出任宰相，还有山水诗人谢灵运、谢朓、女诗人谢道韫、文学家谢庄等，均名标史册，跻身于南朝一流世族之列。当时，随晋室南渡的中原士族，以琅琊王氏、阳夏谢氏、陈郡袁氏、兰陵萧氏势力最大，并列为南朝“四大贵姓”，居于各渡江“侨姓”之首。到隋唐时期，朝廷以科考取士，门阀士族制度逐渐解体，魏晋以来的故家世族纷纷败落，“旧时王谢堂前燕，飞入寻常百姓家”。现在，谢姓在全国100大姓中排名第24位，总人口870余万，主要聚居于广东、江西、四川、湖南一带，其次分布于河南、浙江、江苏、湖北等地。在台湾省，谢姓为第13大姓。广东为当代谢姓第一大省，该省谢姓占全国谢姓总数的13.2%，占全省总人口的1.5%。

【长平殷氏】 殷姓来源一说为殷商遗民以国号为氏，形成殷姓。另一说法为，古时居于溵水两岸的居民以水名命姓，形成殷姓，此说与周口关系密切。古溵水发源于嵩山，向东南流经西华、商水入于颍水，是颍河的支流，颍、溵二字，一音之转，“古人并谓颍为溵，故命以殷”（郑樵《通志》），现在的周口商水县旧名溵水县。隋开皇十六年（596）置县，北宋初年（960）为避宋太祖之父赵弘殷的名讳，将溵水改名为商水。殷姓历史上最著名的郡望为陈郡长平，陈郡即今周口，长平即今周口西华县，因历史上长平一直为陈郡所辖，故称陈郡长平殷氏。陈郡长平殷氏发迹于晋代，南北朝时称盛于江南，以后直至隋唐历400余年兴盛不衰。主要原因是汉代有一位名叫殷续的人，出任北地（治所在今甘肃庆阳西北）太守，离职后徙家于长平县，是为长平殷姓开基始祖。陈郡长平殷氏率先崛起的一支是殷浩家族，殷浩为殷羡长子，殷羡字洪乔，曾官豫章太守，其子殷浩是东晋名臣，正是他把陈郡长平殷氏带入了一流世家大族之列，成为东晋南朝的重要士族之一。殷氏在政治上累世为官，官达五品以上者有15人之多，其中殷浩、殷仲堪等人更是对政局产生过重大影响。在婚姻上，陈郡长平殷氏的联姻对象除皇室外，几乎全为士族，且多为琅琊王氏、陈郡谢氏、谯郡桓氏等一流大族。在文化上，其族注重家学家风，文才相继，博学之士不绝于书。南北朝时的殷芸受梁武帝命，博采故书，撰成30卷《小说》，所记均为历代帝王、士大夫逸闻轶事，世称《殷芸小说》，是我国第一个以小说作书名的人，故被称为中国“小说”的鼻祖。殷姓为当代中国第104位姓氏，人口190余万，主要分布在山东、云南、四川、河北、陕西等地，5省殷姓约占全国殷姓总人口的58%。殷姓在周口西华仍为望族，有人口1.2万余。

【宛丘符氏】 符姓主要源于姬姓，春秋时鲁顷公有一个孙子名叫姬雅，在秦国做官，担任符节（玺）令，是掌管朝廷印玺的官，他的子孙以官为氏，形成符姓。符姓人得姓后，最初是在山东琅琊和河南陈留郡一带聚居繁衍，唐末五代时，符姓的一支在宛丘（今周口淮阳）发迹，形成著名的宛丘符氏。五代时宛丘人符存审，本名符存，为后唐名将。符存审第三子符彦卿，字冠侯，年13岁能骑射，历仕后唐、后晋、后汉、后周、北宋五朝，为名将。符彦卿之女为周世宗皇后，周世宗办事急躁，她每每加以劝解，因此深得世宗敬重。周世宗决定南征，符后苦劝不听，结果世宗出师日久无功而还，不久符后病死，世宗痛惜不已，立其妹为皇后，亦称符后。宛丘符氏自符彦卿之女成为周世宗皇后之后，家族发达显贵，子孙后代散居中原各地，形成望族，并有人于宋代南迁到广东、福建、海南一带。现在，定居海南的符姓已繁衍成大姓望族，尤以文昌、琼山、海口诸地为盛。《符氏受姓始祖与渡琼始祖史迹》记载：“渡琼先祖有四公：后唐39世渡琼始祖元生公，字行安，湖广之长子也，原籍河南宛丘，授任广东南雄太守，选任中正令，配陈氏，诰封夫人，男龙美、龙宣、龙本……”由此可知，海南符姓的祖地在周口淮阳。符姓在当今中国300大姓中居第227位，人口约有36万，分布较广，尤以广东、海南多此姓。过去淮阳建有“宛丘楚公符氏祠堂”，今已不存。现在淮阳有符姓4000余人，以务农为主。

【陈郡（汝南）袁氏】 袁姓家族早期形成的郡望以陈郡（今淮阳）和汝南（今平舆）袁氏最为著名，汝南袁氏是陈郡袁氏的分支。西汉时，袁政的裔孙袁干因功封贵乡侯，举家迁回到祖地陈郡阳夏县定居，后代兴旺发达，发展成为陈郡大族。袁干的八世孙袁良，精通孟氏易学，汉平帝时被地方官举荐出仕，官至太子舍人。东汉初年，袁良担任成武县令，他的两个儿子袁昌、袁璋成家后分居两地，袁昌从阳夏移居汝南汝阳（今商水县西南），是为汝南袁氏的开基始祖。袁昌的儿子袁安，为东汉名臣，他把汝南袁氏带入了一流世家大族之列。袁昌的儿子袁敞为司空，孙子袁汤为太尉，曾孙袁逢为司空，袁隗为太傅，四世居三公位，人称“四世三公”。东汉后期，汝南袁氏累世高官显位，成为当时最显赫的世家大族之一，汉末称雄河朔的袁绍及僭号称帝于寿春的袁术，都出自其族。隋唐以来，袁氏子孙或因做官、或为避祸而四外迁居，散居于河南各地和安徽、河北、苏北等处，并逐渐向山东、山西、江西、湖北、苏南、皖南、陕西、四川一带发展，此后又形成有太原、京兆、袁州宜春（今江西宜春）、东光（今属河北）、襄阳、华阴、彭城（今徐州）等郡望。其中江西宜春由于袁姓人口众多聚族而居，因此得名叫袁州。

• 中华姓氏文化节 •

2004年、2006年，周口相继举办了两届中华姓氏文化节，对弘扬姓氏文化发挥了重要的促进作用。

2004年10月17日至19日，首届中华姓氏文化节由中国文联、中国侨联、全国工商联、中华炎黄文化研究会主办，河南省侨联、河南省文联、河南省工商联协办，周口市人民政府承办。首届中华姓氏文化节的举办备受海内外华人华侨和社会各界关注，活动策划立意高，组织规模大，实施效果好，取得了圆满成功。

首届中华姓氏文化节打造了周口的姓氏文化品牌，是周口市历史上活动内容最多、规模最大、战线最长的特大型活动。公祭中华始祖太昊伏羲大典由淮阳县人民政府组织实施，活动气势恢宏、古朴庄重，体现了龙的传人对龙祖的恭敬之心。伏羲与中华姓氏文化研讨会、姓氏文化论坛和中华族谱展等三项活动均由市社科联负责，取得了丰硕的成果。

第二届中华姓氏文化节于2006年10月30日至31日举办，由河南省政协、中国文联、中国侨联、中国人民对外友好协会、中华民族文化促进会主办，中华伏羲文化研究会、河南省文化厅、河南省文联、河南省侨联、河南省旅游局、河南人民对外友好协会协办，周口市人民政府、淮阳县人民政府承办，国家、省、市各级领导，海内外企业家，姓氏文化专家学者及各大媒体新闻记者近800人出席本届姓氏文化节。第二届中华姓氏文化节以小规模、高规格、大影响为原则，采取政府主导、社会联动、市场运作的办节方式。文化节期间在淮阳县太昊陵内隆重举行丙戌年公祭人文始祖太昊伏羲大典，来自海内外的1000余名嘉宾参加了公祭活动。并举办周口与中华姓氏高层论坛，姓氏学专家、中国科学院遗传与发育学研究所研究员袁义达，姓氏学专家、河南省社科院考古所所长张新斌，姓氏学专家、河南省中原姓氏文化历史研究会常务副会长刘翔南，姓氏学专家、中华伏羲文化研究会副会长马世之等专家做了学术报告，来自全国各地的200余姓氏文化学者及爱好者参加了学术论坛活动。同时举办了第二届中华姓氏文化节族谱展，展出100个姓氏的2000余册族谱，其中清朝族谱42册，民国族谱46册，新编族谱1891册。

古城印象

——伴着桨声入梦的悠悠乡愁

似水流年，涛声依旧。滚滚东去的沙颍河川流不息，哺育着两岸一千万勤劳的周口人民。星罗棋布的古城古镇古村，镶嵌在周口这块古老而富有朝气的大地上，它们像历经沧桑的历史老人，向我们讲述着周口的陈年旧事，唤起了我们的悠悠乡愁。

本章的介绍可以加深您对周口古城历史与风貌的印象。

民国周家口地图

• 沙河、颍河、贾鲁河：装点三川大地的彩练 •

日月经天，江河行地。

远古迄今，沙河、颍河和贾鲁河蜿蜒地流经周口，滋养着这方富饶的土地，为周口创造了无尽的物质财富，也塑造着这座城市的人文精神，周口的前世今生都与这三条充满魅力的大川有缘。

这三条大川源头相近、水道相通、血脉相连，一直是黄淮平原上的主干河流。

沙河发源于鲁山县尧山，流经宝丰、叶县、舞阳、漯河，在周口市中心城区西孙嘴村与颍河交汇，河长322公里。

沙河的上游古称滍水，历史非常久远。东汉许慎《说文解字》解释“滍”字时说：“滍水出南阳鲁阳尧山东北，入汝。从水，蚩声。”明代嘉靖年间刊行的《鲁山县志》始将滍河写作沙河。

沙河的下游古称汝河、溵水。民国二十二年《淮阳县志》曰：“沙河，即汝水，俗呼为大沙河。”汝河发源于嵩县跑马岭，在襄城县岔河口汇入沙河。沙汝汇合后，经舞阳、郾城、漯河进入周口市商水县境内，古代统称汝河，亦名溵水。

颍河发源于登封嵩山南麓，流经禹州、襄城、许昌、临颍、西华、周口，至沙河交汇处河长262公里。

颍河在古代又有渚河、沙河之称。清

顾祖禹《读史方舆纪要》曰：“颍水……经襄城县北亦谓之渚河……颍水合蔡亦兼有沙河之称。”

颍河在周口市中心城区西孙嘴村与沙河汇流，在豫境内习惯上有以沙河为主干的说法，周口至省境内俗称沙河，安徽境内称为颍河，现代通称为沙颍河。沙颍河在周口汇流后流经项城、沈丘，在界首入安徽境，流经阜阳后从颍上县正阳关入淮河。

贾鲁河为古蔡河，宋之惠民河，发源于新密市白寨的圣水峪和郑州市二七区的冰泉、暖泉、九娘庙泉，东北流经侯寨、西流湖，至郑州北郊老鸦陈折向东流，经柳林、姚桥，再经中牟的白沙，绕县城东南至胡辛庄流入尉氏县，经扶沟、西华，后至周口市入沙颍河，全长255.8公里。其在郑州、中牟或名贾鲁河，或名小黄河，在中牟以下或名贾鲁河，或名小黄河、运粮河。

中国古代将四条独立入海的大川及其八条主要支流称为“四渎八流”。“四渎”是河（黄河）、江（长江）、淮（淮水）、济（济水）。“八流”分别是黄河的支流渭水、洛水，长江的支流汉水、沔水，淮河的支流颍水、汝水，济水的支流泗水、沂水。“四渎八流”都源出名山，河出昆仑，江出岷山，淮出桐柏，济出王屋，所流经的区域文明进化得又比较早，因此古人视“四渎八流”为具有神性的大水。

“八流”中的颍水即颍河，发源于神

沙颍夕照

圣的中岳嵩山，自然能够跻身名水之列。颍河流域是中华文明重要的发祥地，历史文化遗存遍布颍河两岸，沿线的城市在历史上都可圈可点。上游有夏朝都城遗址禹州瓦店古城，下游有中国第一座古代城市淮阳宛丘古城。颍河两岸发生的重要历史事件不胜枚举，留下了灿烂的颍川文化。古人把颍水作为“八流”之一，“四渎八流”被视为中华文明的滥觞，可见颍河历史地位之重要。

沙河流域也是文化积淀非常厚重的地方，1984年至1987年，河南的考古学者在位于舞阳县北舞渡沙河南岸发现了距今9000—7800年之间的贾湖遗址。贾湖文化的分布地域与传说中的太昊氏地望大体一致，在贾湖遗址的墓葬中有内装小石子的龟甲，说明在7000多年以前龟甲已被赋以神秘的意义。对龟的神异性信仰的始源，或即起于这一带地域。贾湖遗址被发现以后，沙河上下游的人文地理引起历史学家的高度重视，著名历史学家李学勤指出：“舞阳贾湖遗址位于沙河之滨。沙河汇入颍河，传说中画八卦的伏羲所都的陈在今淮阳，就位于颍河以北，离舞阳不远。这一点也许有可供思考之处。”贾湖遗址的发现和历史学家的提醒，对伏羲文化的研究打开了一扇新的窗口。随着贾湖文化的深入研究，伏羲文化或许将被重新定义。

贾鲁河也是一条历史悠久的古老运河，它的前身是战国梁惠王十年（前361）所凿的鸿沟，故道在今荥阳市北。鸿沟引黄河水入圃田泽，东流入汴水经开封境内，再东南下注入颍河，当时开挖的目的一是为了灌溉农田，二是开通漕运。经过二十多年的开发，至梁惠王三十一年，连通了济、濮、濉、颍、汝、泗诸水，成为当时中原大地上的主干水道，以此为主形成了水路交通网和大面积的灌溉区，具有了十分重要的战略地位，成为兵家必争之地。秦朝末年楚汉相争时，楚霸王项羽与汉王刘邦在此对峙，楚与汉约定“以鸿沟为界，中分天下，割鸿沟以西者为汉，以东者为楚”。鸿沟一直是连接黄河、淮河流域的重要水道，上游为浪荡渠，下游称沙水，亦作蔡水，唐、五代、宋称蔡河、惠民渠，又叫小黄河，还称京水河。五代周显德六年（959）又引河入蔡，以通陈颍之漕。元代河道淤塞。元至正年间，黄河在山东曹县决河改道。至正十一年（1351）四月，贾鲁出任工部尚书、总治河防使，率众20万人治河。他在堵住黄河决口的同时，疏通故道，开凿新河道，其中包括这条从密县凿渠引水，经郑州、中牟折向南而至开封，而后入浪荡渠古运河，直达周口入沙颍河的河道。为了纪念贾鲁，从此就把这条河叫成贾鲁河。

沙河、颍河、贾鲁河翻腾的浪花演绎出许多历史故事，留下许多珍贵的文化记忆，一处处光彩夺目的人文景观装点着三川大地。

• 周家口：蜚声大江南北的“小武汉” •

周口市中心城区位于淮河支流——沙河、颍河、贾鲁河三川交汇处，沙颍河横穿市区，将市区分为河南、河北、河西三个区域，形成鼎足之势，状若武汉，在历史上被称为“中原小武汉”。

民国37年（1948）以前，周口属淮阳、商水两县分治。1948年1月17日周口市人民政府成立，归属河南省淮阳行政专员公署管辖。1952年6月10日，撤销周口市建制改为周口镇，归属许昌地区商水县管辖。1953年3月周口随商水划归许昌专区。1953年11月10日恢复周口市建制，重归商水县管辖。1965年6月15日周口地区专员公署成立，署址设在周口镇。从此周口市成了周口地区的政治、经济、文化中心。同年11月25日，周口镇改为专辖镇，县级建制，与商水分署办公。1980年9月26日，经国务院批准，再次恢复周口市建制。1986年12月，周口被国家定为对外开放城市。

改革开放以来，周口市发生了翻天覆地的变化，三川交汇的周家口成了豫东的“小武汉”，昔日的黄泛区成了国家的林海粮仓。人们在感叹城市日新月异变化的同时，也对老周口的一草一木有着深深的留恋。不论是报刊、电视等媒体，还是白头老翁乃至青年稚子，都会时不时地说起周口的磨盘山、玉阁楼、三连坑、花戏楼等老街老宅的流年往事，以及关于古老周口的美丽传说。

田园，是百年前项城名门田氏家族在周口兴建的一座行宫式深宅大院，颇有几分园林建筑色彩。它位于周口南寨油坊街南头东侧，其占地自陈州街向北展开，延伸远达现川汇区房管局，十分宽敞。后来颓废衰落，成为一片废墟。因其地方较大，空旷开阔，一些走街卖艺之人在此摆摊表演，久而久之成为老周口的一处大型游乐场。在田园游乐场的黄金时代，那里的露天游乐活动真可谓五花八门，五行八作，应有尽有：有打拳卖大力丸的，有踢腿卖狗皮膏药的，挖鸡眼片脚垫的，有拔牙拔眼治病的，有地摊变戏法的，有要狗熊玩猴的，有练金钟罩铁布衫的，有玩刀山钻火圈的，有数嘴子卖针卖老鼠药疥疮药的，有撂骰子设赌局的，有摆书画摊的，有蘸糖醋串的，有打摇彩的，有转盘套圈的，有吹糖人的，有拉洋片的，还有看纹相面的、拆字打封的、抽签算命的，甚至连拉骆驼问卜的也偶有出现。总之，诸凡三教九流都能挤进田园游乐场，摆地摊混饭吃，同时，他们也把新奇与欢乐带给来此消闲的人们。

田园游乐场的主要节目数曲艺说唱。例如坠子艺人郭窝，携其女郭小银，在南河沿和田园唱坠子书，郭小银是周口出现最早的坠子女演员。评词艺人孙杏林，艺名孙永江，他本有武术功底，临场说书，以长旱烟袋充道具，举手投足极重身段造型。他说《济公传》，自来三分癫狂七分幽默，招招干净利落。后来河南曲坛有名的“郑州三马”，即出自孙永江门下。评词艺人石女说《水浒》，能把梁山一百零八将，按三十六天罡、七十二地煞座次连同诨号，口似悬河一气呵成。其他如王希凡、田学礼，以及后来的杨成林、杨成彬兄弟等，都有不俗的成就。

在周口市新街、山货街、文化街一带，至今还保留着数栋上百年的老宅。其建筑风格融合了晋派、徽派及中原古建筑特点，成为周口建筑历史的“活化石”。

行走在新街，看着保存完好的“走马门楼”、客厅、住宅，它们熔雕刻、绘画、建筑于一炉，三种艺术形式交相辉映，你会为先辈们的高超建筑技术而叫绝；穿行在山货街，看着上百年的商业面铺，抚摸着老式柜台，听着老年人讲述发生在这里的商业故事，你准会想象到昔日周家口舟车辐辏、商贾云集的繁荣景象；漫步在文化街，数着脚下经几辈人走过的红石阶，看着两侧老宅与新式楼房相间的居民区，你会感受到周口小城的古老与年轻，这种感觉是别有一番滋味的，心头的自豪感也会油然而生。

在不足千米的新街两侧，保存较好的老宅有三座，老宅里的门楼、客厅设计独特，造型美观，气象辉煌，景象壮丽。各座建筑巧饰石雕、木浮雕、镂空雕等，雕梁画栋、龙脊飞檐，工艺精巧考究，造型惟妙惟肖。从这些备受风雨剥蚀的老宅中，我们能依稀看到在这方水土曾出现的各类人文景观。

从小十字街口向北大约200米的新街路西，有一个古色古香的门楼，往里是一个偌大的院落。这是目前周口保存相对较好的一处老宅。

按照民间传统的叫法，该门楼叫“走马门楼”。所谓“走马”就是人骑着马能从门楼经过。门楼有一间房子大小，上下两层，上部为木架结构。门楼的红漆已斑驳裂缝，根部的砖头没了棱角。不少砖上的石雕相当模糊，可是大的造型轮廓还能看得清楚，像上面雕刻的中国结、奔马等。几位已届花甲之年的老人说，这个门楼在他们小时候就是这样，现在至少有100多年的历史了。门楼的红门没有变形，仍然转动灵活。墙体上的砖缝左右一条线，上下对齐，现在墙体没有裂缝，这足以证明当时工人施工十分认真，建筑质量非常过硬。

在半个多世纪以前，周家口的民间社火，无论其规模、品种、技巧还是精致程度，可以毫不夸张地说，不但在河南堪称首屈一指，与全国其他地方相比，也毫不逊色。

周家口社火，在演出形式上，有高跷、舞狮、龙灯、旱船、八音、肘阁、驼阁、竹马、群象、蚌舞、秧歌、独杆轿、推小车、打花棍、背姜婆、大头和尚度刘翠、二鬼扳鳖、武术气功等，不下三十种，社火班会近80家之多。演出技巧更是绝技纷呈，争奇斗艳。例如，当年的狮子会，不但能在18张方桌堆成的高塔上上下

社火表演

翻滚、蹿跳倒悬，甚至可以表演单狮走钢丝、双狮抢狮娃等精彩节目。肘阁表演，有单桩、双桩、吊桩、五子登科桩等。尤其在“彩头”上，可以人站钢丝、站藕节、站刀刃等。

周家口高跷，有高桩低桩之分。低桩的跷拐也不下二尺，踩高跷者不但可以化妆成戏曲人物造型，而且可以带唱。一班高跷队往往可以带上几名出色的“唱家”，临场清唱曲子、梆子、大调等。可惜当年的名角现在多已过世，只有李法启老先生健在，且已是八旬老翁。现在老年人记忆犹新的高跷，要数当年黄滩的“拉死驴”表演，那可真称得上是一绝！“拉死驴”又称“王小赶脚”，是由二人合演的高跷对手戏。一人扮骑驴新媳妇，一人扮赶脚之王小。腿上绑的往往是高桩拐子，紧要关头还要卸下一只改用单拐，他们不但可以表演黑驴上坡、黑驴尥蹶子，而且能表演单拐大劈叉、就地十八滚，等等。每到此时，全场只闻鞭炮之声乒乓作响，而围观者却全神贯注，直到最后全场掌声突起，达到高潮。

过去，周家口的社火表演主要集中在每年的正月十五和清明节。每到此时，依惯例全部社火班社都到西岸老城隍庙会合，然后陆续出发。由于班会众多，往往前路已摆渡过河直达老南门，后路还未出发。队伍先从老衙门口处摆渡过河，沿西大街、小南街、牲口市、禹王宫、皮坊街、五间楼、胡家集、大十字街、裤裆口，再过老桥而经磨盘街、北山货街、果子街、西德合、北牲口市、坊子街、油坊街、三义街、仁和街等，一天的活动才告结束。

• 陈楚故城：三千年没有变动的城池 •

淮阳古称宛丘，伏羲、神农相继都于此地，夏属豫州，商为虞遂封地。西周初，周武王封舜帝后裔妫满于陈，并把女儿大姬嫁给他，妫满建陈国，筑陈城，这是有确切文字记载的陈城建城史的开端。

战国时期，楚顷襄王迁都陈城，历经38年，史称郢陈，故淮阳又称“陈楚故城”。

在六千多年的历史长河中，淮阳五次建都，四次封国，皇而帝，帝而王，分封

淮阳龙湖

则国，统制则郡，南北迭辖，州县兼置，始终是豫东政治、经济、文化的中心，直至中华人民共和国成立后的1953年，国务院撤淮阳专区，才改为县治。而陈楚故城，是自西周以来3000余年没有变动过城池的城市，这在全国并不多见。

陈楚故城淮阳是我国城市建筑史的缩影。

4700年前，先民在平粮台用小版筑城法建造城堡，建设了中国大地上第一座帝王都城，开创了中国城市建设的先河。

考古发掘出的陶排水管道，把我国城市建设历史向前推进了一千多年，被史学界称为“中华第一城”，作为我国城市建设的国宝，在上海世博会上隆重推出，引来国内外嘉宾惊奇的目光。

西周时，陈胡公筑陈国都城。战国末期，楚顷襄王迁都于陈，对城垣加以修筑。汉代建淮阳国，以诸侯国的规制修建城垣。

隋朝时，置陈州，修陈城。

宋朝时，寺庙建筑如太尉赵公祠、晏公祠、真武庙、开元寺拔地而起。

明清时，先后重建修整了太昊陵、弦歌台、画卦台、火神庙、城隍庙等。淮阳古城有四门，分别是明化门、平信门、孝义门、永安门，城墙高二丈四尺，延绵九华里，城墙有瓮城、角楼、城池、敌台等设施，城内街道有大同街、清廉街、明生街、前尚武街等44条街，城内有山陕会馆、司城贞子阁、关帝庙、袁公祠、钟楼、鼓楼、黉学院、包公祠、万寿宫、魁星阁、察院（试院）等古建筑。

厚重的历史文化为淮阳留下了星罗棋布的名胜古迹，淮阳著名的古迹名胜是淮阳七台：画卦台、弦歌台、读书台、梳洗台、五谷台、望鲁台、紫荆台。淮阳八景：羲陵岳峙、蓍草春荣、蔡池秋月、弦歌夜读、卧阁清风、望台烟雨、苏亭莲舫、柳湖渔唱。

太昊伏羲陵庙，中国十八大名陵之首，占地875亩，规模宏大，肃穆庄严，始建于春秋，增制于盛唐，完善于明清。岁月3000年，历代帝王51次御祭；新中国成立50载，两位总理拜谒。威严有加的朱镕基副总理，虔诚谒陵之后，一改从不题词的常规，欣然题写“羲皇故都”匾额。

五谷台是神农炎帝种五谷的圣地，台高丈余，占地十亩，在城北十里五谷台村。画卦台，因人祖伏羲于蔡水得白龟而得名，现存正殿三间，东西厢房十余间，亭一座，八卦柏一棵。

弦歌台，又名绝粮祠、厄台，是孔子周游列国陈蔡绝粮、弦歌夜读的纪念地，后来设立弦歌书院，曾为淮阳文庙。春秋时孔子来陈讲学，住宿司城贞子家，后人又建司城贞子阁以示纪念。

东汉陈国王墓是东汉时期的陈王刘崇墓，是至今考古发掘规模较大保存完整的砖石结构墓，出土银缕玉衣、画像三层石仓楼。卧治阁，是为纪念西汉名臣汲黯卧治淮阳国而建。

弦歌台

弦歌台孔子铜像

曹植墓，又名思陵冢，是才高八斗的陈思王曹子建的陵寝，前来凭吊的文人墨客络绎不绝。

梳洗台，是为纪念北宋第一名将狄青而建，台上筑有真武庙。

读书台，是苏辙做陈州教谕在龙湖读经诵诗的处所，台上楹联：纸香墨润，荟萃一代人文；诗兴文采，流芳九州山河。

蔡河畔的洪武驻跸亭，是为纪念明朝开国皇帝朱元璋来太昊陵祭拜人祖伏羲而修筑的，至今犹存。

柳林石桥，修建于明代，是一座五孔红石礤基础石桥，至今保存完好。

黉学院，又名文庙、学宫，始建于宋朝，历代修缮，前有照壁，侧有泮池，石牌坊左为圣城，右为贤关，内有乡贤祠，名宦祠、节孝祠、忠义祠，主体建筑为大成殿、明伦堂、敬一亭。有玉皇观、岳王观、女娲观、三清观、司城贞子阁、真武庙、包公祠、莲果寺、范丹寺、遇佛寺、太虚观等古迹建筑。

陈楚故城淮阳有县级以上文物保护单位47处。平粮台古城遗址，筑城年代距今4500年，据考证，即为太昊伏羲氏都城宛丘。朱丘寺遗址、范丹寺遗址、双冢遗址、磨旗店遗址，考古发掘出土大量新石器时代器物，印证了淮阳厚重沧桑的历史。城南紫荆台，台上建庙宇，田氏一家弟兄分家，亲情拆散，紫荆树枯萎，后一家人和好如初，紫荆树死而复生，三人哭活紫荆树的故事至今流传。城西西园，是宋代文学家张咏修建，筑有七亭，词人晏殊十分喜爱，流连忘返。石牛台遗址、杨湖冢遗址、逸园、西铭山、八步桥等古遗址如同颗颗璀璨的明珠，在淮阳的厚重土地上熠熠生辉。

古城淮阳，这座历史悠久的城市，"羲皇故都""万姓之根""陈氏祖庭""北方水城"等城市名片，正向世人展示着淮阳厚重的历史底蕴和独特的文化魅力。

【知识链接】 诺贝尔文学奖获得者莫言的《陈州杂咏》

陈州杂咏

莫言

昔诵《诗经·陈风》，不知陈即淮阳也。今读《淮阳历史文化丛书》，方知淮阳物华天宝，人杰地灵。查看地图，方知河南一省，市、县以阳为名者，竟有十四处之多。可见不惟万物向阳，人心亦向阳矣。欣逢《中华遗产》创刊索文，不避浅陋，不计工拙，信笔打油，贻笑大方。

淮阳古陈国，巍然镇九州。
民族发祥地，文明古源头。
羲皇演八卦，白龟呈瑞祥。
四时阴阳定，琴瑟和乐章。
神农尝百草，取火烧蛮荒。
教民制耒耜，播种谋稻粱。
此后五千年，群贤纷登场。
孔圣三驾临，蒲茎充饥肠。
白起拔郢都，北迁高筑墙。
陈涉建张楚，暴秦一旦亡。
更有曹子建，追谥陈思王。
七步成绝句，洛水赋华章。
晏殊填新词，香径独徘徊。
花落花复开，燕去燕归来。
范公揽明月，弯弓射天狼。
武穆三复城，壮怀何激扬。
汲黯卧治淮，包拯放皇粮。
苏辙读书亭，狄青梳洗台。
乐舞担经挑，粉墨梨园春。
闻声思旧友，无泪可沾襟。
女娲抟泥处，曾栖双凤凰。
凤凰何处去？泥狗声凄惶。
何日河南游，听君歌淮阳。
曲终人不见，踌躇复彷徨。

• 邓城叶氏庄园：沙颍河畔的一颗珍珠 •

自周口沿沙河西行16公里，便来到了当年商贾云集、车水马龙，楼房林立、生意兴隆的邓城古镇。

邓城原名嘉禾村，隶属商水县，位于县境西北部。村庄北靠沙河，土层深厚，土壤肥沃，是名副其实的粮仓。其先人在儒学"仓廪实而知礼节"的思想陶冶下，认知了人世间"仁义礼智信"之精髓及"道德"，遂易名"树德寨"。据史料载：此地自东汉及魏晋皆为屯兵之地，有碑文"邓晨、邓艾演兵之所"可证。

邓城得名始说之一是，邓晨即光武帝刘秀姐姐刘元之夫也。自邓晨于此屯兵起，即围寨筑寨墙、挖壕沟，以防外敌入侵。其说二：三国时魏国大将邓艾受命在陈蔡之间屯田，兴修水利，农业生产大有发展，惠及当地百姓，遂将树德寨易名邓城寨。因村庄背靠沙河，水陆交通便利，经贸发达，常有外地商人来此贸易，故名邓城集。此名一直沿用至今。

时间推移，世间变故。邓城以其天然的粮棉生产优势条件，为世代兵家必争之地。历经朝代变更、战乱洗礼，至明洪武初年，邓城仅为一露水集，天亮集市，日

叶氏庄园1

叶氏庄园2

叶绍颐诚善发家

高而散，买卖者不过二三百人。为平衡交易，四个十字街口轮流集日，四天一轮。四个十字街组成一个大的“井”字街。至清咸丰年间，邓城富绅叶含秀聘请术算家及天文学家李志峙勘定，集四方力量修邓城土寨一座，并在寨的东西两端建有朝南而开两层八角楼状的大、小城门各一座，城门宽丈许，可通大车。门楼上层的八角木雕、砖雕精致夺巧，在八角的犄角悬有声音各异的风铃。据说风铃的响声预示天气变化、寨内的吉凶。寨墙高二丈，宽丈余，护城河宽二丈，深丈二。工成后，四乡豪绅大户、工匠纷纷迁入，人口迅速扩至三千多口。商业空前繁荣，一市八街，店铺林立，其中酿造、药铺、棉布、日杂、山货名气远播省内外，每日赶集者两三千人，辐射半径二十余里，时为商水县第一重镇。

邓城境内文物古迹繁多。距邓城集西南6公里的枯河大石桥附近有太子窝、弃儿沟和九扭弯遗迹。相传周景王年间，有一苏妃，遭奸人谗言，被迫外逃，在随庄村东北角的寺庙前临产，血染寺前土岗上的茅草，至今此处的茅草仍为血红色。苏妃产后不久，遭奸人追捕，无奈将幼婴放于大石桥上，大石桥上留有太子坐的印痕，人称“太子窝”。从大石桥向东，边楼村中有一河沟，后太子继位，赐名弃儿沟。苏妃弃儿东去，骨肉难舍，九次扭头望子，形成河道扭曲的九个弯子，人称“九扭弯”。至今仍有遗迹。

叶氏庄园是邓城最为靓丽的一道风景线。叶氏庄园依河而建，始于康熙年间，其后历时百余年，耗银百余万两，方建成一个东西宽200米，南北长100米，占地两万平方米，以三个大院为主的宏伟建筑群。现存由西向东一号院，又称“三进堂楼院”，它以前、中、后三个院组成而得名，共有楼房96间；二号院为“五门照”，因由大门到后坐楼五道门都在中轴线而称，现存楼房35间；三号院因地势高而称为“高门台”，现存楼房30间。叶氏庄园三处主体建筑，是我国典型的硬山式四合院组群建筑，有“中原小故宫”之美称。

• 项城袁寨：见证袁氏家族的兴荣衰亡 •

袁寨，原名石腰庄，位于项城市东南17公里处的王明口镇袁寨行政村。其出名来源于袁世凯故居，这里是著名历史人物、中华民国第一任大总统袁世凯的诞生地。

清咸丰七年（1857），袁澍三长子、袁世凯的生父袁保中和袁世凯的叔祖父袁重三，为避战乱，以巨资购买了石腰庄明末仕宦石氏的一家庄园及周围田产。1858年，袁保中一家从袁张营村迁入后，又

袁氏故居1

袁氏故居2

将这个庄园修筑成防御性寨堡，改建工程前后历时近半个世纪，至民国初年方告竣工。此后，此村更名为“袁寨”。

袁氏故居占地面积计270亩，楼瓦房500余间，其中住宅占地50余亩，楼瓦房266间。分设住宅、学校、兵营、花园等，砖砌方形寨墙，四角炮楼守卫，三道寨河环卫。设计布局，由外向内深掘三道寨河，第二道寨河内，砖砌方形寨墙，四角各耸一座两层炮楼，寨墙四周各墙垛分置一门土炮。墙高7米，南北长1800米；外寨河内，设东西寨门，门外木制吊桥高悬；内寨河环绕住宅防卫森严，是中国清末一座建造典型的“防御寨堡”。因袁保中是项城袁氏家族的“长门”，所以此后其家族就以袁寨为中心居地。

袁氏故居坐北向南，东西依次并列左、中、右三个宅院，且院落幽曲相连，形成一片完整且别具风格的建筑群。建筑群由传统砖瓦、木材、白灰等建筑材料建成，反映了中国古代建筑特色。房屋顶脊之处，皆有狮、虎、豹、马、猴等砖雕，四角挑檐高耸，饰有龙纹兽尖，直指苍穹，气势恢宏。

东宅院为袁保中就石家旧址修建。三间广梁大门，一对石狮子把门，门口两旁的大红明柱顶上，彩雕“青蛙戏荷”。门楣横栏板三块，东、西两块分别雕绘“五堂会审”和“打金枝”戏簇。中间一块雕绘一农夫扛锄下田。门口两旁立有“上马石”“下马石”。该宅院落分前、中、后三节四合院。前院中间是大厅，两边是厢房。中院有东厢楼、西厢楼、中间是三间腰楼。后院东、西厢楼各三间、堂楼三间，总面积2800平方米。1859年9月16日，袁世凯就出生在三间腰楼内，现保存完好。此为东宅院落的中轴线建筑。其东跨院未完工，袁氏家族的袁甲三、袁保庆、袁保恒、袁保中、袁保龄相继病故，此时不仅东跨院没建完，而西跨院一座也没建设。待到民国以后，四门袁重三的后代袁世襄自陕西潼关居官回籍，在此西跨院的地皮上建成了现在的中宅院落。

中宅院为袁重三修建，一间走马门楼，门楣栏板彩雕“紫气东来”。亦分前、中、后三节院（后节院未建）。前院正面是五间草客厅。两边是东、西草厢房。中院正面是五间堂楼，东西厢房各三间。总面积2800平方米。各屋摆设皆楠木家具，墙上挂满名人字画。现存堂楼和大厅，保存完好。此宅院落未落成，袁世襄家人患重病，银圆殆尽，故只建草房和一间门楼。

西宅院，为袁世凯六弟袁世彤造建并居住，面积3040平方米。现存堂楼五间、东西厢房各三间；腰楼五间，东西厢房各三间；前节院，大厅和西厢房三间。大门楼和戏楼雄伟壮观，门口两边立有“上马石”“下马石”，门两旁立有一对大红明柱。门楣栏板彩雕盛开的荷花和青蛙戏水。门道东山墙上彩绘“鲤鱼跳龙门”，西山墙上彩绘“八仙过海”。走过广梁大

袁氏故居3

门，中间是戏楼。戏楼两侧有东厢房、西厢房和北大厅，皆有走廊贯通。戏楼四个挑角垂，各挑出三尺多远，角上雕绘荷花、梅花及各色各样的牡丹花。戏楼上盖琉璃瓦，前檐舞台和后台中门的屏风，由四扇门组成。门四周彩雕凤凰，中间彩雕众多喜笑颜开的罗汉盘腿静坐。走过戏楼是五间大厅。楹柱上雕滚龙、绣球。大厅内拱形顶上悬挂三个“宫灯”，三个“万盏灯”。宫灯白玻璃罩上印着大红“寿”字。每灯六个龙头挑角，下垂彩穗。“万盏灯”直径约一米，灯上带盘，每盘插蜡烛120支。每支蜡烛罩白罩、带红花。每花下垂五色玻璃穗，点燃后五彩缤纷，彩光夺目，煞是好看。大厅屏风后立有楠木框架，上雕汉文和松鹤同春画面的“穿衣镜”。大厅东西两头对称摆放楠木方桌、条几。条几上摆满珍贵的花瓶。方桌两旁摆放两把“卷脑太师椅”。四周墙壁悬挂名人字画。厅堂门口里边，东置白色红龙缸，西置白色蓝龙缸，内养金鱼。穿过大厅进入腰楼院，腰楼五间，东西厢房各三间。彩雕的走廊把腰楼与东西厢房连在一起。最后是堂楼院。堂楼五间，东西厢房各三间，用玻璃装的走廊绕院一周。各屋置放楠木家具，墙上悬挂名人字画。

袁氏故居西侧是花园，直至西寨墙。寨隍上有六角凉亭，清清的河水从凉亭下缓缓东流，流经两座小桥。桥头有亭，亭下摆放石桌、石凳。桥北有两个竹园，一栽紫竹，一栽青竹。竹园偏西有座假山，假山被松、柏和各种花卉环抱。小河下游是一片花园，木本、草本、盆花应有尽有。花园面积3150平方米。

整体建筑群由17个天井院所组成，共占地50余亩，住宅瓦楼房计66座（266间），各单体建筑均系砖木结构、硬山式，是一座极其典型的明末清初寨堡型宅邸，具有较高的学术研究价值。

1916年袁世凯病故至1947年间，袁氏家族成员相继离散。新中国成立后，袁氏故居收归国有，改建成项城县粮库。“文化大革命”期间，拆旧建新，原砖砌寨墙、四角炮楼及大部分住宅楼瓦房被拆除。现保存住宅楼瓦房13座，计72间。1986年袁氏故居被河南省人民政府公布为省级“重点文物保护单位”。2005年以来，项城市市政府投入6500万巨资重修袁世凯故居，将其开发为旅游风景区。

提起袁世凯，我们不得不告诉大家关于袁世凯行宫的故事。袁世凯行宫位于项城市南大街4号，原占地面积1.2万平方米，房屋99间，2000年被河南省人民政府公布为省级重点文物保护单位。

袁氏行宫又名“福”字院（鸟瞰为“福”字），现为项城市博物馆所在地。此房是袁世凯的同族堂弟、当时著名的实业家袁世钧出资建造的。袁世钧（1866—1919），字秉政，清末二品知府袁保基次子，虽有知府衔，却终生未从政，是项城袁氏家族中唯一一位不从政却在地方影响深远的人物。现项城市政府所在地的水寨镇，他是较早建设者，也是水寨工商业较早的创办者。开办有油粮行、山货场、油坊、酒厂、酱园等。据说当时的重要水陆码头水寨集，四门他拥有三门。

行宫于清光绪三十三年（1907）动工，民国五年（1916）告竣，属袁世钧建造的私宅。据民间传说，他原计划兴建的是鸟瞰若“福”“禄”“寿”字形结构的三组大宅院，或者是局势原因，仅建成了“福”字院，而另两组院落并未动土。“福”字院即将告竣，全国掀起帝制风波，袁氏族人便有人提出，让“福”字院作为袁世凯探家的下榻之处，故被后人称为“袁世凯行宫”。“行宫”共建房99间，占地面积1.2万平方米。建筑布局坐西向东，依五行生克，设“兑”主，开“艮”门，土金相生，阴阳相抱。在中轴线上对称布局为中、左、右三组并列院落组群，每组院落皆有前、中、后三节四合院，组群整体形若“福”字。左右二院落已于1982年城镇规划中扒掉，大门楼、前节院在1969年修南大街中拆除。现存中组院落是整个组群的建筑核心部分，所剩中、后二节四合院均为二层建筑，屋顶上的脊兽、走兽以及斗拱上的龙形昂首毁于“文化大革命”之中，其余建筑部分保存尚好。现存楼房共计33间，硬山式顶、木柱石础、小挑角、砖墙、抬梁式木结构。中院之前厅及后院之主楼的木结构，使用了斗拱、金柱，大多依清《营造法式》建造，保留了清代的一些建筑风格。中、后院之左右厢房及其他个体建筑的木结构，一般无金柱，保留了晚清建筑的某些特征。西侧往北，另建有花园一处，名曰“小西湖”。园中花草繁茂，竹木蓊郁，亭台阁榭雕梁画栋，可惜现在已无遗迹。

袁世凯于1916年6月6日病故，行宫于1917年落成，他生前从未回来居住过。袁世凯病故后，中国进入了军阀混战时代。袁氏家产被抄，家人流散。新中国成立后行宫收归国有，先后作为淮阳专署项城粮库、县政府、文教局、宣传站等，现为项城市博物馆所在地。1984年县人民政府公布为县级重点文物保护单位。2000年袁世凯行宫被省政府公布为河南省第三批重点文物保护单位。

考古探秘

——轻轻唤醒沉睡的历史记忆

沿着时间的河流上溯六千多年，当别的地方还处在蛮荒时代时，周口的先民已经在这片土地上迈出了东方文明的第一步。我是谁，我从哪里来？似乎成了困惑人类各民族的永久性哲学命题。我们的先人是谁，他们做了什么？这是大家都想拉直的问号。考古工作者们用手铲轻轻唤醒沉睡的历史记忆，告诉我们许多鲜为人知的秘密。

在本章里您可以了解到一系列周口考古研究的新成果、新发现。

洞穿平粮台古城的奥秘

关于伏羲都于陈、宛丘，并葬于此地，典籍多有记载，历史上毫无争议。《左传·昭公十七年》载："陈，太皞之墟也。"《五帝纪》载："帝太昊伏羲氏，成纪人也，以木德继天而王，都宛丘。"

然而，伏羲都城的确切位置在哪里？

■ 一、发现平粮台遗址

1979年，考古工作者在淮阳县平粮台遗址发现了一座距今4500多年的龙山文化古城，从而找到了太昊伏羲故墟——宛丘的位置，揭开了这一千古之谜。

平粮台，俗称贮粮台，位于淮阳县城东南3公里处大连乡大朱庄村西南，地势稍高。传说有一年，陈州大旱，朝廷派四国舅到陈州赈灾，没想到四国舅在粮食中掺沙使假放赈给百姓。消息传到京都开封，朝廷派包公到陈州查办此案。包公不徇私情，在城内金龙桥怒铡了四国舅，并把从粮食中筛出的沙子堆放在了这里，所以形成了此高台，老百姓称之为"平粮台"。

1978年年初，周口地区文化局会同淮阳县文化局在全区文物普查时发现了平粮台遗址，并注意到这里还是一处战国时期楚国和汉代的墓地。随后地、县文物部门

国家重点文物保护单位——平粮台

越王剑

分别向周口地区文化局和淮阳县革命委员会汇报，要求采取措施，加强对平粮台遗址的保护。

1979年4月，周口地区文化局在淮阳太昊陵庙举办全区文物考古训练班，其间平粮台附近一个叫麦囤的农民找到训练班，拿了一把铜剑想换些钱，按照当时的文物政策，对捐献文物的有功人员应给予适当奖励，于是答应给他两把铁锨（时价五角钱），他没答应就十分失望地走了。考古训练班学员恐怕错失了宝贝，随后找他商量，最终以三把铁锨（七角五分钱）换得了铜剑。殊为可惜的是，麦囤上次回家途中，嫌奖得太少，一路拿铜剑砍树出气，以致铜剑首折断。学员们最终找到了剑的残段，通过仔细观察，居然发现有铭文。由于不能释读，就把剑铭拓下寄给著名历史学家李学勤先生请教。不久，李学勤先生回信说剑是“越王剑”，剑首上的字是工匠的名字，这让培训班的学员十分兴奋，对平粮台遗址的价值有了更为深刻的认识。5月，培训班学完理论课程后转到平粮台实习，在清理4号楚墓时又发现一把错银“越王剑”。另外，他们在实习期间还征集了两把错金银“越王剑”和“越子剑”。淮阳平粮台一带接二连三地发现“越王剑”，这在全省文物界引起不小的轰动。

周口地区文物培训班举办结束不久，1979年7月26日，河南省文化局在郑州举办全省首届文物干部训练班，学期100天，后两个月的实习选在平粮台。训练班在遗址的四边、拐角处共开探沟16个，探方800平方米，发掘不久在平粮台西南角发现了高台建筑，夯土台基用版筑筑成，用土坯起建，这就是最初发现的龙山文化时期的三排土坯房建筑。接着，又在西南部钻探发现了城墙，为此曹桂岑先生推测周围可能存在着古城，他在周围认真查看，结果发现花土，感觉有点儿像城。他想既然有城，就必然有城圈，怎么筑的？何时筑的？何时废的？这些问题一直困扰着他，毕竟这是一个十分惊人的发现。平粮台遗址的深处到底埋藏着怎样的秘密，吸引着他进行新的探索。培训班结束后，曹桂岑将发掘平粮台纳入了第二年的工作计划。

1980年，为了进一步寻找平粮台夯土城墙的走向，搞清夯土城墙的范围、建筑方法、始建和废弃时间，河南省文化局专门成立了平粮台考古工作站，准备对古城遗址进行重点试掘，全面掌握古城的文化内涵和性质。发掘前，曹桂岑队长和他的考古队员们经过调查，发现城墙东、南两侧挖土破坏严重，而西南城角保存较好。鉴于这种情况，首先选址在西墙和南墙开两个探沟，编号T28、T29。这次发掘面积近千平方米，探沟T29位于西城墙中段，这里保存较好，距西南城角100米。黄土城墙叠压在第九文化层之下，为棕黄色花夯土和褐色花夯土，土质坚硬，夯层清晰。城墙顶部现存宽约10米，底部宽13米，残高3.6米。夯筑方法为小版筑夯，与郑州商城的大版筑夯相比，显得原始和落后，但在国内属首次发现。通过进一步钻探和发掘，基本弄清了平粮台古城的文化内涵。该城平面呈正方形，长宽各185米，城内面积达3.4万平方米，加上城墙及外侧附加部分，面积达5万多平方米。在第二文化层底部，意外发现了门道的路土，宽1.7米，证明这里曾经是进出城的南城门。不久，又在和其对应的北城墙上发现了北城门，将两道城门相连接的是一条南北主干道。考古队在清理路土时，发现两边各有一座房基址，房子依城墙而建，用坯垒砌，两所房子门相对，推测应是门卫房，平面呈长方形，南北长4米余，东西宽3米余，房内为红烧土地面，上面还遗留有草木灰烬和碎陶片。房内砌有灶台，已烧成蓝灰色，相当坚硬。房内残留的陶片可以辨认的器形有罐、碗及磨光的灰陶豆柄、黑陶罐底等。路土下0.3米处，发现了5米多长的陶质排水管道，它们是用三条陶质水管铺设而成，呈倒“品”字形。这条管道陶胎较厚，一端有榫口，另一端稍粗，可以节节套合，北高南低，便于排水，这是我国目前发现最早的城市排污设施，对研究我国环保史具有重要意义。门卫房是为了警戒和守卫城门而特意设置的，是我国迄今史前城址中唯一设有守卫房的城门，它为同类型建筑形制开了先河。陶质排水管道和门卫房的发现，对于古城性质的认识具有重要作用。古城内清理龙山文化墓葬16座，均为小孩墓，其中绝大多数为瓮棺葬，没有任何随葬品。在4号房基南侧的一个灰坑近底部发现一块铜渣，呈绿铜色，长1.3厘米，断面近正方形，每面均为0.8

厘米。铜渣的出土，说明平粮台龙山古城已进入早期青铜器时代，这里的先民不仅率先使用了青铜器，并且可以纯熟地运用青铜冶炼技术。坑内相伴出土的陶器种类有鼎、甗、罐、盆、碗等。在城西南拐角处内侧发现一处祭祀坑，埋有一大一小两具完整的牛骨架，与牛骨架同时出土的陶片以灰陶居多，其次为磨光黑陶，这是举行奠基仪式时留下来的遗迹。在城内发掘出龙山时期的房基10余座，多为长方形排房，有平地起建，亦有高台建筑。这一时期已经普遍使用土坯为建筑材料。根据碳14测年技术的研究，平粮台古城的始建年代在距今4500年以前，到距今4100年时仍在使用。平粮台古城是一个重大考古发现，对研究我国古代文明的起源和国家的形成具有重要价值，1986年被国务院公布为第三批全国重点文物保护单位。

■ 二、平粮台考古的新发现

2006年5月23日，在平粮台古城遗址城内东北隅，采集到一件有刻划符号的黑衣陶纺轮。这件纺轮已残去一半，直径4.7厘米，孔径0.5厘米，厚1.1厘米，系于当地龙山文化层断崖下拾得。其应属层位是平粮台三期，纺轮的质地、形制均与该期以往发现的纺轮相同，同时采集的陶片也都有典型的龙山特征。史学专家李学勤撰文指出："纺轮上的符号可谓非常清楚的卦象……在其他龙山时代陶器符号中罕有可比。"李学勤还指出："特别引人注意的是，淮阳自古传说为伏牺所都……伏牺画卦之说脍炙人口，而这件可能是上古卦象遗迹的纺轮刚好出土于淮阳，确实是发人深思的。"李学勤还提到："平粮台古城的建城年代在距今4500年以前，尽管较早，仍赶不上传说中伏牺的时代，这是我们研究时不可忘记的。"

2011年6月，河南省文物考古研究所曹桂岑、杨肇清等专家在主持平粮台勘探中发现，平粮台古城遗址是一处东西宽860米、南北长670米的椭圆形大遗址，面积为50多万平方米。原发掘的平粮台古城遗址位于现在勘探的大遗址的中南部，该遗址大部分被宋代黄河泛滥的淤土淹没，淤土厚0.4米，遗址的中间则暴露于外。从勘探中发现的陶片等遗物看，仰韶文化早中期，即早在6300年前，便有先民在这里生产生活。这次勘探由原勘探的4350年前的龙山文化时期追溯到6300年前的仰韶文化时期，将平粮台古城遗址的历史向前推移了2000年，为探寻伏羲都宛丘的历史真相向前跨进了一大步。

为了更好地揭示平粮台遗址的文化内涵和价值，同时促进遗址保护规划的实施和展示利用，河南省文物考古研究院报请国家文物局批准，在国家重点文物保护专项补助资金的支持下，于2014年11月开始，再次对平粮台遗址开展科学的考古工作。

这次考古工作由河南省文物考古研究院与北京大学考古文博学院合作，取得了很大收获。

首先在遗址的外围及平粮台城址内部设置了永久性测绘控制点，并对遗址进行了大面积的航测，获得了遗址的三维点云数据，生成了以平粮台城址为中心，涵盖2公里×2公里的高清正射影像图（DOM）、高程模型图（DEM）、数字地表模型图（DSM）和数字线划图（DLG），以服务于遗址的高精度定位勘探、发掘和景观考古研究的需要，为遗址研究和保护提供了科学的依据。

截至2015年底，平粮台遗址共完成考古普通勘探面积12万平方米，重点勘探面积近1万平方米。经勘探，确认平粮台城址外存在有龙山时期的环壕，发现有30处龙山时期的房基，为寻找平粮台遗址“宫殿”类建筑提供了线索。共清理出房基2座，沟7条，灰坑108座，道路3条，墓葬37座，窑址1座，灶1座，台基2座，水井3座。发掘过程中对各遗迹和探方进行了三维影像复原和重建，逼真地再现了遗迹的真实面貌，为今后的复原和展示利用提供了科学的依据。另外收集陶片333袋，陶、蚌、铁、铜等各类质地小件478件（组），采集骨骼183份、环境土样182份。在20世纪80年代发掘的南门卫房南部，发掘出龙山时期出城道路1条，宽1.8至2.5米。在平粮台城址南部新发现两组陶排水管道，位于倒“品”字形陶排水管道的东部。还发现龙山时期土坑竖穴墓葬8座，随葬陶器有罐、壶、觚形器和盆等，这些墓葬层位相同，排列整齐，应该是一处龙山时期的墓地。在以往的考古发现中，中原地区龙山时期墓地发现较少，一直是学术界所关心的问题。此次平粮台遗址发现的这些墓葬，对研究中原地区龙山时期的埋葬方式具有重要的学术意义。

央视网

平粮台遗址考古发掘成果展

• 太清宫考古证实老子故里在鹿邑 •

老子故里在哪里？司马迁《史记·老子韩非列传（卷六十三）》是记载老子最早、最权威的资料："老子者，楚苦县厉乡曲仁里人也，姓李氏，名耳，字聃，周守藏室之史也。"《史记索隐》载："苦县本属陈国，春秋时楚灭陈，而苦又属楚，故云楚苦县。今检《地理志》，苦实属淮阳郡。"按春秋时的说法，老子应是先陈、后楚苦县人。按今天的说法，老子是河南省鹿邑县太清宫镇人。

太清宫遗址由前宫太清宫、后宫洞霄宫组成。太清宫，又名老子祠、老子庙，始建于东汉时期，延熹八年（165）汉桓帝一年中两次派使者到苦县（今鹿邑）祭拜老子。唐高祖武德三年（620），唐高祖李渊尊老子为始祖，将老子祠作为皇家祖庙大兴土木，"其宫阙如帝王者居"。乾封元年（666）二月，唐高宗李治到鹿邑朝谒老子，追尊老子为"太上玄元皇帝"，建紫极宫，改老子庙为玄元庙。玄宗时期，李隆基托言梦见老子，叫人画老子像颁布天下，并亲注《道德经》，令王公以下皆习之。唐天宝元年（742），御立《大唐神武皇帝道德经注碑》，为太清宫中现存最早的帝王御碑。据金代《续修太清宫记》碑载，唐明皇（玄宗）手书玄元五千文，并亲自作注，颁行于祖庙，刻石至今犹存，此碑现仍立于太极殿前。天宝

太清宫

二年（743），玄宗皇帝下诏改紫极宫为太清宫。太清宫之名沿用至今。此时，太清宫又有所增建，规模达到鼎盛，占地八顷七十二亩，周围四十里，楼台殿阁六百余间，宫内建筑排列有序，琼楼玉宇，金碧辉煌。洞霄宫，初名李母庙，亦始建于东汉，唐初改名先天大圣后庙。武则天光宅元年（684），尊李母为先天太后，扩建李母庙为洞霄宫。唐末黄巢起义，火烧唐王家祠，太清宫毁于兵燹。北宋大中祥符七年（1014），宋真宗赵恒亲谒太清、洞霄二宫，并御立《大宋重修太清宫之碑》《先天太后之赞》碑，现存于旧址。《先天太后之赞》碑，在洞霄宫东侧，为宋真宗御制、御书、御篆，被称为“三御碑”，形体高大，字迹清晰，虽历经千年风雨，至今保存完好。

靖康之乱，金人南下，太清宫又历兵劫，损失惨重。金代对太清宫的重修，60余年间一直不断，然而与唐宋盛时相比，已大为逊色。至金大定二十四年（1184），知宫郭居明又率道众30余人，敦请本县宁平乡（今属郸城县）崇贤里致仕李显武为劝缘功德主，主持募化续修太清宫。至明昌二年（1191），工程告竣，规模整肃，气势庄严。现仍立于太极殿前的金代胡筠《续修太清宫记》碑对整修过程及整修后太清宫的规模、建筑布局都有

太清宫内石碑

详细记载，并说：“今之太清宫，即老子旧居，今之太极殿即老子降生之地。”元代宪宗七年（1257），海都太子颁布令旨，明令太清宫内军马不得安下等，宣布对太清宫所有财产予以保护。至中统元年（1260），元朝中央政府正式颁发太清宫执照，进一步使太清宫的保护法律化。中统二年（1261）四月二十七日，元世祖忽必烈又颁圣旨，对太清宫予以重点保护，内容与令旨、执照大体相同。明清以后，均有重修记载。太清宫遗址现存文物建筑有清代建筑太极殿、三圣母殿和娃娃殿，另有铁柱1根、古柏3株、碑刻12通。

太清宫文物

1997年4月25日，河南省文物考古研究所、周口地区文化局和鹿邑县政府联合组成的考古队，在省文物考古研究所张志清研究员的带领下进驻太清宫，围绕“探寻太清宫悠久的历史，寻找历代帝王和民间祭祀老子的有关遗迹”两大主题，在太清宫遗址进行了全面的钻探和发掘，经过8个月艰苦细致的工作，在祭祀老子母亲的洞霄宫，发掘证实其主体面积达万余平方米，清理出唐宋时期的殿址、回廊、柱础、建筑构件、生活用具等及金代碑刻。经钻探、发掘得知，后宫面积达2.4万平方米，东西有三个院落，南北至少有两进，殿堂三间，院落的隔墙两侧都建有回廊。在寝殿回廊东北角发现9块金章宗完颜璟泰和元年（1201）的洞霄宫庙产碑，碑文记述了洞霄宫所属土地的位置、面积，据统计金代洞霄宫拥地合计约5300亩，有些地是在距宫数十里的“谯”（今安徽省亳州市）。

1997年11月25日到26日，太清宫遗址考古发掘成果座谈会在鹿邑举行，来自全国各地的专家学者对发掘成果进行了研讨。座谈会上，中国历史博物馆馆长俞伟超，北京大学考古系教授邹衡，中国社会科学院研究员殷玮璋、张长寿、杨锡章，北京大学博士后宋豫秦，以及河南文博界知名专家杨焕成、杨育彬、张家泰等做了学术发言。与会专家一致认为，太清宫遗址考古发现的遗迹、遗物，确证自汉至今，尤其是唐宋，历代帝王和统治阶级都把太清宫作为老子故里进行大规模建设和祭祀，从而认定老子故里就在鹿邑太清宫镇。新华社对这次座谈会的成果播发了通稿，中央电视台、《河南日报》、《大河报》、香港《文汇报》等十多家新闻媒体做了报道。

2000年，考古队在1997年发掘的基础上，对太清宫太极殿之北的建筑基址进行了第二次大面积的发掘，在前宫发现了长方形宋代大型门殿基址，门殿为高台建筑，面积为113平方米。门殿两侧附属建筑对称分布，道路通达，为宋代常见的建筑风格。门殿前区立有石碑两通，西侧为立于金天德二年（1150）的《亳州彩绘太清宫大殿圣像记》，东侧石碑为立于金正隆四年（1159）的《太清宫诗》，两碑文记载了金代初年当地官绅、军士捐资修缮太清宫的事实；后宫发掘区全面揭露了后寝园的南门、北门及连接两门的砖铺甬道。这次发掘出土的遗物有碑刻、陶瓷器、建筑构件、铜钺、铜镜等。门殿上还出土有刻字灰砖，上面有“官”和“扬州官窑”等字样，由此认定已发掘出的前、后宫建筑基址的年代应为北宋时期，至金代初年又几经修缮，总面积达2.4万平方米，为迄今发现的国内最大的宋代宫殿建筑基址，比故宫太和殿还大一倍。经过钻探获知，宋代建筑基址之下仍有唐代建筑基址。综观太清宫遗址，其建筑规格不低于当时的曲阜孔庙，是全国最大的道教建筑基址，颇具皇家气象。

太清宫考古发掘的收获引起举世关注。2001年，鹿邑太清宫遗址被国务院列为全国重点文物保护单位。后来，中国考古学会会长、著名考古学家徐苹芳说：“老子故里在鹿邑，从出土的唐宋祭祀老子建筑基址上看，是绝对错不了的！这是千古难以改变的事实。”台湾大学教授、北京大学教授陈鼓应曾说：“说老子不是鹿邑人，那是外行！”在2007年老子故里公祭老子的仪式上，中国道教协会会长任法融亲笔题写了“道教祖庭”，再次印证鹿邑作为老子故里毋庸置疑的地位。

发掘考古老子太清宫遗址群

· 发掘商周大墓 ·

1997年9月，考古队在太清宫遗址西南侧的隐山遗址进行钻探，意外发现一座商周大墓。在鹿邑召开太清宫考古发掘座谈会之时，考古工作者已在该墓填土中发现了祭祀的马坑，在墓西侧的一次发掘中也发现马坑，在马坑附近还发现人殉，一对男女相互搂抱，背后有一个儿童。每个马坑中有马骨四具，排列整齐有序，其排列方式以四架马车的姿势排列，应是古代的“一驷”或“一乘”。在大墓附近还发现6个一组的玉圭和玉琮，置放于一个小灰坑内，其祭祀作用也很明显。专家们在考察大墓后，认为这是一个重大发现。这座商周大墓历史上不曾被盗掘，自发掘开始，由于民房所压，墓底水位过高，加上秋雨连绵，排水极为困难，而考古发掘本身需要进行科学的细致清理，故发掘工作一直持续到1998年1月。1998年4月17日，国家文物局《文物要情》（18）以1600多字的篇幅向中央、国务院、全国人大、全国政协领导汇报了太清宫商周大墓的发掘成果。5月18日，河南省文化厅、省文物局在河南博物院举行了新闻发布会。

太清宫商周大墓是我国目前发现唯一保存完整的西周初年大型贵族墓葬，平面为有两个斜坡墓道的“中”字形大墓，全长47.75米、最宽处7米、墓底距地表深8米，由南墓道、北墓道、墓室3部分组成。墓内出土有39件带有“长子口”三字铭文的铜器，还有带‘子口”“子”等铭文的铜器15件，墓主显系同一人，即“长子口”。长子口墓带有明显的商代晚期特征，墓葬底部带有腰坑，而且内殉一人一狗。墓葬中有无人殉、人牲也是区分商周墓葬的一个重要标志。长子口墓内有殉人13具之多，为目前发现的西周大墓中所仅见，可见长子口墓有较多的商代遗风。墓中出土器物种类多，数量大，有些器物具有明显的时代特征，为该墓断代提供了重要资料。有些器物与商代晚期同类器物相同或相似，有的与西周初年的同类器物相同或相似。长子口墓出土的陶器，共117件，则表现了显著的地方特征，在同时期的墓葬中颇为少见，种类有罐、尊、罍、簋、盆、豆、大口尊、卣、瓮、觚、爵和器盖12种；原始瓷器有豆、大口尊和瓮3

长子口墓文物

种，其中簋8件和觚、爵各2件为仿铜制品。无鬲是陶器的显著特征。青铜礼乐器85件，有鼎、簋、鬲、甗、觚、爵、角、斝、尊、卣、觥、觯、壶、罍、斗、盘、盉和编铙18个器类，鼎、簋、觚、爵组合和方形器较多是其特征。铜器还有大刀、戈、镞等兵器，斧、锛、凿、刀、铲、抄等工具和各种车马器等。玉器近百件，有琮、璧、玦、环、簋、戈、镞、铲、抄、刻刀、璜、柄形器、佩和各种装饰品。骨器数量较多，有镞、串饰、匕、泡片。骨雕品有不明用途的卡子、叉形器等。此外还有大量的贝及蚌器、牙器等。各种质地的器物总数1000余件。长子口墓的青铜器有些具有商代晚期风格，如析子孙方鼎、父辛觚、铜镜等；但有许多器形具备了西周初年铜器的典型特征，如四耳簋、长子口附耳带盖圆鼎等。在所有青铜器中，未见更晚的器形。因此推断该墓年代为西周初年。墓内出土的乐器，有石磬、铜铙、骨排箫5组，铙数量之多，在我国尚属首次。其中保存完好的骨排箫有2组，每组13根，最长者为21.7厘米。这些排箫是我国发现最早的，它将箫产生的历史提前了几百年。同时，也表明这种乐器最原始的形态为骨质而非竹质。《诗经》中所谓“箫管备举”在此得到实物印证。它们同两组铜铙、一个石磬等乐器组成一个合奏，对于研究古代乐器的演奏方式提供了新资料。

墓主是一位60岁左右的男子。由于这座墓葬所具有的浓郁商文化因素，所处的西周初年特殊的历史时段，学者们普遍认为这是一座殷遗民的墓葬。加上墓葬形制、随葬品等反映出墓主身份相当高，应为一位方国首领，发掘者张志清先生等认为墓主是长国的高级贵族。也有较多学者将这座墓与“微子封宋”相联系，认为墓主是宋国开国国君微子启，或继之为君的微仲衍；也有学者认为，太清宫墓青铜器铭文里的“长子”一词意思是大儿子，口是微子启的大儿子；还有学者认为，鹿邑“长子口”大墓为商代“长”族的遗存而不是宋国始封君微子启的墓葬。“长子口”大墓的发掘，证明早在商末周初，鹿邑已是中央王朝的一个重要据点或方国，具有悠久的历史传统和丰厚的文化底蕴。在几百年之后，伟大的思想家老子诞生在这里绝非偶然。

• 东汉刘崇墓隐藏的秘密 •

1987年，周口地区文化局文物工作队为配合淮阳北关纱厂扩建工程建设，在进行文物勘探时发现了一座大型汉代砖室墓。1988年11月，对该墓进行了抢救性发掘，根据其形制、结构及随葬品时代特征，结合文献记载，确认该墓为东汉陈国陈顷王刘崇墓。

首先，这座汉墓规模大，结构复杂，砖石墓室的形制和结构与已知的汉代王侯级墓葬相当。该墓平面为甲字形，坐西向东，是一座带斜坡墓道的多室砖券墓，用砖石砌筑，由封土、墓道、墓门、甬道、前室、左右耳室、中室、后室和四周连通的回廊及7个小室等构成，东西长28.3米，南北宽18.2米，占地500余平方米，墓主葬于后室，骨架已朽。墓室建筑用材多为青砖，这些青砖都是特制的，根据各个部位的需要，烧制成大小不等的楔形，型号达16种之多。砖上模印有乳钉纹、几何纹等多种纹饰图案。在一些关键部位和停放棺椁的后室均用青石垒砌，墓门尤其是后室的门及门楣等都刻有减地浅浮雕画像。墓室的装饰可谓豪华气派，富丽堂皇，俨然一座地下宫殿。

其次，这座汉墓出土的器物具有东汉特征，与诸侯王的身份地位相称。该墓虽然多次被盗掘，但仍幸存一些重要的随葬品。共出土器物100余件，有玉、银、铜、铁、陶等多种质地。器类主要有银缕玉衣、玉舞人、玉猪、石仓楼、石猪、石天禄承盘、石虎座、石扶几、石鸡、陶盆、陶罐等，其中以银缕三衣、玉舞人、石仓楼等最为重要。银缕三衣、玉舞人是反映墓主人特殊身份地位的象征器物。玉衣，汉时称为“玉匣”“玉柙”，是用金、银、铜等金属缕线或丝线缀连玉片专门为帝王贵族死时制作的特别殓服，也是判断时代的标准器物。汉代帝王贵族认为，美玉是山川之精英，凝聚着天地之灵气，死后以玉衣裹身下葬，可保其尸体不腐，灵魂不灭，并可复活转世，依然享受生前的奢华富贵。在汉代，玉衣殓葬制度有着相当严格的等级规定。根据已知的考古材料，形制完备的玉衣出现在西汉文帝、景帝之际，皇帝和王侯等以玉衣作为殓服是从汉武帝时开始盛行的。至东汉时期，玉衣已经明确分为金缕、银缕、铜缕3个等级，确立了严格的分级使用的制度。据《后汉书·礼仪志下》记载，只有帝王死后穿金缕玉衣，而诸侯王、列侯、始封贵人、公主死去时只能穿银缕玉衣，一般贵族和长公主只能穿铜缕玉衣。在现实生活中，少数豪强地主有违制僭越的现象，一旦被发现就要受到极为严厉的惩罚。从两汉到曹魏，玉衣殓葬制度持续了约400年。曹魏黄初三年（222），魏文帝曹丕为防盗墓，才废除了玉衣制度。考古发掘迄今未发现东汉以后的玉衣。淮阳北关发现的这座东汉大墓发现有不少银缕玉衣片，多为水苍玉，有正方形、长方形、梯形、三角形及半圆形等10余种。由于该墓历史上多次被盗，墓室内扰乱严重，玉衣片显得零散不堪。墓内出土的一件玉舞女，高5厘米，头梳双髻，身着长袖衣，腰系长裙，一手高扬长袖过头，一手抚于腰际，袖垂身于另一侧，作翩翩起舞状，为汉代流行的翘袖折腰舞，这种玉舞人仅在汉代帝王诸侯墓中出土。另外，墓中出土的一件石仓楼也格外引人注目，重约两吨，十分罕见。此楼通高1.2米，宽1.45米，进深0.31米，共分三层，二层正面开三个窗，并设有楼梯，四阿式顶，仓楼四壁分别饰有人物及牛、马、羊等浅浮雕。这座大型汉墓出土的这些代表性文物，反映了墓主人身份地位的非同寻常。

第三，“安君寿壁”铭文砖的发现，为锁定墓主人提供了最直接的历史学依据。东汉陈国诸侯王族的开基始祖为刘羡。明帝永平三年（60），他被封为广平王，但仍留居京师。永平七年（64），刘羡被改封为西平王。章和二年（88），汉章帝去世后，刘羡受遗诏改封为陈王，建都于陈（今淮阳），同年到封地就任。刘羡在位37年去世，谥为陈敬王。刘羡传位给儿子刘钧，刘钧传位给儿子陈怀王刘竦。刘竦无子，死后由叔父刘崇继封为王，此即陈顷王。刘崇死后传子陈孝王刘承，刘承传子陈愍王刘宠。在六任东汉陈王中，只有陈敬王刘羡之子刘崇曾被封为安寿亭侯。据《后汉书·孝明八王列传》记载："永宁元年，立敬王子安寿亭侯崇为陈王，是为顷王。立五年薨，子孝王承嗣。"显然，"安君"是对安寿亭侯的尊称；"寿壁"是专指用作砌筑墓壁的用材。由此推断，该墓的墓主人就是曾被封为安寿亭侯、永宁元年（120）被封为陈王、死于永宁五年（124）的陈顷王刘崇。

陈顷王刘崇墓的发现，具有重要意义。一是为我们长期以来寻找东汉陈国贵族墓地找到了一个重要支点；二是发掘成果为东汉考古树立了准确的年代标尺。2006年6月，刘崇墓被公布为省级文物保护单位。

从南顿故城回望春秋风云

顿国，位于商水县北部、项城市西部一带，是公元前1046年周武王灭商后分封的一个姬姓小国。按照周代的封建官制，其爵位分为公、侯、伯、子、男五等。顿国之君在史料中被称作"顿子"，显示顿为第四等的小国。顿国爵低国卑民寡，前期亲近陈国，后期随着楚国的强盛，背陈而附楚。后来在陈楚交兵时为陈国所逼，顿子一度失国奔楚，楚为其兴建新都后使其复国。公元前519年，顿国最终为楚国所吞并，前后持续500多年。

顿国在哪里？清顾栋高《春秋大事表》云："顿国本在县（指商水县）北三十里，顿子迫于陈，南奔楚，自顿南徙，故曰南顿。"这段记载实际上指明了顿国的大致疆域范围，以及其初都和晚期都城。顿国面积不大，按照《礼记·王制》中"天子之田方千里，公侯田方百里，伯七十里，子男五十里"的规定，顿为子爵，其封地方圆不过五十里左右。周口市、商水县及项城市文物部门通过文物调查，分别在今商水县和项城市境内找到了顿国早期和晚期都城。早期都城在今商水县平店乡李岗村。顿国故城呈正方形，夯土城墙，边长500米，面积25万平方米，城墙外有壕沟环绕。故城内发现有西周、春秋时期的筒瓦、板瓦等建筑构件和陶圆底罐等生活用具，以及楚国货币蚁鼻钱等。故城外发现有西周、东周墓葬。

西周时期，周王室尚强，顿国与周边诸侯国都能相安无事，处于相对稳定的发展时期。陈为大国，顿为小国，顿依附于陈，陈也以顿国作屏障。春秋早期两国关系密切。1975年秋至1984年，商水县练集乡朱集村出土一批周代青铜器，有鼎、簋、簠、车马器等，鼎全部佚失，仅存4件西周晚期铜簋、3件春秋早期原仲簠，皆有铭文。这4件铜簋是陈国大夫原仲为次女所做的陪嫁器物，它们对研究陈顿关系提供了珍贵的实物资料。《春秋》载："秋，公子友如陈，葬原仲。"原仲，为春秋时期陈国大夫，死于公元前667年。原仲簠的时代应早于此年。商水朱集距顿国故城仅10公里，这一带应为顿国疆域。这些器物怎么会埋葬到顿国贵族墓葬中呢？一个可能的解释是，陈大夫原仲与顿国贵族联姻，由此折射出了陈顿两国比较亲密的关系。

西周末年，周王室衰微，一些大的诸侯国和新兴的诸侯国开始相互攻伐兼并。春秋时期，诸侯之间争霸战争频繁。自春秋初年起，楚国就力求北上问鼎中原，饮马黄河。陈、顿等国处于楚国北上称霸中原的必经之地，夹在逐鹿中原的各大诸侯国之间，对大国或依或违，时即时离，惶惶不可终日。顿国本依附于陈国，后来畏惧强楚，背陈而向楚。大约在前637年或稍前，陈国大兵压境，遂使顿子失国，顿子出逃到楚国避难。前637年秋，由于陈国在顺服楚国的同时又暗中勾结宋国，楚王遂接受顿子的请求，派大将成得臣率兵攻打陈国。楚军在占领焦（今安徽亳州市区）、夷（今安徽亳州市东南40里的城父集）两地后，在今项城市南顿为顿子兴建新都邑，这就是项城南顿故城。《左传·僖公二十三年》："秋，楚成得臣帅师伐陈，讨其贰于宋也。取焦、夷，城顿而还。"前635年，楚令尹子玉（即成得臣）率军包围陈国，护送顿子返回新都邑，使顿子复国。《左传·僖公二十五年》："（楚）遂围陈，纳顿子于顿。"据考古调查，南顿故城面积约50万平方米，尚存北城墙夯土一段，东西长217米，残高7米，顶部宽约5米，夯层厚18至30厘米，圆底夯窝较浅。故城外发现有周代墓葬。该故城比商水顿国旧都大1倍，在楚人修建时明显突出了防御功能。南顿故城附近经常发现楚蚁鼻钱，蚁鼻钱文状若鬼脸，俗称"鬼脸钱"。民间对此城的来历不知所以然，联想到"鬼脸钱"，认为古城乃鬼神所修，故称其为"鬼修城"。

顿国复国后完全沦为楚国附庸。前569年夏，楚国人进攻陈国，同时命顿国伺间隙攻打陈国，为此陈国人包围了顿国。《左传·襄公四年》：“楚人使顿间陈而侵伐之，故陈人围顿。”在后来春秋争霸战争中，陈、顿等国都慑服于强楚，并多次随其征伐他国。前538年，这些诸侯国随楚伐吴。前537年再次伐吴。前519年2月，吴国军队深入楚地，在鸡父（今河南固始县东南）大败包括陈、顿在内的楚国联军。陈、顿等国并不甘于做楚国的附庸，前506年跟随鲁国伐楚，试图谋求各自独立。顿国并未因参加这次伐楚的战争而改变其附庸地位。前496年，顿国的国君准备事奉晋国，于是便背楚绝陈，楚在陈国的帮助下发兵灭掉了顿国，使其完全纳入了楚国版图。

战国末年，顿国旧地并入秦国，汉置南顿县。王莽新政后，光武帝刘秀的父亲刘钦曾任南顿县令，刘秀少时曾随父亲在南顿度过了几年难忘的时光。刘秀当了皇帝后，不忘南顿父老乡亲的养育之恩，于建武十九年（43）大驾光临南顿，设宴款待南顿县吏民，免除南顿二年赋税。光武帝驾崩后，南顿父老感其德，在光武台旧址上建光武庙祀之，这更为南顿故城增添了几分灵光。

• 武平故城见证曹操让县的史实 •

武平故城，位于鹿邑县城西20公里邱集乡武平城村中。建安元年（196），汉献帝以曹操为大将军，封武平侯，以此城为封邑。2008年该故城被河南省人民政府公布为省级文物保护单位。

据清光绪年间《鹿邑县志》记载：“武平城，汉县。《水经注》：涡水又东，迳武平城故城北。考《魏书·地形志》，武平正始（三国魏齐王曹芳年号，240—249）中，置有武平城。据此，知武平尝废。至魏宣武时，始复置县。县既复矣，而境内又有故城，新旧建置不于一地，了无可疑。今之遗址，为汉为魏，则莫能定矣。”据文物调查，此城呈长方形，地面上仅存东北角一段北城墙遗迹，高2.5米、长62米、宽3米，东西走向。循迹实测，城墙东部南北长330米，西部350米，南、北城墙均长700米。东北部残存的城墙内，发现有绳纹泥质灰陶板瓦、泥质红陶片和铜镞等。城墙用土夯筑而成，夯层厚10至15厘米，圆形夯窝径15厘米。根据文献资料和考古调查，确证这里就是曹操的封地武平城所在地。

东汉兴平二年（195）十二月，曹操在平定兖州（今山东济宁市）后，向西攻打陈地（今淮阳）。建安元年（196）春正月，曹操被汉献帝封为大将军，兵临武平，袁术任命的陈国国相袁嗣投降。曹操因功被封为武平侯。建安十五年（210），曹操56岁时，“挟天子以令诸侯”，实际上掌握了东汉政权，基本统一了中国北方，就在他为进一步统一全国而努力时，孙权、刘备两大军事势力除在军事上联盟抗曹外，在政治上则抨击曹操“欲废汉自立”，“托名汉相，实为汉贼”。在这种形势下，曹操发布了《让县自明本志令》，并奉还了受封的武平国大部分食邑（让县）。这篇令文是反映曹操思想和经历的带有自传性质的重要文章，文中概述了曹操统一中国北方的过程，表达了作者以平定天下、恢复统一为己任的政治抱负。

从令文中我们了解到，曹操受封的武平国辖4县，即武平（今鹿邑县西）、阳夏（今太康县）、柘（今柘城县北）、苦（今鹿邑县东），食邑3万户。建安十五年，他为了表明心志，平息诽谤和议论，主动交还朝廷2万户，仅食邑1万户，曹操宏大的政治抱负由此可见一斑。

武平故城北部原有一座庙宇，新中国成立前有明清建筑百余间，碑刻30多通，1958年修建鹿邑玄武大闸时，寺庙绝大部分古建筑被拆除，碑刻被毁。这座古城见证了曹操在周口一带征战，以及受封武平侯和后来其为时势所迫写《让县自明本志令》让县的史实。

胜景掠影

——彰显周口魅力的炫美华章

周口虽然没有山的雄浑壮丽，却蕴涵着水的柔情，有着大平原的广阔与一处处壮观的人文胜景。岁月老人如此钟爱这片土地，为它留下了众多丰富多彩且弥足珍贵的宝藏。触摸它，您会被这里历史遗存的精致博大所震撼，感叹古人巧夺天工的智慧。聆听它，您会被一个个精彩的历史故事所吸引，仿佛一步梦回千年。行走在如诗的小巷、如画的田野，您会融入浓郁的豫东风情，在淳厚的乡土气息中沉醉。

太昊陵

• 寻根谒祖的胜地——太昊陵庙 •

太昊陵庙是为太昊伏羲氏所修建的陵和庙，它是龙的传人谒祖朝拜的圣地，也是我国现存帝王陵庙中大规模宫殿式古建筑的孤例，现为全国重点文物保护单位，国家4A级旅游景区。因太昊伏羲氏为“三皇之首”“百王之先”，故其陵庙号称“天下第一陵”。太昊陵庙是以伏羲先天八卦数理兴建的，占地875亩，由内城、外城、紫禁城三道皇城护卫。该建筑群南北中轴线长750米，分别有午朝门、道仪门、先天门、太极门、统天殿、显仁殿、太始门、太昊伏羲氏陵墓、蓍草园等建筑，层层大门相互对应，俗称“十门相照”。

据文献记载，太昊陵庙春秋时有陵，汉以前有祠，唐太宗李世民于贞观四年（630）颁诏“禁民刍牧”，五代周世宗显德元年（954）禁民樵采耕犁。宋太祖赵匡胤于建隆元年（960）置守陵户，诏示三年一祭，牲用太牢，造祭器。乾德四年（966）诏立陵庙，置守陵户五，春秋祀以太牢，御书祝版。后又增守陵户二，以朱襄、昊英配祀。此后，陵与庙祀日见崇隆，常有御祀。现存建筑多建于明英宗正统十三年（1448），以后历代均有所修建，至清乾隆年间方定格局。整个古建筑群，红墙黄瓦，金碧辉煌，巍峨壮观；古树名木，苍劲参天；碑碣林立，庄严肃穆；内外城垣，大气磅礴，浑然一体；湖光水色，羲陵岳峙，令人肃然起敬，叹为观止。清人雷方晓有诗赞曰：“宛上龙蟠面碧湖，岿然岳峙一陵孤，功开天地规模大，道冠皇王气象殊。”

午朝门

太昊陵的第一道大门是午朝门，又因明代开国皇帝朱元璋把皇城南门定为午门，此门仿其规制而建，故又称“午门”。午朝门为单檐歇山式建筑，面阔三间，进深一间，红门金钉，中门九排九路，两侧七排九路，属帝王规制。在午朝门的东西两侧24米处各有一掖门，分别是东天门、西天门。古代，只有帝王或钦差大臣奉旨朝拜人祖时，才能走中间这道门。平时文官走东天门，武官走西天门，俗称“文东武西”。

午朝门的门洞上方镶嵌的“龙师人皇”匾额为宋高宗赵构御笔亲题。伏羲以

太昊陵午门

龙纪官，故为龙师，居“三皇”之首，为人之先皇。右边“中华始祖”匾额为全国政协原副主席钱伟长题写，左边“昊德宣猷”匾额为我国著名书法家欧阳中石题写，悬挂于东西两侧的“观象于天，观法于地”为南宋著名理学家朱熹题写。

道仪门

道仪门，又称仪门，即礼仪之门。这是座穿堂式建筑，古时拜谒和祭祀太昊伏羲氏的帝王君臣及平民百姓凡到此处，必须整冠弹尘，端庄仪表，恭恭敬敬地肃穆前行。

道仪门东西两侧各有一块匾额，东侧匾额“开天立极”，为中国书法家协会原主席沈鹏题写，赞颂伏羲始画八卦，一画开天，建立了至高无上的功德。西侧匾额“真道道真”为中国现代著名书法家、诗人沈尹默题写，匾文怎么读都是真道道真，寓意只有真的道才能道出真的理。

先天门

先天门是单檐歇山顶门洞式高台建筑，面阔五间，进深三间，整个建筑坐落在城门洞式高台之上，南门券门口上嵌石匾一方，阴刻楷书“先天门”，为明代

太昊陵先天门

御史史尧卿所书，它是为歌颂太昊伏羲氏始画先天八卦而命名的。门上悬“滥觞”匾额，滥觞本意是指江河发源处水很小，仅能浮起酒杯。比喻事物的起源、发端，这里指文化的发源地，寓意伏羲文化是中华民族的本源文化，淮阳是中华文化的发源地。先天门原本可望而不可登，古时有个说法，只有那些悟出先天八卦奥秘的智者，才能够上下自如，是不用阶梯的。20世纪70年代，为了方便游人登临，在两边增砌筑了楼梯，可登临阁上，凭栏远眺。

太极门

太极门，旧称太极坊或戟门，它是太昊陵庙建筑的中心，与两仪门、四象门、三才门、五行门等，都是以伏羲先天八卦之数理命名的。太极门在古建筑中属三间三楼柱不出头式木牌楼，通高7.6米，筑于五级台阶之上。《易经》上说：“易有太极，是生两仪，两仪生四象，四象生八卦。”太极是阴阳未分、天地混沌的时期，宇宙万物由此创始，太极是派生万物的本源，故此门处在太昊陵庙的中心位置。太极门两侧各有一掖门，东边是仰观门，西边是俯察门，取自《易经》“仰则观象于天，俯则观法于地”，象征太昊伏羲氏仰观天文，俯察地理，中观万物，始画八卦，掌握了事物的本源和变化规律，肇始了华夏文明。太极门两侧匾额“日精”“月华”为书法家李中华题写，是说伏羲始画八卦之时，吸取了天地灵气，博采了日月精华。中间楹联“庶绩熙照九野，群生茂泽千秋”，为中国书法家协会副主席林岫女士题写，是说伏羲的功德像阳光一样普照九州大地，滋润着万物生灵世世代代繁荣昌盛。

统天殿

统天殿，明代建筑，俗称“正殿”“大殿”。统天殿通高15.7米，面阔五间，进深三间，上用帝王象征的黄色琉璃瓦覆顶，脊上装饰极为考究，龙凤大脊，南龙北凤，中间为三间彩釉吉星陶楼，上有“天下一统”四字，下书“太昊伏羲殿”，左右配以二十八星宿，代表天上的二十八个星座。殿的四个挑角为“四绝人”（庞涓、子都、罗成、韩信）及吻兽。统天殿是太昊陵内体量最大、等级最高，也是全国古建筑等级最高的殿宇。

“统天”源自《易经》：“大哉乾元，万物资始，乃统天。”“乾”是指天的功能，“元”是“大”与“始”的意思，是说盛大无极的元始之气，滋生万物，统领宇宙，只有统天才能表达出至高无上的意思，才能说明伏羲的地位至尊至极。因为伏羲以龙纪官，首统天下，实现民族融合，以“统天”称之，才能凸显其显赫伟业。文明以降，天地设位，天尊地卑，伏羲为始祖，以“统天”称之，既理所当然，也显示后世谦卑，实为中华礼仪。所以，后世没有任何殿宇能称和敢称“统天殿”。

殿檐下悬挂有歌颂伏羲功德的书法作品。中间“宝笈渊源，名迹久传”，是清乾隆皇帝的御笔。大意是说，这片圣土孕育了光辉灿烂的华夏文明，这里闻名遐迩的殿堂胜迹将会世世代代永久保护传承下去。匾额“万姓同根”，是2004年10月12日全国人大常委会原委员长李鹏为中国首届姓氏文化节专门题写的；匾额“人文始祖”，是中央政治局原常委李长春题写的；匾额“羲皇故都”，是1997年6月26日中共中央政治局常委、国务院副总理朱镕基题写的；匾额“道天理地”，为全国人大原副委员长李铁映在2004年视察太昊陵庙时题写的。最外侧的楹联，上联为“炎黄尧舜禹汤文武周孔老庄无不追踪人文始

太昊陵统天殿

祖”，下联为“帝王将相三教九流诸子百家若非羲皇谁敢统天”，道出了太昊伏羲氏无与伦比的显赫地位。中间楹联“伏羲苍精初造王业，画卦结绳以理海内”，为现任中国书协主席张海题写。门两边楹联“华夏文明三始祖，淮阳伏羲第一人”，是著名古建专家罗哲文先生所题，大意是开创中华民族文明的有三始祖，建都和长眠于淮阳的伏羲氏理所当然要排在第一位。

统天殿内，端坐正中的是人祖伏羲的金身塑像，塑像是根据现存的宋代伏羲铜像重新塑造的。伏羲面相中，慈祥中透着威严，头生双角，项挂兽牙、蚌壳，手托八卦，肩披树叶，腰缠兽皮，草绳扎缚，赤脚袒腹，这些都是按照人们心目中的想象，在尊重原始的基础上，赋予人格化所塑造出的创世之人的伟大帝王形象。从装束来看，那时还处于新石器时代。东西两侧配享朱襄、昊英。东侧是飞龙氏朱襄，左手拿龟甲，右手拿骨针，作书契；西侧是潜龙氏昊英，双手持蓍草，作甲历。两者皆为六职之一，其余四职在后面还要讲到。

伏羲像神罩上的背景图案为古代龙的形象，下为湖石，石为湖景，取之太昊陵庙前的龙湖，具有淮阳特征。两侧为夔龙纹，神罩东侧为金乌、青龙图案。金乌，又称三足金乌，是中国古代神话传说中驾驭日车的神鸟，象征日出日落；青龙为四象之一，代表东方。西侧为月蟾、白虎图像。月蟾代表月亮，象征黑夜；白虎也为四象之一，代表西方。两幅图案寓意伏羲功盖天地，与日月同辉。伏羲像下台座为须弥式，饰以二龙穿壁纹，又称交尾龙纹，象征着人们的生殖崇拜，代表着吉利祥和，繁衍生息，繁荣昌盛。

神罩后背图案为六职中的其他四职：大庭为居龙氏，治屋庐；混沌为降龙氏，驱民害；阴康为土龙氏，治田里；栗陆为水龙氏，繁滋草木，疏导泉流。

显仁殿

显仁殿，俗称“二殿”，是供奉女娲的地方。它坐落在13级直壁式高台之上，高16.4米，面阔7间，进深5间，重檐歇山式建筑，灰筒瓦覆顶，高台走廊，周围巨柱林立，结构朴实端庄。《易·系辞上》讲“显诸仁，藏诸用”，意思是以仁爱的面貌显现，使其恩泽普施于天下万物。

显仁殿内，供奉着女娲金身塑像，女娲身着兽皮，腰缠树叶，头戴花环，以兽牙、蚌壳、彩石作项饰，一手托五色石，一手托婴儿。女娲面容姣好，表情矜持，面带微笑，和蔼可亲，尊贵而不妖娆，美丽而不媚俗，是一副伟大的慈母形象。《春秋纬运斗枢》说："伏羲、女娲、神农，是三皇也。"传说女娲有六大功绩：炼彩石补苍天，抟黄土造生灵，断鳌足立四极，积芦灰止淫水，杀黑龙济冀州，作笙簧兴乐舞。两侧为侍女，东侧拿埙，西侧拿骨笛。神罩背景正面为远古洪荒时代，两侧饰以凤纹及作高媒、定嫁娶、以俪皮为礼等图案；背面为降服蛟龙、治平洪水、炼石补天、抟土造人等图案。

为什么太昊陵庙会有女娲殿呢？相传，伏羲时代，有一天忽然天塌地陷，世界上只剩下伏羲、女娲兄妹二人。为了繁衍人类，他们不得不兄妹相婚。后来他们嫌生育太慢，就用黄土抟揉成泥团，捏成泥人。这些泥人晒干后居然都有了生命，会说会走，成了活生生的人。所以天下男女都是伏羲女娲的子孙，伏羲被尊称为"人祖爷"，女娲被尊称为"人祖奶奶"。伏羲、女娲抟土造人的传说，是远古时期生殖崇拜文化的反映。那个时代，人少兽多，生活环境恶劣，生命很短，人类繁衍的速度决定了生产力的发展水平。繁衍后代，是当时最伟大的功绩之一。

太始门

重檐歇山式高台建筑，上筑寝殿，两厢有台阶、角门，可以绕殿巡游，又称"转厢楼"。台正中为砖拱门洞，上镶披水砖，嵌青石匾一方，阴刻楷书"太始门"3字，上款署："巡按河南监察御史金□吴悌题。"落款为："皇明嘉靖二十四年夏六月吉日□事上党李维藩立。"殿内存明正德八年（1513）立朱元璋御碑一通，故又称"御碑亭"。

什么是太始呢？据北宋元丰年间发现的古文献《三坟》之《太古河图代姓纪》载："清气未生，浊气未沉，游神未灵，五色未分，中有其物，冥冥而性存，谓之混沌。混沌为太始，太始者，元胎之萌也。"

太昊伏羲氏之陵

太昊伏羲氏长眠之处。陵墓高十寻（1寻等于8尺），下筑方台，台周石砌，上圆下方，象征天圆地方。陵墓前竖有一通高大的墓碑，高3.46米，宽0.80米，上书"太昊伏羲氏之陵"7个大字。至于墓碑何朝何代所立，因年代久远，风蚀严重，字迹严

太昊陵陵冢

重脱落，已模糊不清，所以无从考证。

蓍草园

陵墓的后面是“蓍草园”。据淮阳旧志记载：“太昊陵后有蓍草园，墙高九尺，方广八十步。”传说伏羲6000多年前都宛丘，仰观天文，俯察地理，中观万物，就是根据白龟龟背图案，采来蓍草“揲蓍画卦”创下了先天八卦，故此草被称为“神蓍”。蓍草为菊科多年生草本植物，非常稀有，茎圆像天，德圆而神，《埤雅》在解释“蓍”字说：“草字多寿，故字从耆。”据说全国只有3个地方生长此草：一为山东曲阜孔庙，一为山西晋祠，再就是淮阳太昊陵庙。

为什么用蓍草揲卦，而不用别的草木呢？《博物志》说：“蓍千岁而三百茎，知吉凶。”《系辞传》说：“是故蓍之德圆而神。”《论衡·卜筮》篇中有这样的记载——子路问孔子：“萑苇藁芼皆可得数，何必用蓍？”孔子曰：“蓍，耆也；龟，旧也。”就像人们有狐疑不决的事就会问耆寿老人一样，意思就是说蓍草长寿，多年生，携带着宇宙万物的全方位信息，且圆而通神，故知吉凶。

蓍草

蓍草因为属稀有植物，故古代帝王每当钦派大臣来太昊陵祭拜时，总要取回一束蓍草作为信物复命，以示证明实地到过太昊陵了。每当春初，灵根秀发，生机盎然，郁郁葱葱，有“蓍草春荣”之称，为旧淮阳八景之一。

子孙窑

子孙窑，它看起来并没有什么特别之处，但在太昊陵却久负盛名，它是经数百万人的手触摸形成的。6000多年前，每逢仲春之际，人祖伏羲便以“会”的形式把各部落的青年男女召集起来，中间放一块带孔的石头，男女双方若有意者便摸摸石孔就可结为夫妻。人们都说这里非常有灵气，用手摸孔既可以得子得孙，还可以保佑子孙健康平安。在这里说法很多，讲究也很多，老百姓说左转三圈求男，右转三圈求女。摸子孙窑的风俗，实际上是远古时期母系氏族社会生殖崇拜的反映。

岳飞观

太昊陵庙除中轴线上的主体建筑外，在统天殿和显仁殿之间的外侧尚有附属建筑：东四观和西四观。东四观为：岳飞观、老君观、元都观、火神台。西四观为：女娲观、玉皇观、天仙观、三清观。由于年久失修，多已不复存在，现仅存岳飞观。岳飞观始建于明代，有硬山式主殿三间，卷棚三间，新建碑廊一幢。主殿内于1985年重立岳飞彩色塑像一尊，此塑像岳飞手握宝剑，双眉紧锁，仰望远方，好像在长吟怒发冲冠、壮怀激烈的《满江红》。后壁上高悬岳飞手书“还我河山”四个大字。

为什么在这里建岳飞观呢？据史书记载，金兵侵占中原时，淮宁（今淮阳）曾三次沦陷，岳飞曾三次派部将来淮抵御金兵，收复失地。淮阳人民为表著岳飞三次复淮之功，故在此建观祭祀。碑廊镶嵌的是岳飞书诸葛亮的前后《出师表》，共37方。还有明朱元璋御书褒扬岳飞的“纯正不屈，书如其人”的石刻两方。

独秀园

在太昊陵中轴线东侧，有一座以松柏造型为特色的剪枝艺术公园，被海内外游客及园林专家誉为“天下奇观”。1986年，新华社原社长穆青来公园参观后亲笔题写“淮阳独秀”。1996年6月，中央电视台《九州神韵》栏目以《松柏造型天下奇》为题作了专题报道。1997年6月，朱镕

太昊陵独秀园

基副总理参观此园后感叹地说："我去过的地方不少，像这样的公园还真是绝无仅有。"它就是独秀园。

独秀园是1957年由王月惠先生创建的，其父亲王殿一曾为北洋军阀吴佩孚当花工，后被蒋介石召到南京总统府当花工。1949年南京解放后，断然拒绝赴台，毅然回到家乡。王月惠从小跟从父亲学艺，并根据自己的所见所闻，独创了各种花木造型。1957年，他们把自己家里的松柏造型移植到这里，又发展了许多新造型，成了今天独具特色的松柏剪枝艺术公园，成为东方艺术宝库中一颗璀璨的明珠，世界园林界的一枝奇葩。

园内有亭台楼阁、飞禽走兽、交通工具等各种造型近200种，千姿百态，栩栩如生。最著名的有六角凉亭、百鸟朝凤、青龙戏珠、十二生肖、二龙戏珠牌坊等造型。这里的每处松柏造型，都要经过育苗、嫁接、揉编、初型等阶段，需要几年乃至几十年的时间才能成型。

• 中华始母的家园——女娲城 •

女娲是我国古代神话传说中的人类始母，她抟泥造人、化育万物、炼石补天并发明了笙簧乐器，对此《世本·作篇》中有详细记载。

文物部门根据民间传说和史书记载，经过长期勘探，在西华县聂堆镇思都岗村发掘了女娲古城遗址。该城址呈正方形，分内外两层，外城墙长4000米，内城墙长1440米。今残存城墙最高点3米，宽8米。护城壕轮廓清晰，基底宽6米，上部宽15米。城内有宫殿式夯土台基。北城墙下出土一地下排水管道，残长1米，直径29厘米。城内出土有大量釜、罐、鬲、瓮、瓦等春秋时期遗物，可见当时城池壮伟，居民殷盛。

女娲城遗址距离太昊伏羲陵仅30多公里，许多有关伏羲、女娲的精彩故事在这里广为流传。女娲城景区始建于1994年，占地60余亩，是各地民众为了缅怀女娲的伟大功绩而自发捐资在女娲城古遗址附近兴建的。现有牌坊门、女娲陵、补天殿、娲皇宫、伏羲殿、地母殿、三清殿和两侧廊房等仿古建筑和景观，古朴典雅、精雕细刻。各殿和廊房供奉有女娲、伏羲等神像及描述女娲造人补天的雕塑和壁画，造型生动、活灵活现。女娲城长年烟雾缭绕，香火极盛。每逢农历初一、十五自成庙会，四方民众蜂拥而至，人山人海。

女娲城所在地是远古时代人祖女娲的主要活动区域，而且是女娲建立都城的地方。近年来，很多政要、专家学者、华人华侨和境外投资者来此旅游观光，寻根谒祖。目前，女娲城已成为在全国具有广泛影响并扬名海外的游览胜地。

西华女娲补天塑像

西华女娲城

老子像

• 天高地古的道家之源——老子故里 •

鹿邑，老子的故乡，物华天宝、人杰地灵。悠悠涡河依城而过，像一条巨龙横卧在广袤无垠的豫东大平原上。据考证，远古时期这里是鹿的故乡，鹿邑因此而得名。老子故里景区由太清宫和明道宫两部分组成，现属全国重点文物保护单位、国家4A级旅游景区。

■ 老子塑像

矗立在老子文化广场的老子塑像，落成于2008年4月。据记载，这是全国目前最高最大的老子雕像了，真可谓“老子天下第一”。老子雕像高33米，其中八角形基座高6米，重4500吨，由365块莱州花岗石构筑而成。27米由数字3乘以9所得，同6米高基座取数为3、6、9，为道家最吉祥数字。

■ 太清宫

太清宫位于鹿邑县城东十里的太清宫集，为老子的诞生地，也是李姓的发源地，全国著名道教宫观之一、海内外游客游览观光、李姓寻根祭祖、道教信徒拜谒的祖庭胜地。

据《后汉书》和《鹿邑县志》记载，太清宫建于东汉延熹八年（165），桓帝刘志派中常侍管霸前来创建，始名老子庙。太清宫的主体建筑是太极殿，始建于唐天宝二年

秦学：河南鹿邑老子故里

（743），清朝重修，面阔5间，进深3间，硬山式结构，黄色琉璃瓦顶。大殿中间为老子塑像，两旁的配像分别为唐高祖李渊、唐太宗李世民、唐高宗李治和唐玄宗李隆基，几位帝王之所以位列两旁，就是因为老子为唐王圣祖，在唐王家庙里，他们四位的身份是李氏后裔。由此看来，太清宫作为唐王家庙的地位是无可置疑的。太极殿的斗拱是宋朝的，檩子是明朝的，现今部分檩条上仍写有“明万历七年”字样。太极殿门两旁的楹联是：“坛场夜雨苍苔古，楼殿春风碧瓦寒。”出自宋英宗治平四年（1067）欧阳修所作的《太清宫烧香》中的诗句。

太清宫太极殿前有两株稀世古柏——丹桧古柏，鹿邑旧时的县志记载是老子亲手所植。但据专家考证，这两株古柏应为唐柏，但这与老子亲手植柏并不矛盾，应该是老子亲手植柏枯死后发出的新枝。扁柏树扁得出奇，丹桧树阴阳相照，仔细观察，可以看到，它们的纹理其一左旋，其一右转，天左旋地右转，象征太极图的阴阳二气，吻合了老子“道分两极”的辩证思想。

此外，太清宫太极殿前还有纪念老子为“柱下史”的铁柱子，这根铁柱是民间传说中老子的赶山鞭。远古时期，这里不像现在一马平川，而是有一座遮天蔽日的大山，百姓称为隐阳山。因为隐阳山的存在，老百姓生活很不方便，缺少耕地不说，山上的豺狼虎豹还经常下山祸害百姓，使老百姓吃尽了苦头。为了救百姓于苦难之中，老子上山采来五色石，支起八卦炉，炼了七七四十九天，铸成一根赶山的铁鞭。坐在老君台上的老子，手举铁鞭，运足神力，一鞭下去，把大山赶到东洋大海里去了。由于赶山时用力过猛，铁鞭从中震断，上半截飞到了太清宫，下半截留在了老君台。所以大家在老君台上可以看到一样的另一个赶山鞭。从史实的角度来讲，这是纪念老子“柱下史”官职的纪念物，为唐朝帝王建太清宫时所立。老子曾经在周王朝做官。作为奴隶社会的周王朝，天子是天下至尊，群臣百官在上朝时，必须恭敬站立。而老子身为守藏室之史，需要写言记事，于是周朝天子就赐老子一根铁柱，老子可以倚在下面书写，所以后人尊称老子为“柱下史”。老子辞官回到故里后，为了表达对周天子的感恩，就仿着朝中的铁柱样子做了一个发簪戴在头上。后世创立的道教尊老子为圣祖，对老子顶礼膜拜，也学着老子的样子戴上同样的发簪，细心的人会发现，道士头上的发簪与这个铁柱十分相似。

太清宫内的水井也是一大景观。在鼎盛时期，太清宫的前宫、后宫共有72眼井，按72星宿位置分布，井井有典故，现仅存两井。望月井之奇在于每逢甲子年农历八月十五，风清月圆之时，天上的明月正好投影在水井中央，正应了“天上月是水中月”之古诗意境，故叫望月井。

老子故居是太清宫中近年来修复的景点，占地36亩，建筑面积2200平方米，仿汉风格，分主仆院落、山体和水系，宅院依山傍水，它向人们再现了春秋末年老子在此生活的场景和社会风貌。主要包括正堂、东堂、西堂、寝房、隐山、犹龙洞、静思亭、观星台等10余处参观点。

洞霄宫，亦称后宫，是祭祀老子母亲的地方。现在圣母殿里供奉着三位圣母：中间的是老子的母亲、西边的是释迦牟尼的母亲、东边的是孔子的母亲。这三位伟大母亲的并列体现了三教合流的思想。老子的母亲是一位伟大的母亲，传说她怀老子八十一年才生。所以老子一生下来就是一个白胡子老人了。人们常说肋生老子顶生佛，用现在的话说是李母孕老子过月剖腹产下老子。在当时的历史条件下，结果只能是李母为人类肋生一位绝世圣哲，而自己却飞天仙逝了。

明道宫

明道宫

明道宫景区位于鹿邑县城东北隅，与太清宫东西相望，是老子聚徒讲学、传播天下大道的地方。主要由众妙之门牌坊、迎禧殿、玄元殿、文昌阁、腾云阁、享殿、升仙台、弘道苑等建筑构成。

明道宫的主体建筑之一为玄元殿，因为唐朝开国皇帝李渊自认老子为始祖，老子出生地鹿邑为其祖庭，并追封老子为“太上玄元皇帝”，后人就建玄元殿予以纪念。玄，是深奥之意。元，是开始，初始之意。玄元即老子的博大精深的思想是从这里产生孕育并发扬光大的。

老君台

明道宫的另一主体建筑是老君台，又

央视网

鹿邑寻三绝

央视网

鹿邑仙踪

老君台

叫升仙台或拜仙台，因传说老子在此台上羽化成仙而得名。又因老子曾被宋真宗封为“太上老君混元上德皇帝”，老百姓就习惯上称之为“老君台”。它是明道宫建筑群中现存的唯一古建筑，现为全国重点文物保护单位。这里还是老子当年授徒讲解《道德经》的地方，实为中国第一所正宗“道学院”。老君台台高8.84米，台底面积765平方米，全台以古式青砖堆砌，周围立垛口女儿墙，是河南省保存较为完整的高台建筑之一。居高临下，雄伟壮观。整个台体呈二十五边形，其施工和工艺技术具有较高的科学价值。拾级而上的33级台阶，寓意老子飞升33层青天之说。

抗日战争期间日军轰炸时留下的弹痕

1938年6月，老君台曾遭到日寇的攻击，墙壁上留下的累累弹痕，印证着日本侵略者的滔天罪行，奇怪的是日军发射的13发炮弹，全都成了哑弹。老君台大殿东墙、东偏殿后墙和柏树上共中炮弹12发，有一发打在了老君台的西侧。其中两发穿过大殿山墙，一发卡在梁架上，一发落在了老君像前的神龛上。这些炮弹如果有一颗爆炸，老君台瞬间就会变成废墟。当时侵略者见状，吓得呆若木鸡，列队放下屠刀，祈求保佑。这给老子升仙台平添几分神秘的色彩，给后人留下不尽的猜测。半个多世纪过去了，当年炮击老君台的日军炮兵小队长梅川太郎一行数人，特意从日本赶来，在老君台前右方立下了一通“忏悔碑”，并在老君像前长跪不起，虔诚谢罪，祈祷中日永无战争，全世界人民永久和平。

“地古永传曲仁里，天高近接太清宫。”有权威人士说，皇宫看故宫，道宫看太清。老子思想正在被世界各地的仁人志士所认同，其“尊道、贵德、倡和”的核心价值观正在当今世界构建和谐社会的大背景下，发挥着越来越重要的历史作用。

鹿邑13发哑弹的故事

鹿邑老君台的传说

• 水天一色的风景线——淮阳龙湖 •

淮阳龙湖是省级风景名胜区，位于淮阳县城，因其是中华民族人文始祖、“龙师”太昊伏羲氏的建都和长眠之地而得名。由西柳湖、南坛湖（又叫弦歌湖）、东关湖三个子湖组成，外围堤廓方圆14公里，湖域面积11平方公里，水面面积7平方公里。龙湖环抱古城，拱卫羲陵，风光绮丽，景色优美。形成了陵前有湖，湖中坐城，城中有湖的奇特景观。万亩龙湖、烟波浩渺、碧水盈盈、柳丝垂岸、鸥鹭戏滩、蒲苇葱郁、芙蓉斗艳、生态自然、秀色可餐，不愧为中原明珠，内陆奇观。

龙湖

央视网

万亩龙湖荷花开 美景如画醉游人

■ 龙湖历史

那么，淮阳龙湖是怎么形成的呢？有关专家认为，龙湖的形成是人为因素和自然因素长期综合作用的结果。

人文因素即人们出于保护古城的需要，发挥御敌御洪的主观能动性，筑城筑郭，这是淮阳环城湖形成的决定因素。淮阳是豫东重镇，古称陈城或陈县，春秋时期先后做过陈、楚的都城。两汉时先后做过淮阳国和陈国的国都。由于其具有重要的战略地位，又由于它处在黄淮平原的腹心，四面没有山水做屏障，春秋时期诸侯国纷纷筑城自保，陈城当然也不例外。据考证，淮阳史上有五次大规模筑城修垣，在古城周围大量取土，这是龙湖形成的原因之一。

自然因素上，黄河经常性地泛滥，导致人们护城筑郭，这是淮阳龙湖形成的另一重要原因。据史料记载，战国以后的2000多年里，黄河下游河道的决口共有1500多次，较大的改道26次，平均每3年就有2次决口，每百年即有一次大的改道。淮阳地势比较平坦，历史上黄河水经常南侵经过淮阳。汉代以后，淮阳古城遭受了数十次洪水的威胁。为抵御洪水，人们在加高扩宽城垣的同时，又在城外围筑起一道城郭，形成御洪的外围防线。黄河经常性的决口泛滥，迫使内城和城外郭不得不一次次地扩宽加高。据地质勘测，护城大堤复加有20层左右。历次筑郭也必然取郭内之

龙湖春景

龙湖夏景

土以为用。到了宋金时期，由此环绕古城形成不规则的“回”字形地势低凹带。这个地势低凹带即形成了淮阳龙湖的湖形地貌。黄河水经常性的泛滥在淮阳龙湖形成中也起了非常重要的作用，它是淮阳龙湖形成必不可少的外部条件。如果人们采取消极的防洪态度，没有修筑城外防洪郭，今日的龙湖也就会被黄河泥沙夷为平地，龙湖也不会存在，两种因素相辅相成，最终导致了淮阳龙湖的形成。

龙湖典故

早在3000多年前，龙湖就是美丽幽静的休憩之处。《诗经·陈风》中的《泽陂》曰：“彼泽之陂，有蒲与荷。有美一人，伤如之何？寤寐无为，涕泗滂沱。彼泽之陂，有蒲与蕑。有美一人，硕大且卷。寤寐无为，中心悁悁。彼泽之陂，有蒲菡萏。有美一人，硕大且俨。寤寐无为，辗转伏枕。”《泽陂》描写了女子思念意中人的情怀。一位女子由于看见堤岸边的蒲与荷相伴成长，引发自己心中的思念。但是尽管伤心落泪，辗转反侧，心中

《诗经》中的植物

龙湖秋景

的追求依然可望而不可即，就像有池泽相隔一样。

龙湖风光

龙湖四季皆有景，四季风光各不同。在乍暖还寒的初春，初融的湖面，蒲苇刚露出尖尖的叶芽，一群群野鸭和鸥鹭，嬉戏追逐，忽儿钻入水中，忽儿浮出水面，忽儿扑棱棱飞起，消失在空蒙的天空，使人步入“春江水暖鸭先知”的诗情画意中。仲夏的龙湖，湖面被层层叠叠的蒲苇荷叶覆盖了大半，大片大片的荷花，摇曳在碧波之上，粉红如脂，洁白如玉，像一位位不施粉黛、婀娜多姿的少女，亭亭玉立，楚楚动人，偶尔还会听到“吭罗吭罗”的赶鱼声和采莲少女银铃般的嬉笑声，这不正是“江南可采莲，莲叶何田田”，“采莲南塘秋，莲花过人头”的景色吗？深秋时节，龙湖蒲叶深深，蒹葭苍苍，阵阵秋风吹过，芦花飘飞，如霜似雪，泛舟湖中，荡漾在蒲苇丛里，你一定会领略到《诗经》中“蒹葭苍苍，白露为霜，所谓伊人，在水一方”的意境。寒冬的龙湖，好像也要歇息一下。特别是大雪过后，万亩湖面，冰封雪盖，一派千里冰封的北国风光，给人以无限遐想。

龙湖冬景

龙湖之中，名胜古迹比比皆是，陈楚故城、弦歌台、汉墓、画卦台、白龟池、陈胡公陵园、苏辙读书台、司城贞子阁，像一颗颗璀璨的明珠，放射出历史文化的光彩。

龙湖特产

淮阳有三样金牌特产，就是黄花菜、蒲菜和鲤鱼。龙湖盛产鱼类，有鲤鱼、鲫鱼、鳊鱼、鲂鱼、鲇鱼、黄颡鱼、乌鳢（黑鱼、火头）、青鱼、草鱼、鲢鱼等，而鲤鱼最负盛名。早在春秋时期，龙湖鲤鱼就闻名遐迩了。《诗经·陈风》的《衡门》篇中，曾有“衡门之下，可以栖迟，泌之洋洋……岂其食鱼，必河之鲤”的诗句。《淮阳县志》记载，隋炀帝大业十二年（616），郡女垣中得鲤鱼，长7尺余。淮阳习俗，鲤鱼象征吉祥富裕。男女成婚，一定要请媒人吃大鲤鱼。婚庆喜宴，祝寿宴请，红烧鲤鱼，是必不可少的名菜。

【知识链接】

《诗经·陈风》十首

宛丘

子之汤兮，宛丘之上兮，洵有情兮，而无望兮。
坎其击鼓，宛丘之下。无冬无夏，值其鹭羽。
坎其击缶，宛丘之道。无冬无夏，值其鹭翿。

东门之池

东门之池，可以沤麻。彼美淑姬，可与晤歌。
东门之池，可以沤纻。彼美淑姬，可与晤语。
东门之池，可以沤菅。彼美淑姬，可与晤言。

东门之枌

东门之枌，宛丘之栩。子仲之子，婆娑其下。
谷旦于差，南方之原。不绩其麻，市也婆娑。
谷旦于逝，越以鬷迈。视尔如荍，贻我握椒。

东门之杨

东门之杨，其叶牂牂。昏以为期，明星煌煌。
东门之杨，其叶肺肺，昏以为期，明星晢晢。

墓门

墓门有棘，斧以斯之。夫也不良，国人知之。知而不已，谁昔然矣。
墓门有梅，有鸮萃止。夫也不良，歌以讯之。讯予不顾，颠倒思予。

衡门

衡门之下，可以栖迟。泌之洋洋，可以乐饥。
岂其食鱼，必河之鲂？岂其娶妻，必齐之姜？
岂其食鱼，必河之鲤？岂其娶妻，必宋之子？

株林

胡为乎株林？从夏南。匪适株林，从夏南。
驾我乘马，说于株野。乘我乘驹，朝食于株。

月出

月出皎兮，佼人僚兮。舒窈纠兮，劳心悄兮。
月出皓兮，佼人懰兮。舒懮受兮，劳心慅兮。
月出照兮，佼人燎兮。舒夭绍兮，劳心惨兮。

防有鹊巢

防有鹊巢，邛有旨苕。谁侜予美？心焉忉忉。
中唐有甓，邛有旨鷊。谁侜予美？心焉惕惕。

泽陂

彼泽之陂，有蒲与荷。有美一人，伤如之何！寤寐无为，涕泗滂沱。
彼泽之陂，有蒲与蕑。有美一人，硕大且卷。寤寐无为，中心悁悁。
彼泽之陂，有蒲菡萏。有美一人，硕大且俨。寤寐无为，辗转伏枕。

•书声隐隐的胜景——弦歌台•

弦歌台，又称厄台、绝粮祠，位于淮阳县城外西南隅的南坛湖中，是纪念我国古代著名思想家、教育家、儒学学派的创始人孔子周游列国期间，在陈、蔡交界处遭遇围困绝粮七日而弦歌不止这件事而建造的。

弦歌台坐北向南，三进院落。台上建筑有山门、二门、正殿、弦歌书院，以及厢房74间。其四周碧水环绕，环境清幽，台前红莲绿柳，景色优美，为古陈州七台八景之一。现存建筑多为清乾隆四十八年（1783）重建。现为河南省文物保护单位。

这里原是东汉时期的“弩台”。据《元和郡县图志》载：“后汉陈敬王曾孙宠善弩射，十发皆同处，常于此台教弩。”汉灵帝时黄巾起义爆发，黄巾军所向披靡，各县郡守望风而逃，唯独陈王刘宠占据陈城四面环水的地利，四面吊桥高悬，自带强弩手数千固守此台，终于扼住了黄巾军，义军久攻不下，自行退去，陈国得以保全，所以又称“扼台”。《太平寰宇记》说，有陈王弩台，唐朝开元年间，孔庙迁其上。明成化六年（1470），在此任陈州知州的戴昕改名“厄台祠”。明嘉靖七年（1528），巡按御史谭缵增拓正殿七间，门二座，题曰“绝粮祠”。嘉靖二十一年（1542），巡按御使赵纪本改曰“弦歌台”。

■ 山门、二门

山门面阔三间，硬山，绿琉璃瓦覆顶，檐下置单翘品字形砖雕斗拱，三个拱券门。山门为明神宗万历二十九年（1601）增建，曰“美富之门”。门楣上嵌清康熙五十一年（1712）“弦歌台”三字石质匾额。据说此门非常神奇，历史上每次大门洞开，都会给南方带来鸿运，而淮阳有难。当然此传说不足为考。历史上中间的正门是皇帝进出的，东侧门是文武官员、黎民百姓的通道，西侧门是有罪臣民需要赎罪的通道。所以现今一般都是东侧门敞开的，而大门和西侧门都是紧闭的。

二门三间，为穿堂式，硬山灰瓦顶。

■ 正殿

正殿也叫大成殿，始建于明嘉靖七年（1528），清康熙五十二年（1713）都御史揆叙重修大殿七楹，改为方形石柱，上覆绿琉璃瓦，重修孔子及十贤像。该建筑面阔七间，进深三间，单檐歇山式，绿琉璃瓦覆顶，檐下置斗拱，24根方形石柱承托殿檐，周匝回廊。明间，两柱刻对联一副：“堂上弦歌七日不能容大道，庭前俎豆千秋犹自仰高山。”意思是说：瞻仰殿堂，当年孔子的学说极其伟大却不被天下人所容纳，于是遭到围困以至于发生了绝粮弦歌的事情；庭前祭奠千百年来孔子穷且益坚的精神仍然受到世人的景仰。

据考证，孔子陈、蔡绝粮的起点在古互乡即今商水县固墙镇，止点在今上蔡县的蔡沟。《论语·述而》说“互乡难与言”，意思是说互乡人难说话。这里所说的互乡就是现在商水县的固墙，当年叫互乡集。《论语·述而》记载“互乡难与言，童子见，门人惑。子曰：‘与其进也，不与其退也，唯何甚？人洁己以进，与其洁也，不保其往也。’”大意是，互乡这地方的人很难同他们讲明道理。该乡的一个童子被孔子会见，弟子们很疑惑。孔子说：“我赞许他的进步，不赞许他的退步，又何必做得太过分呢？人家改正了错误以求进步，就应当赞许他改正错误，不要死死记住他过去的不是了。”明代出于尊孔的需要，遂将互乡改名为洁己乡，后俗称古墙，即今固墙。

走进大殿，殿内正位高台上供奉着孔子塑像，高3米，正襟危坐，双手抱笏，面目慈祥，气质温润，和蔼可亲，是一位万世师表的睿智老人形象。塑像两侧有一副对联：天下文官祖，历代帝王师。这是后世对孔子的崇高评价。

孔子弟子三千，贤者七十二，大殿内东西两侧列坐的“十哲”：颜渊、闵子骞、冉伯牛、仲弓、宰我、子贡、冉有、子路、子游、子夏。哲，即贤哲的意思。唐开元八年（720），玄宗李隆基命国学祭祀孔子，定十哲配享。

■ 弦歌书院

正殿后为弦歌书院，这里是春秋时期孔子三次来陈讲学的纪念地。孔子居陈四年，在陈提出了儒教理论最高思想境界“中庸之道”。其“修身齐家治国平天下”的理论，不仅统治了中国两千多年，而且对世界影响深远。孔子在陈、蔡“绝粮七日”，仍弦歌讲诵不止，这一精神一直激励后人严谨治学、志存高远，所以古人在此建立了弦歌书院，招收淮阳及附近子弟在此读书学习。

书院建筑群为四合院式，主体建筑为面阔五间的两层藏书楼，用于收藏儒家经典。此建筑毁于新中国成立前，近年恢复一新。东西两侧各有讲堂三间。院内正中矗立着孔子的铜像，高3米，这是1996年5月香港著名企业家、香港孔教学院院长汤恩佳先生捐赠的。

• 山陕会馆的精品——周口关帝庙 •

周口关帝庙，原名周口河北山陕会馆，是清代旅周的山西、陕西商人在周家口沙颍河北岸集资兴建的一座大型商业会馆，目前也是我国现存最大的山陕会馆之一，为国家重点文物保护单位，号称“周口八景之冠”。

周口地处沙河、颍河、贾鲁河三川交汇之地，永乐元年（1403），明成祖朱棣迁都北京，开辟中原水运，沟通了淮安经颍岐口（今周口市川汇区李埠口乡高山顶处）与北京的水路联系，为明清周口的崛起带来发展机遇，周口成为闻名中原的重要水陆码头，清代周口成为河南四大名镇之一。清康熙年间，山陕、安徽等地的商

周口关帝庙

人竞相来周进行商业贸易。周口呈现出一片繁华景象。各省商贾为开拓市场，规范行业秩序，保卫共同利益，纷纷以地域、乡情为纽带成立同乡会，并建立商业会馆，作为其叙乡谊、通商情的场所。

周口关帝庙就是在这种时代背景下兴建的。它始建于清康熙三十二年（1693），后经雍正、乾隆、嘉庆、道光年间屡次扩建重修，于清咸丰二年（1852）全部落成，历时160年。整座庙宇为仿宫殿式建筑群，三进院落，占地2.1万平方米，现存楼廊、殿阁140余间。它犹如一段凝固的历史，折射出昔日周家口商业经济的繁盛。

山门

山门，建于清雍正十三年（1735），面阔五间，进深三间，单檐歇山式，绿色琉璃瓦覆顶，青阶朱户，三门道，朱漆大门上镶嵌有金色乳钉。这些金色乳钉，又称门钉，最早的门钉是铜制的，只起加固门板的作用，后来又增加了装饰和代表等级的作用。门钉的数量和排列，在清朝以前没有规定。清代工部《工程做法则例》则对门钉的使用有了明确规定，体现了中国封建等级制度的森严。皇家建筑的每扇门门钉是横九路、竖九路，一共是九九八十一颗钉。九是阳数之极，是阳数里最大的，象征帝王至高无上的统治地位。因为帝王庙是供奉历代帝王的，所以也用九路门钉。王府通常是七路乘七路，亲王七路乘九路，再往下就是五路乘五路。这里所采用的为横七路、竖七路，它所代表的是王侯等级。关羽虽被称为关帝，但他并不是一个真正的帝王，关羽生前最高爵位仅为曹操加封的"汉寿亭侯"，因此这里仍然以七路门钉以显示其生前的身份地位。

山门外原有照壁，之后为前戏楼，左右仪门，东西两侧还建有钟楼、鼓楼和马房。这些建筑由于历代兵乱和年久失修相继倒塌或被拆，1988年在旧址上重建了面阔五间的歇山式山门。

铁旗杆

铁旗杆铸造于清嘉庆二年（1797），是由陕西同州府大荔、朝邑、澄城天平会众商，为祈求关帝圣君永保十方（十方：东、南、西、北、东南、西南、东北、西北、天、地）平安、吉庆有余而捐资敬献的。杆身高22米，重3万余斤，直径0.28米，上下分三节精工铸造。旗杆底部为六角青石浮雕底座，青石座上为六角须弥式铸铁座。铸铁座每面都铸有铭文图案、山水花卉、龙凤鸟兽，造型别致，工艺精湛。每个杆身均有两条龙上下盘绕，且龙首相向，似二龙相戏，栩栩如生，甚为壮观。

铁旗杆自上而下，还铸有三个大小不一的如意方斗，最上方的如意方斗是以钱币为图形铸造的。这座会馆本为商人建造，商人崇商重利也自在情理之中，铸此方斗以祈求生意兴隆，财源广进，体现了浓郁的商业文化意识。中间为"卍"字如意方斗，"卍"即梵字，读作"万"。

关帝庙铁旗杆

《学古编》中此字人谓万字，乃出古钱，《华严音义》：本非字，大周武则天长寿二年（693），权制此文著于天枢，音之为万，是谓吉祥万德之所集。在这里也就是“万事如意”的意思。最下方则为寿字如意方斗，意在祈求健康长寿。

■ 石牌坊

牌坊，又称“牌楼”，起源于我国早期都市的里坊制度，是封建社会褒奖忠孝节义人物的纪念性建筑，也是一种至高无上的荣耀。牌坊在建筑样式上分为冲天式和四柱三楼式，这座石牌坊就是典型的四柱三楼式。建于清乾隆三十年（1765），正楼高7.85米，歇山顶，龙凤正脊，中置瑞兽。全坊精雕山水花卉、仙灵鸟兽、历史故事、神话传说，构思巧妙，刀法娴熟，充分显示了我国清代石雕艺术的高超水平。

牌坊正檐下有一透雕“二龙戏珠”神龛，中刻“万古纯忠”四个大字。在历史上，关羽被视为“忠”的化身。他忠于汉室，忠于刘备，即使身陷曹营，也不改其志，对曹操厚待的金钱、美女毫不动心。在得知兄长刘备下落后，即挂印封金而去。他追随刘备大半生，转战千里，矢志不移，为人忠诚，做事竭力，“万古纯忠”正是对关羽“忠”的美德的高度褒扬。

石牌坊两侧的石柱上刻有一副篆书对联：说好话，读好书；做好人，行好事。横批楷书：神武丕著。因此联中嵌有四个“好”字，故又称“四好联”。相传此联乃关公遗训，并且为关公所书。这是关公对世人的谆谆教诲，希望大家常读好书，常说好话，常行好事，永做好人。“神武丕著”，是赞扬关羽神勇威武、智勇双全，功绩特别显著。山西解州关帝庙、湖北当阳关陵也都有此联。

“神武丕著”石匾下，是一幅精雕细琢的《饮中八仙图》，又称《酒中八仙图》。它是根据诗圣杜甫的《饮中八仙歌》创作的。唐代大诗人李白、贺知章、书法草圣张旭、汝阳王李琎、苏晋、崔宗之、李适之、焦遂皆天下名士，都与酒有着不解之缘。他们常聚在一起饮酒，常常喝得酩酊大醉，诗书唱和，人称“八大酒仙”。这幅画把他们酒后大醉的姿态刻画得淋漓尽致。

牌坊背面也是一副楷书对联：“忠勇光昭日月，谟猷学本春秋。”横批：“斯文干城”。上联是说关羽忠勇的德行光照后人，与日月同辉。谟和猷都是作计划、谋略讲，这里是说关羽的智慧、谋略都是从《春秋》这部书里学来的。横批原意是指《春秋》这部书能足以捍卫城池，这里赞扬关羽能文能武，文武双全。

在“斯文干城”的匾额下，精雕了一幅《竹林七贤图》。魏晋时期，政治黑暗，社会动荡，名士嵇康、阮籍、山涛、向秀、阮咸、王戎、刘伶七人相与友善，他们看透了时局的险恶，隐身不问世事，闲聚竹林，或醉饮弹琴，或赋诗咏怀，来发泄愤懑，世人称之为“竹林七贤”。

飨殿

飨殿，也称“香庭”，建于清雍正九年（1731），是古代人们摆放供品、焚香祭祀关羽的地方。作为封建统治者的一员保护神，关公跻身于封建王朝的受祭行列，大概始于宋徽宗时期。《宋史》记载，宣和五年（1123），关公被加封为“义勇武安王”，从祀于武成王庙，这是我们目前见到正史记载“祀”关公的最早史料。至明初，关公“从祀”升级为“专祀”，祭祀关公的典礼也日益隆重。明世宗朱厚熜在嘉靖年间钦定五月十三日为关公生日，并特为关公制定了祭祀典礼的规格和内容，这在历史上是第一次。他明文规定：京师关庙每年五月十三日，用牛、羊、猪各一头，果品五件，帛一匹，遣太常官去庙行礼，敬祝关公生辰，四季及除夕另遣官祭，国有大事，必告关庙。随着关公地位的升高，对他的祭祀日益隆重，至明朝万历年间，定了规格更高、内容更为详细的祭祀典礼，同时又增加了祝文。进入清朝以后，祭关活动的规模有了进一步扩大，其规格也有了进一步提高。雍正三年（1725），京师增春秋二祭，变原来的一年一大祭为一年三大祭。雍正五年（1727）又定祀仪，由太常寺奏定，朝廷颁布祀仪如“中祀”制。五月十三日，用牛、羊、猪各一头，果五盘，帛一匹。春秋二季同文庙一样，祭以太牢，即牛、羊、猪各一头，豆类十种，帛一匹。清朝后期，祭关的典礼达到极盛。咸丰三年（1853），关公正式跻列“中祀”，祭关要“行礼三跪九叩，乐六奏，舞八佾，如帝王庙仪”。由此看出，人们对关公的崇拜已达到极致。这座飨殿在建筑样式上别具一格，它是木质结构的，并以扣木法构筑，完全没有钉子钉结或粘结的痕迹。

关帝庙大殿

大殿

大殿，建于清康熙三十二年（1693），是这座会馆建造最早的殿堂。面阔五间，进深三间，悬山顶。大殿正脊上绘有“龙凤呈祥”图案，虽历经三百多年，依然清晰可见。

在这座殿堂内，原塑有一尊关羽坐像，“文化大革命”期间遭到毁坏，1988年复原了关羽坐像和配享的四位将军的塑像。居中的为五虎上将之首——关羽。关羽的相貌，正史中未见记载。有人说他是铁匠出身，生来体质健壮，身高八尺（汉代一尺等于今市尺的六寸九，即一尺23厘米，八尺合184厘米）。宋徽宗宣和时的《历代名臣册》中绘有关羽像，系长目隆准，耸颧阔颊，美须髯，面有黑子数点，朗若列星。到了明代，罗贯中在《三国演义》中具体描绘了关羽的形象：“身长九尺，髯长二尺，面如重枣，唇若涂脂，丹凤眼，卧蚕眉，相貌堂堂，威风凛凛。”这里的塑像即是以此为蓝本。

关羽是中国人最熟悉、最崇敬的偶像神，他之所以受到如此尊崇，是因为他生前神勇而又讲义气。晋代人们就开始尊奉刘备而贬抑曹操，关羽作为刘备集团的骨干自然就受到人们的尊敬。民间对关公的崇拜是与三国故事的传扬分不开的。唐代民间艺人已开始说“三分”，也就是《三国演义》的前身。到了宋代，“三分”故事已是家喻户晓、老少皆知。人们对三国故事越熟悉，对关羽崇拜的程度就越高。民间传说关公的一些神奇故事如单刀赴会、刮骨疗毒等，也使得人们对他更加崇拜。于是出门要拜请他保佑平安，天旱了向他求雨，闹病生灾请他治病，有邪祟请他除魔，科举考试请他保佑顺利，举凡神的一切职能都要他担当，他成了人民心中的正义之神、威武之神、万能之神。

戏楼

为旧时演戏用的舞台，建于清道光十七年（1837），坐南面北，紧靠中院大殿，面阔3间，进深3间，重檐歇山式，绿色琉璃覆顶，五彩斗拱，脊饰高浮雕龙凤牡丹。龙凤正吻，中置狮子绣球宝瓶。平板枋下镶蓝底金字“声振灵霄”匾，匾下精雕龙凤牡丹及戏剧人物故事。“声振灵霄”，意思是说在这个戏楼上演戏，声音可直达灵霄宝殿，玉皇大帝也能欣赏到。过去戏楼上常常金箫玉笛，莺喉婉转，一派歌舞升平的景象。即使到了现在，每逢重大节日，亦会请来剧团在此演出，以供群众欣赏。

拜殿

拜殿，是旧时祭拜关羽的殿堂，建于清咸丰元年（1851），面阔5间，进深3间，单檐卷棚式，灰瓦覆顶。檐下施五彩斗拱，并透雕“二龙戏珠”“凤凰牡丹”“福禄博古”等图案。月台四周安装

关帝庙拜殿

砖雕

有石雕栏板。殿内雕梁画栋。柱础上雕有“王祥卧冰”“张良进履”“刘海戏金蟾”“鲤鱼跳龙门”“喜鹊闹梅”“狸猫戏蝶”“马上封猴（侯）”等传说故事及珍禽异兽、花卉人物。正檐下的“二龙戏珠”为五层透雕，立体感很强。与其他地方不同的是，这里二龙戏的并不是宝珠，而是一只小蜘蛛。这里有多种含义：一、蜘蛛谐音“知足”，寓意“知足常乐”；二、蜘蛛又称蟢子，蟢谐音“喜”，也有喜从天降、喜在眼前的意思；三、蜘蛛善于结网，是对山陕商人善于经商的一种象征，这种说法源于山西和陕西两地。山陕商人遍布全国各地，他们的商业网络就像蜘蛛结的网一样，四通八达，遍布全国。次间的雀替凤凰戏牡丹为三面镂空，精妙绝伦。

春秋阁

春秋阁，建于清嘉庆五年（1800），建在1.5米的高台上，为关帝庙的主体建筑。春秋阁前的青石栏上雕有几副对联：“赤面表赤心千里常怀赤帝，青灯观青史一生不愧青天”“秉炬持纲常顾影何惭心上日，封金完节义对人不愧性中天”“鲁夫子晋夫子两位夫子，著麟经看麟经一部麟经”。这几副对联是对关羽功绩以及节操的高度赞誉，寄托了后人对“关帝”的仰慕之情。

春秋阁内，塑有关羽的一尊帝像。这里的塑像已不再是红脸关公了，他头戴冕旒，脸上贴金，俨然一副帝王形象。但他手中所持的笏板告诉我们，他并非真正的帝王，而是“生前为臣，死后为帝”。关羽生前职位并不高，刘备仅封他为前将军，后主刘禅景耀三年（260）追谥关羽为“壮缪侯”。对关羽的神化约始于南北朝。关公初受封建统治者的褒封，始于宋徽宗时期，徽宗崇宁元年（1102）追封“忠惠公”。大观二年（1108），加封“武安王”。宣和五年（1123），又封为“义勇武安王”。元文宗天历元年（1328），封“显灵义勇武安英济王”。明神宗万历十八年（1590），加封帝号，三十三年（1605），加封关公为“三界伏魔大帝，神威远震天尊关圣帝君”，配享南宋抗金英雄陆秀夫、张世杰为其左右丞相，岳飞为大元帅，尉迟恭为伽蓝。清朝顺治年间，又封关羽为“忠义神武关圣大帝”，清康熙亲笔御书“义炳乾坤”匾额赐给解州关庙。咸丰称关羽“万世人极”。至光绪五年（1879），关公的封号陆陆续续累叠为“仁勇威显、护国保民、精诚绥靖、翊赞宣德、忠义神武关圣大帝”，多达24字，这在中国历史上实属罕见。正是在历代帝王的层层加封之下，关羽才由“侯而王，王而帝，帝而圣，圣而天，褒封不尽，庙祀无限”，从一位有血有肉的历史人物，变成了中华民族的一尊道德偶像。关羽在海内外都享有盛誉，关公文化遍及整个世界。关公由一个具有完美的人格的人物化为一种精神飞越的力量，深入我们这个民族的生命节奏与文化心灵，已成为中国人崇尚节义的特殊精神内涵。正如于右任先生所题：忠义二字团结了中华儿女，《春秋》一书代表着民族精神。

• 宋代理学家程颢的杰作——大程书院 •

大程书院位于扶沟县城书院街，是北宋著名理学家、教育家程颢任职扶沟知县时创建的。程颢，字伯淳，河南洛阳人，与胞弟程颐合称“二程”。又因程颢年长，故称“大程”。程颢死后，谥“明道”，故又称明道先生。扶沟人民为纪念程颢的功德，将其创办的书院称为大程书院。

大程书院始建于宋，距今已有900多年的历史，现存建筑为清代晚期所建。南北长73.65米，东西宽39.9米，建筑面积2938.6平方米，现存房屋83间。是一处集教学、藏书、祭祀、纪念、考试功能为一体的古代建筑群，是我国除“四大书院”之外保存较好的古代书院之一，也是程朱理学的重要发源地和传播地，在我国思想史、哲学史、教育史上都占有重要地位。

大程书院历经沧桑，不断增修改建。北宋时期，书院原建于县公署之后。元代，改为“明道先生祠”，供奉程颢塑像，每年春秋祭祀。明代，为纪念程颢施仁教化之德，又在其读书旧址修筑程

大程书院

台，又名化民台，明末毁于战火。清康熙四十三年（1704），知县吴士熺将书院改建于程台之侧，即书院旧址。清乾隆年间，知县杨烛始将书院改名为“大程书院”。清光绪十年（1884）春至十一年夏，知县孟宪璋修建了大门、龙门、讲堂、东西文场、官厅、花厅、斋房、执事房、山长院等建筑百余间，西为明道先生祠、李空同祠及节孝祠，东南隅为文昌阁、魁星楼，前有照壁，缭以高垣，题额仍为“大程书院”，占地9600平方米。现存建筑即为当时遗存。清代，大程书院成为士子童生学习及考试的地方。清末民初，由于连年战乱，黄河泛滥，加之新中国成立后遭受“文化大革命”破坏，东西两侧和北面部分建筑被毁。

大程书院从宋代创建到抗战胜利前夕，一直兴学不断，直到清光绪二十七年（1901）清政府下令全国书院改为学堂，州县书院改为小学。清光绪三十年，扶沟知县田载厚将大程书院改建为小学堂，书院的历史就此结束，但仍在此办学。

民国元年（1912）元月二十九日，教育部颁行《普通教育暂行办法》，学堂名称一律改成学校，大程书院改为扶沟县立高等小学校。民国二十七年（1938），又改为扶沟县立初级中学。民国三十三年（1944）六月，日军攻陷扶沟，学生提前毕业，学校停办。

1944年6月至1984年4月，大程书院一直被占据改作他用，部分建筑被破坏或拆除。1984年4月，依托大程书院成立扶沟县博物馆。2000年10月，大程书院被河南省人民政府公布为省级文物保护单位。2008年1月向社会免费开放。

• 中国古塔精粹——寿圣寺塔 •

周口境内现存有两座古塔，一座在商水县，一座在太康县，两座塔的名字都叫寿圣寺塔。

商水寿圣寺塔，位于商水县郝岗乡常社店村寿圣寺旧址上，该塔始建于北宋明道二年（1033），元代毁于兵燹，明正统元年（1436）重修，明嘉靖二十八年（1549）再次进行修葺，1998年9月经河南省文物管理局批准对该塔进行落架大修。2006年被国务院公布为全国重点文物保护单位。商水寿圣寺塔为九级楼阁式砖塔，平面呈正六边形，高41.5米，塔基每面宽4.12米，结构严谨，雄伟壮观。塔体从底至顶渐收匀称，成正六棱体锥形。塔顶用铸铁铸成形似宝葫芦的宝顶，使塔结顶得到最完美的点缀，给人以挺拔隽秀之感。塔的层檐收放尺寸自然得体，既保护了塔墙免遭雨雪侵蚀，又给予塔体以美的装饰，看上去既规整肃穆又没有呆板感。塔身诸层外壁皆辟有圆券门、破子棂假窗，塔身各角砌出倚柱，檐下密布砖雕斗拱，塔内砌出塔心室和盘旋梯道，可逐层登高至塔顶。第一层，南面辟门，塔室为穹窿顶。东南、西南两壁有破子棂盲窗各1个，西壁另辟一拱券门，有踏道可登至第二层塔心室。第二层，南面辟门，东南、西南两壁各砌一盲窗，东壁另辟一门可沿踏道进入第三层。以上诸层大同小异。第四层，塔心室内北部墙嵌石雕佛像3尊。雕石两方并列镶嵌于墙上，靠东的一方正中雕有两尊佛像，东边一座为盘膝背面像，西边一座为盘膝正面像；靠西的一块正中雕有一座盘膝正面佛像，左右各刻有“佛心”“供养”字样。刹柱下端插入塔心室，上端置铁质宝瓶。塔顶宝葫芦状铸铁塔刹分为三截，上为圆球带尖部分，中间细腰为一部分，底座弧形上收为一部分，其三截均为蒸笼式上大盖下小，防止雨水、尘土侵入。刹高达2.5米，重约1吨。球体上铸有“佛”，牌位内铸有“皇帝万岁万万岁”“风调雨顺”“国泰民安”文字；中间的细腰部分铸有“周王千岁千千岁”“大明嘉靖二十八年九月吉日”“典服安朝周府侍伴读王顶监造奉御官吴玺”字样。塔刹球体下部铸有6个圆环，分别用6条铁链与第九层的六个角的石龙头连接，以防大风地震等自然灾害的震动破坏。1998年9月，河南省古建筑研究所在对寿圣寺塔进行全面大规模维修时，在古塔宝顶封盖的天宫中，清理出明代铜佛像2尊，铅佛像1尊，白釉瓷盘1只，白釉黑花瓷碗2个，刻印大弥陀经1卷。铜佛像高约20厘米，其中一尊有“嘉靖三十一年”字样。铁质塔刹铸有“嘉靖二十八年”铭文，表明明代嘉靖年间曾进行过大修。该塔不但体形高大，而且施有平座、斗拱、刹柱、拱券门和破子棂假窗，塔室内嵌砌有石雕佛像，有建塔题记等，均具有重要的文物价值，为研究宋代佛教在中原腹地的传播提供了难得的实物佐证。该塔在豫东的同类建筑中年代最久，塔体最高，建筑样式和风格独具，被录入《中国古塔精粹》之中。

太康高贤寿圣寺塔，位于太康县高贤集东街寿圣寺旧址上。该塔始建于宋代，现存为明正德十三年（1518）重建，高28.3米，周长22.8米，上有塔刹。塔身共嵌砌石雕佛像211尊、石碣14方，对研究明代的建筑史、佛教史和石雕艺术均有重要价值。2013年被国务院公布为全国重点文物保护单位。该塔为平面六角形七级楼阁式砖塔，坐北朝南，塔身一至六层在南面辟圭形门，檐下均置砖雕斗拱，一至五层为五踩重翘形式，最上二层为三踩单翘斗拱。一至三层平身科斗拱均为五攒，再上逐层减少。塔身第一级面宽3.8米，南面正墙除第七级外均有真门，每层檐下都饰有砖雕斗拱。塔身南壁各层均嵌砌石雕佛像，其中第一层有佛像101尊，石刻题记13方；第二层有佛像35尊；第三层有佛像19尊，石刻题记1方；第四层有佛像26尊；第五层有佛像19尊；第六层有佛像6尊；第七层有佛像5尊。该塔为奉佛信士萧循率领家人捐资修建。

• 时代变迁的一个缩影——太康文庙 •

太康文庙位于太康县城关回族镇黉学街北侧，是古代太康县地方官办学校——县学，也叫学宫。它始建于明宣德元年（1426），崇祯十五年（1642）毁于兵燹，清顺治五年（1648）重建。康熙六年（1667）、民国二十三年（1934）两次重修。坐北朝南，占地2870平方米，在中轴线上自南向北依次是照壁、棂星门、泮池、大成门（又称戟门）、拜殿、大成殿、崇圣祠、明伦堂、尊经阁等建筑，体现了对儒家思想的尊崇，是儒家文化最具代表性的载体和孔子思想文化的象征和寄托。棂星门内有“崇德”“育才”牌坊两座，大成殿两侧各有东西廊庑15间，整个建筑布局紧凑，结构严谨。它见证了千百年来儒学的兴衰。新中国成立前，文庙建筑基本保存完好，1952年曾进行过维修，“文化大革命”时期遭受严重毁坏。现仅存拜殿和大成殿，均系清代重建。2006年被国务院公布为全国重点文物保护单位。

走进太康文庙大院，首先映入眼帘的是拜殿，也叫享殿，面阔五间，进深3间，单檐歇山顶，覆灰色筒瓦，脊饰较完整；檐下四周置五彩重昂斗拱，用材较小，制作十分精巧；普柏枋、栏额、斗拱均有彩绘，山面有木制山花板。该殿由众多巨大的木柱支撑，屋檐高挑，上面雕刻的精美图案美轮美奂，浮雕生动异常，屋顶上的琉璃瓦在阳光下熠熠生辉。

文庙的核心建筑是大成殿。“大成”二字出自“孔子之谓集大成”一语。大成殿设孔子像，像前有“大成至圣先师孔子牌位”，古代秀才入学须先到大成殿拜谒孔子牌位，再至明伦堂向学官行拜师礼，由此可见，大成殿在整个文庙建筑体系中的重要性。

大成殿筑于1米高月台之上，月台前是青石台阶，台阶正中嵌放一块祥龙卧云阶石。殿面宽7间（22.65米），进深5间（14米），高10.5米，单檐歇山顶，覆绿色琉璃瓦，脊饰完整。正脊为琉璃烧制的二龙戏珠、人物、宝瓶、彩珠等；垂脊、戗脊置琉璃狮和狗等小兽，大殿檐下四周施五彩重昂斗拱，普柏枋、栏额上有龙凤和花卉镂空雕饰。前屋坡为两断式，加大了深度和空间，为省内古建筑中所罕见。四翼角挑角高且大，具南方风格，为中原地区少有。大成殿内端坐孔子塑像，供人们祭拜。

文庙作为封建王朝推行科举制度的教育机构，由国家力量予以倡导和推行，各地文庙有地域性差异和时代性差异，但建筑构成及祭祀活动都依循一套共同的原则。

文庙在封建社会的主要功能就是祭祀孔子和官办学校，每逢农历二月和八月上旬要举行祭孔大典，参加人员要提前斋戒两天。

在祭祀孔子时，太康文庙作为当时的一个县级文庙，对祭器十分讲究。据史料记载，香案1张，烛架1副，烛台50对，铜香炉1副重160斤，供桌21张，帛盒2副，锡爵13副，漆边豆150个。从这个记录看，排场确实不小。

在祭祀孔子的同时，作为官办学校，每个到文庙求学的人，都要先在棂星门祭拜，然后经过文庙前半月形的池塘，它叫泮池，又称泮水，是地方官学的标志。秀才开学第一天，由各州、府、县官率领绕泮池一圈，叫游泮。秀才入学也叫入泮。泮池上会架设一小桥，只有获取功名者方可过此桥，得功名常称青云得路，有些地方又称此小桥为状元桥。

学校开设的具体课程都是一些儒家经典，教育学子如何懂得“三纲五常”，这在明代《太康县志》中就有记载，当时太康文庙的教材有：《通志略》119本，《御制为善阴骘书》1部，《孝顺事实》1部，《五伦书》10本，《仁孝皇后劝善书》10本，《性理大全》28本，《周易大全》12本，《书经大全》14本，《诗经》10本，《礼记大全》17本。

1905年9月2日，清光绪帝“立停科举”，历经一千多年的科举制度走到了尽头。在文庙中求学的秀才，扔下四书五经，走出文庙，开始接受西方事物。于是，作为地方官学的太康文庙，最初被改成小学，新中国成立之后改为县党校，“文化大革命”后期改为毛泽东思想宣传站，再改为县文化馆，1974年太康县道情剧团入驻。其间发生的一切都与历史的变迁息息相关。

• 中原小故宫——叶氏庄园 •

叶氏庄园位于河南历史文化名镇商水邓城镇。这里背靠淮河的支流沙河，明清时期依靠航运逐步发展起来。叶氏庄园是清代豫东巨富叶方科及其后人所建，始建于清康乾盛世时期，康熙年间初具规模，之后随着叶家生意兴隆，不断扩建增修，一直到清咸丰年间方才完备，历时300多年，共耗费白银100多万两。原占地面积2万平方米，建筑面积9000平方米，拥有房屋楼阁600余间，为我国北方典型的灰瓦硬山式四合院建筑群。整个建筑群由三组院落组成，为一宅三院，西组院落为“三进堂楼院”，中组院落称“五门照院”，东组院落称“高门台院”。只有西组院落保存基本完好，中、东组院落大部分遭拆除。该建筑规模宏大，布局紧凑，构造牢固，雕刻细腻，特别是其砖雕、木雕、石雕等建筑艺术，充分显示了我国清代中原民居建筑的特点，具有着较高的历史文化及建筑艺术价值，有“中原小故宫”之称。

这座建筑的大门在整体建筑的东南角，位居震位。震是八卦中的卦象，代表雷，先天八卦中位居东北方，后天八卦中位居东方，取朝阳之意。楼长宽各九尺，高三丈三尺。大门外的嵌石上有圆洞，主要用于穿插木杠，木杠处再加一道厚实的木板，以加强门户的防护功能。它的门槛很高，寓意“高门出贵子”。门内东西两侧各有耳房一间，主要供值勤人员居住。迎门的砖雕照壁，非常精美，可惜“文化大革命”时期遭到破坏，仍然用水泥封住。与大门相连的西侧四间南楼，里面有角门与门楼相通，称为“护院楼”，当时的杂役、院工、护卫等都在这里居住。

■ 大厅院

从建筑格局看，三组院落都由三进院落组成，每进院长宽均等，方方正正，这正是北方民居的基本特点，也叫“四合院”。大厅为高台式敞开的二层楼阁建筑，是叶氏庄园所有建筑中色调最为明艳的一座。左右护阶的青石质石板全部是从山西运来的。建筑质量也属上乘，这里的砖瓦全部是用手工烧制，至今没有出现碱蚀、断裂等现象。每进院落主体建筑高，两边建筑低，这是封建礼仪制度在建筑上的反映，充分体现了主次分明、偏不压正、尊卑有序的封建等级秩序。

大厅采用七道砖雕封山，稳重威严，屋脊是特制的封脊花砖。当时屋脊上共有九件鱼形装饰，寓意“鲤鱼跳龙门”。山尖上是用铁雕铸成的五层透心风马，寓意“天马行空”，前后用铁链系牢，用来抵抗强风的袭击，每遇大风，它就会发出马萧萧的声音，悦耳动听，给人以美的享受。叶氏庄园各个建筑多安风马，但“文化大革命”时期多数被毁。

有人说，走进叶氏庄园，就走进了雕刻艺术博物馆。这些砖雕图案主要是瑞兽花卉，如鹿、蝙蝠、狮子、天马，仙桃等。鹿，谐音“禄”，代表“福禄”。蝙蝠，寓意“福在眼前”。“狮”，寓意“太师、少师”，代表“官运亨通”。马，寓意“龙马精神”。“仙桃”，寓意“长寿”。整体图案的寓意是富贵吉祥，福禄安康。

主楼通间共有6个立柱，主要靠明柱支撑，落地门共12扇；房屋内设有木梯通往二楼，楼梯后面有券门直接通到二进院，与一进院主楼相对。大厅宽敞明亮，主要用于接待客人、同族议事、婚丧礼仪、举行宴会，以及春节叩头拜年、年节举办书画展览等。二楼主要用于叶氏先祖牌位的摆放祭祀。

叶氏的堂号“慎徐新”匾额当时就悬挂在这个大厅。“慎徐新”顾名思义就是“慎重”“徐缓”“图新”之意，它代表着叶氏家族的管理理念和处世之道，凡事都要慎重缓图，慢慢来，不能急，需三思而后行，稳中求进。这实际上就是叶氏的家训，也是叶氏家族300多年来长盛不衰的法宝。

叶氏第十二代传人叶海荣，生性豪爽仗义，颇受乡人敬重，当时是大厅院的院主。1922年，冯玉祥任河南督军时，派员绘制河南地图，他们用半年的时间收集上万条资料，而后就在该厅内费时一个月，终于绘制出第一张《河南省地域图》，其间一切食宿费用全由叶海荣提供。

叶家不是官宦门第，而是靠经商起家的。那么他们是怎么成为百万富翁，并建造如此恢宏的庄园呢？说来还有一段故事。

邓城叶氏开基始祖叶绍逸，系明末大移民时从外地迁来。邓城背依沙河，水运交通便利，这里成为山陕行旅商贾逗留歇宿的落脚地。叶绍逸就是利用这种得天独厚的地理优势，在邓城集开设了一间小茶馆用来维持生计。

一天，一位晋客在此歇息之后，不慎将随身携带装有金银细软的包裹遗忘在叶氏茶馆内。当那位客商回来找寻时，叶绍逸分文未动，原物奉还，那位客商甚为感激，执意要赠其报酬以表心意，叶绍逸坚辞不受。晋商感其忠厚，便以合伙做生意为名，提供资金并从山西运来货物交给他销售。由于叶绍逸为人诚信，加上客商授其经营之道，生意做得很有起色，时间不长，便成为当地小有名气的富户。可以说“诚实守信”是叶氏发家的根本。经过几代人的努力，到叶方科时，已完成由原始积累到当地巨富的转变。之后，叶氏庄园就不断扩建增修，一直到清咸丰十年（1860），终于完成了这座气势宏伟、做工精良的庄园建筑群。

二庭院

二庭院主要由三座楼组成，从外观上看布局严谨，精巧朴实，颇具匠心。由于前院用于对外接待，所以建造得豪华气派；后院用于主人起居，所以建造得雍容华贵，以突出显示主人尊贵；而它则以朴实无华加以过渡，有张有弛，使整个建筑错落有致。该院主要供儿孙辈居住。这充分显示了中国封建社会大家庭的尊卑有序、内外有别。这座堂楼的上房，就是叶海荣的侄子叶炳旭与袁世凯侄女袁河清结婚时的新房。东西厢房是他们子女的居所，尊奉男尊女卑的民俗传统，男东女西。

主楼东西两侧设有角门，角门的作用既能使院院相通，又能使各院自成一体。东配房后墙外是一条小胡同，与二号院相通。1947年的一天，人民解放军沙河支队的百余名战士曾夜袭当时在此办公的国民党乡公所，10多名乡丁来不及拿枪，就从东边胡同里夺路而逃，翻越四道院墙沿沙河南岸逃遁。这次战斗，是商水解放战争时期的一次重要战斗，此国民党乡公所是商水县第一个被摧毁的国民党乡镇政权。

按照封建礼仪，两边角门供当时的杂役及仆人行走，正门主要供叶氏主人以及身份显赫的人员行走。

堂楼院

堂楼院是叶海荣以及其子女的居所。这座院落体量高大，飞檐斗拱，装饰精美，华贵气派，是整个建筑群的主体建筑。堂楼的建筑格局为“明五暗七”，两侧厢楼直接搭建在堂楼之上，主次建筑有机地融为一体。堂楼院的建筑全部为单间走廊，呈太师椅状，这在风水学上呈现出背后为山、左青龙右白虎的格局，显示了叶氏希望家门旺盛、富贵长久的观念。整个建筑群二层楼相通，被称为转厢楼，它最后的主人叶海荣就在此居住。二楼仅用于堆放杂物。其他子孙住在两侧厢房。在西厢房一侧有一小门，可直接通到马护院。马护院的主要功用是养马，此外厕所和厨房也设在这里。

叶海荣幼年丧父，成年后，他的祖父叶奉先做主令其与临颍县陈星聚的女儿订婚，陈星聚为清光绪四年（1878）台北首任知府。这座堂楼就是当年叶海荣娶亲的地方。叶陈氏从小随父亲到台湾，18岁嫁到叶家，知书达理，会记账和踢毽子，性格豪放，具有台湾山民的风格。

综观堂楼院，其建筑风格朴实稳重，虽然以青灰色为主调，但是砖雕艺术装饰多样，无丝毫沉闷感。这座四角密闭式的庭院与中院和前院恰好构成马鞍形，主要是取意为“安”的意思，中院是一个过渡院。前院的喧嚣华丽与后院的幽深沉静构成了鲜明对比，正所谓“歌舞楼台声细细，千秋院落夜深深”。

整个叶氏庄园虽说没有官宦人家的豪华气派，却也透着一股敦厚坚实，质朴规整的气息，叶家的后代及其祖先都遵循着经商之道，讲信誉，务实际，并用大部分积蓄建造了这座气势宏伟、做工精良，而且风格一致的叶氏庄园建筑群。

• 民族精神的高地——吉鸿昌将军纪念馆 •

吉鸿昌将军纪念馆位于扶沟县城鸿昌大道东段，其前身为1979年筹建的吉鸿昌烈士纪念馆，1984年在将军牺牲50周年之际更名为吉鸿昌将军纪念馆，1995年国家主席江泽民亲笔题写馆名。新馆于2007年开工建设，历时3年建成，于2009年10月18日免费对外开放。新馆占地6.6万平方米，建筑面积1.6万余平方米。馆区由主馆、吉鸿昌铜像广场、国防教育园和休闲公园四部分组成。纪念馆现为全国爱国主义教育示范基地、全国青少年教育基地、国家国防教育示范基地。

纪念广场的吉鸿昌将军青铜雕像，高7.8米，重6吨，是目前全国最大的吉鸿昌

吉鸿昌将军纪念馆

央视网

吉鸿昌将军纪念馆

将军铜像。他身着戎装，双手背后，眺望远方，不仅凝固了吉鸿昌将军戎马战斗的一生，也凝固了他抗日救国、一身浩然正气的民族精神。

“民族英雄吉鸿昌”七个大字是1984年2月中央军委副主席聂荣臻元帅题写的。

进入纪念馆首先映入眼帘的是一幅长24米、高2.5米的大型浮雕，共有12个画面，真实形象地再现了吉鸿昌将军光辉战斗的一生。分别是：郾城投军，参加北伐，除暴安良，做官即不许发财，亲自授课，密访苏区，维护国格，光荣入党，察北抗战，天津斗争，法庭斗勇，英勇就义。

纪念碑上镌刻着吉鸿昌将军就义前写下的气壮山河的五绝诗：“恨不抗日死，留作今日羞。国破尚如此，我何惜此头？”

纪念馆第一展厅共有五部分内容：少年时代、壮志投军、主政宁夏、创办义学和苏区之行；纪念馆第二展厅有两部分内容：环球考察和察北抗战；第三展厅共有三部分内容：津门播火、慷慨赴义和浩气长存。

名品荟萃
——周口人舌尖上的记忆

正是周口特有的地理、历史和人文环境，才形成了一系列具有地方特色的周口名品。而在众多的周口名品中，人们最难忘的是舌尖上的记忆，那就是周口各地的风味名吃。在周口名吃中，广为人知的有逍遥胡辣汤、邓城猪蹄、固墙手擀面、石灰窑羊肉汤、淮阳东湖煎焖鱼、沈丘顾家馍等等。其实，还有许多美味等待着您的品尝。

本章向您介绍部分周口名吃的典故、制作工艺与食品特色。

周家口牛肉

周家口牛肉制作已有300多年历史，是周家口八景四珍之一。

一、**起源传说**。周家口牛肉相传创制于明朝永乐年间，兴盛于清朝康熙、乾隆时期。据《周氏族谱》记载：乾隆五十三年（1788），乾隆皇帝下江南，时任定海总兵的周标（周家口人）用周家口牛肉设宴招待，乾隆食后赞不绝口，询问得知是周标家的祖传名菜。后来乾隆每次下江南经过定海，总要到周标家品尝周家口牛肉，周家口牛肉遂美名传开，并成为南北往来客商的地方特产名食。

二、**主料、配料**。主料：中原黄牛肉。配料：大茴香、花椒、肉桂、草果、肉豆蔻、白芷、丁香、小茴香、良姜、香砂、香叶、白胡椒、砂仁、食盐、味精、白砂糖等。

三、**制作工艺**。周家口牛肉制作分为三洗、六腌、九煨和四步坛腌法等工序。“三洗”即牛肉在腌制之前，用清水浸泡、清洗两次，洗去肌肉中残留的血水，煮肉之前再用清水清洗、浸泡一次。“六腌”是指牛肉腌制的六个要求，分别是滚揉时间温度：0～4℃/10时。滚揉真空度：0.09Mpa。腌制状态：隔离空气。腌制温度：0～4℃。腌制时间：7天。腌制肉颜色：玫瑰红。“九煨”即在煮制时放入9种天然中草药香料包，用文火煨炖9个时辰方可出锅。“四步坛腌”即第一步入坛腌，生牛肉要放在能够密封的瓷坛中进行腌制。第二步上头盐，将食盐总用量的80%均匀地揉搓在修割好的肉块上，并在坛中密封腌制3天。第三步拌香料，将混合均匀的中草药香料粉（颗粒）与腌制过的肉搓拌均匀，再放于坛中密封腌制3天。第四步补小盐，将总量20%的食盐揉搓在腌肉的表面，4天后即可出坛卤制。

四、**特色**。周家口牛肉选料精良、修割精致、工艺考究、肉块坚实。其肉质细嫩干爽，肉色红润自然，口感柔韧润滑，肉香醇厚浓郁。

• 胡记米酒 •

胡记米酒产自川汇区，是地方名优饮品。

一、起源传说。胡记米酒、黄酒已有100多年的历史。相传，胡记米酒创制人胡万良从小去湖北孝感王家米酒坊学艺。胡万良聪明好学，勤奋能干，被老板看重，拟招之为婿。就在老板为女儿王云操办婚事准备嫁妆时，一场大火烧毁了王家的全部家当，老板一病不起，临终之际，他把女儿王云、女婿胡万良叫到跟前，拿出一个本本并叮嘱说：我再没有什么东西陪送给你们，这是我一生酿造米酒、黄酒的方子，就作为陪嫁礼物送给你们，希望你们回至周家口把米酒生意做起来。1870年，胡万良夫妇开始在周家口做米酒生意。他们根据秘方综合南北方口味，创出口味独特的米酒、黄酒，生意越做越红火。1990年，第5代传人胡新胜在继承传统米酒制作工艺的基础上，结合现代人的口味，不断改进创新，把中原米酒饮食推向了新的境界。

二、主料、配料。主料：优质糯米。配料：白砂糖、鸡蛋等。

三、制作工艺。1.米酒的制作：第一步，将优质糯米用清水浸泡4～6个小时（夏天浸泡2小时），用清水淘洗干净，然后放入蒸锅内蒸约1小时，捞出倒在白布上，用冷清水冲洗，一直冲至米成粒为止。第二步，把冲洗好的糯米倒入容器内，5公斤糯米加入50克酒曲，搅拌均匀后让其缓慢升温，升至35℃为宜，糯米成酒时脱离容器。第三步，米酒发酵后加入白砂糖和水勾兑，再打入鸡蛋，米酒即成。2.黄酒制作：把做好的米酒放入陶缸内密封1年～3年，再经过加工即为黄酒。

四、食品特色。胡记米酒汁浓味美、乳白芬芳、酸甜可口、清香四溢。胡记黄酒浓香可口、回味悠长，常饮能调和脾胃、强身健体。

• 关德功烧鸡 •

关德功烧鸡产自川汇区，为地方著名食品。

一、**起源**。关德功烧鸡制作源自清光绪年间，由关德功祖父关洪斌创制而成，在清末民初已誉满周家口、漯河一带，至关德功这一代时，他在祖传基础上博取众家之长，使其制作的烧鸡更具独特风味。现已传承4代，历时百余年。第4代传人为关振海。

二、**主料、配料**。主料：生长半年至两年、重量1.5公斤左右的雏鸡和母鸡。配料：鲜藕、白砂糖、大茴香、丁香、陈皮、酱油、肉桂、白芷、良姜、荜拨、花椒、小茴香、肉豆蔻、砂仁、草果、火硝、食盐等。

三、**制作工艺**。1.将鸡宰杀、褪毛、去内脏洗净后进行整形、油炸，并放入配料锅中焖煮。2.成鸡需煮5小时左右，雏鸡2.5小时左右。3.出锅后稍凉，趁热抹一层芝麻油，即为成品。

四、**食品特色**。关德功烧鸡色佳味美、香气浓郁、造型美观、香味透骨、烂而清脆、油而不腻。同时拆剩的鸡骨亦可做汤，味道鲜美。

• 马家小酥肉 •

马家小酥肉产自川汇区，是地方清真名优食品。

一、**起源传说**。相传，清朝末年，马家小酥肉创制人马孝亲凭着一手好厨艺在京城饮食界名噪一时。一次，有一皇亲贵族外出巡查，走到长安街旁，被一股酥肉香味所陶醉，他闻香追踪，原来香味是从京城老字号马家饭铺传出。他来到店里，要来一碗小酥肉，品尝后大加赞赏，立即荐马老前辈为宫廷御厨。刚直的马孝亲看不惯清政府的腐败行为，便挂勺而去，举家南迁，在周家渡口（今川汇区）安家，靠其手艺从事牛羊肉、小酥肉等熟食生意。其后人马仁才传承先祖厨艺，把马家小酥肉进一步发扬光大。

二、**主料、配料**。主料：羊肉、牛肉。配料：鸡蛋、食盐、酱油、大葱、良姜、淀粉、黄花菜、大茴香、肉桂皮、小茴香、花椒等。

三、**制作工艺**。1.先将生牛、羊肉洗净后切成3厘米大小的条状，放食盐调匀，腌制15分钟左右。2.鸡蛋加入水、淀粉搅打均匀后勾腌好的肉条。3.油锅用中火加热到六成时把切好的牛、羊肉放入到水淀粉中，使其均匀的裹上一层淀粉，依次放入油锅中，保持中小火，慢慢炸至表面变黄色后捞出；再用热油复炸一次，至牛、羊肉表面焦黄时即可捞出。4.把炸好的酥肉、大葱、生姜、香料、酱油、白砂糖、食盐等放入锅内，加入高汤（或清水），大火将汤汁烧开后加盖用中小火慢慢再炖半小时，直到酥肉软烂，出锅后撒上香葱和黄花菜即成。

四、**食品特色**。马家小酥肉肉色明亮、汤色鲜艳、滑而不腻、香脆爽口、肉筋而烂、入口软滑。

• 王三饺子 •

王三饺子产自川汇区，是地方清真名优食品。

一、**起源传说**。相传，王三饺子至今已有400余年生产历史。明朝万历年间，周家口商贸业鼎盛时期，王氏祖上由北京二道椿树胡同迁居周家口，一直经营饺子等饮食业。中华人民共和国成立后，王绍先继承父业，在周口老桥（中州路桥）南经营饺子店，小有名气。1983年，王绍先之子王安民在周口市（今川汇区）小桥办事处三里庄开办饺子店，取名王记饺子店。因王绍先排行老三，顾客习称其饺子为王三水饺。1993年王三为适应市场经济发展，转向饺子速冻生产行业。1994年成立了王三饺子有限公司。现王三之子王新民为传承人。

二、**主料、配料**。肉馅饺子，主料：优质羊肉、牛肉。配料：韭黄、生姜末、大葱末、鸡蛋、食盐、胡椒粉、酱油、芝麻油、花生油。素馅饺子，主料：大白菜。配料：水发香菇、豆腐干、鸡蛋、大葱末、食盐、胡椒粉、白砂糖、味精、芝麻油等。

三、**制作工艺**。1.肉馅饺子：先将羊、牛肉洗净剁成碎末，韭黄洗净切成细末，花椒用开水泡成花椒水。然后在羊、牛肉末内放入生姜末、大葱末、食盐、胡椒粉、酱油、花椒水、鸡蛋液拌匀，再加入芝麻油、花生油、韭黄末拌匀成馅，最后包制成肉馅水饺。2.素馅饺子：大白菜洗净切成细末，用食盐腌渍后挤干水分，水发香菇、豆腐干均切碎，鸡蛋磕入碗中加食盐搅匀，油锅热后倒入鸡蛋液摊匀煎熟，起锅凉后剁碎，加入大白菜、水发香菇末、豆腐干末和匀，再加入葱末、食盐、胡椒、白砂糖、味精、芝麻油等拌匀即成馅，最后包制成素馅水饺。

四、食品特色。王三水饺皮薄馅饱、皮筋馅脆、肉馅不散、入口流油、肥而不腻、清香可口、不腥不膻、味道鲜美、风味独特。

• 胡辣汤 •

胡辣汤，是周口百姓最喜爱的名吃，以川汇区金记胡辣汤、逍遥胡辣汤、逊母口胡辣汤最为出名。

■ 金记胡辣汤产自川汇区，是地方清真名优饮食。

一、**起源传说**。相传清朝中后期，金氏家族在古都开封经营胡辣汤，颇有名气。1938年黄河决口，金恒隆父子背井离乡辗转逃到周家口定居下来，仍经营金记胡辣汤为生。现第5代传人为金国民。

二、**主料、配料**。主料：牛、羊肉，高汤（牛、羊骨炖制而成）。配料：大葱、黄花菜、粉条、面筋、大茴香、良姜、小茴香、丁香、花椒、肉桂、肉豆蔻、草果、食盐等。

三、**制作工艺**。金记胡辣汤制汤程序大致分为原料加工、洗面筋、制汤3个步骤：1. 将牛、羊肉绞成肉末，把洗好的面筋放入沸水锅内煮熟捞出并切成小方块，备好大葱、黄花菜、粉条和中草药配料。2. 把绞好的牛、羊肉末倒入沸水锅内煮20分钟后把粉条、黄花菜、大葱、面筋一起放入锅内。3. 把配料倒入洗面筋的淀粉水中搅匀，再慢慢倒入汤锅内，边倒边搅，煮熟后汤即制成。

西华逍遥胡辣汤

四、食品特色。金记胡辣汤融香辣鲜于碗中，入口醇厚、肉烂汤鲜、香辣绵口、回味无穷，具有健脾开胃、滋补明神之功效。

■ 逍遥胡辣汤产自河南省西华县逍遥镇，是闻名全国的周口名吃。

一、起源传说。起源传说有二：一是宋徽宗年间，宫中御厨以少林寺“醒酒汤”和武当山“消食茶”二方为基础，做出了一种色、香、味俱佳的汤。该汤具有醒酒提神开胃健脾之功能。御厨奉与徽宗品尝，徽宗问是何汤，回答为“延年益寿汤”，徽宗龙颜大悦，遂赐御厨姓赵。后宋朝遭遇“靖康之乱”，赵御厨因兵乱南逃，流落到今西华县逍遥镇，此汤也随之落户于此。二是明朝嘉靖年间，朝中大臣阁老严嵩为讨皇帝欢心，从一高僧处得到一剂助寿延年的调品秘方献给皇上，名之为“御汤”。明朝末年，流落在外的御厨途经逍遥镇，看到这里紧邻沙河和颍河，舟楫驰骋，便隐居于此，专门经营用皇宫秘方所熬制的粥汤。这就是后来的“逍遥胡辣汤”。逍遥胡辣汤的创制人、传承人有不同的说法：分别有丁记、杨记、赵记、高记、童记、马记、尚记、胡记等。

二、主料、配料。主料：精面粉、熟羊肉或牛肉。配料：大茴香、胡椒、花椒、小茴香、砂仁、肉豆蔻、肉桂、良姜、粉条、味精、精盐、木耳、面芡、糖色、芝麻油、食醋等。

央视网

逍遥镇名吃胡辣汤

电影《胡辣汤》剧照

三、**制作工艺**。1.将精面粉多次在水中提拌，洗出面筋团，切碎。2.把熟羊肉切成碎块丁，将主料、配料依次放入原汤内。3.待汤烧沸后，小火再煮20分钟，放入味精，每碗放入芝麻油、食醋即可。

四、**食品特色**。逍遥胡辣汤黏稠如粥、酸辣可口、醇香四溢、经济实惠。该汤具有消食开胃、化痰止咳、祛风祛寒、活血化瘀、清热解毒、行气解疟、祛虫滞泻、利尿通淋、醒酒提神、延年益寿等功效。

目前，西华县从事胡辣汤经营者达5万多人，汤锅2万多个，遍布全国20多个省、市、自治区。

■ 逊母口胡辣汤产自太康县逊母口镇。

一、**起源传说**。相传清朝咸丰年间，马家先人马善举行医至太康县逊母口镇，在此落户。1852年，因灾荒大批难民涌入该镇，求医问药者络绎不绝。马家先人看在眼里，急在心头，决心研发一种汤剂，既能让灾民果腹充饥，又能强身健体，拯救民众，遂用20余味中药材佐以羊骨调制，熬成此汤。很多患者喝汤后很快痊愈。从此马家子孙便以经营这种汤食为业，取名马家胡辣汤，成为当地名吃。坊间流传着一句民谣：“喝了马家胡辣汤，打个饱嗝三天香。”现马义行为第5代传承人。

二、**主料、配料**。主料：上等小麦面粉、熟羊肉或牛肉。配料：大茴香、胡椒、花椒、小茴香、砂仁、肉豆蔻、良姜、粉条、味精、食盐、淀粉、芝麻油、食醋等。

三、**制作工艺**。1.选取上等羊骨、鸡骨慢火熬制成高汤备用。2.将小麦面粉洗成面筋、面糊，将熟羊肉、牛肉切成碎块备用。3.将高汤按比例加兑中药材，放入特制的铜锅中精心熬烧，汤熬成后放入味精、芝麻油、食醋，面筋、面糊、熟羊肉、熟牛肉即成。

四、**食品特色**。马家胡辣汤入口绵厚，香、辣、酸兼具，具有健脾开胃、化痰止咳、祛风驱寒、活血化瘀、清热解毒、行气解疾、驱虫止泻、利尿通淋、醒酒提神、除湿疹祛瘙痒等功效。

逍遥胡辣汤

• 邓城叶氏猪蹄 •

周口地方名吃，源自商水县邓城镇。

一、**起源传说**。邓城叶氏猪蹄产自商水县邓城镇。相传邓城叶氏猪蹄创制于三国，盛于明末清初。传说魏国大将邓艾天生口吃，屯粮今商水县邓城时，部下为其提供当地民间一偏方：吃猪尾巴治疗结巴病。于是，军中不停地为邓艾烧制猪尾巴，而剩下的猪蹄、猪头则成为部下的美味。邓艾从部下常吃的猪蹄中闻到香味，他要求军中大厨融合军民烹饪技术，烧制出色、香、味俱佳的猪蹄，使之成为邓艾犒劳将士的美味。后来，猪蹄烧制技术流传至民间。清乾隆时，有一王爷路过邓城，患了伤寒，住进叶家老店，店主让其连续吃猪蹄月余后，病体康复。王爷回京后，请求皇上御封店主六品官，并将邓城猪蹄定为宫廷贡品。1927年5月，北伐军独立15师师长贺龙率部路过邓城，欲渡沙河与奉军作战。邓城百姓端来叶氏猪蹄慰劳部队官兵，贺龙师长专程前往道谢。1997年6月，时任国务院副总理朱镕基到周口视察工作，邓城叶氏猪蹄作为本地特产被用来招待朱镕基等领导同志，得到交口称赞。现叶氏第14代孙叶振华、叶中和、叶来为叶氏猪蹄传承人。邓城叶氏猪蹄制作技术已成为国家级非物质文化遗产。

二、**主料、配料**。主料：生鲜猪蹄、食盐、熟猪油。配料：陈皮、肉桂、大茴香、山楂果、白芷、花椒、小茴香、草果、丁香、荜拨、砂仁、山柰、香叶、肉豆蔻、香茅草、香果、良姜、千里香、益智仁、当归等。

三、**制作工艺**。先将猪蹄剔除蹄甲，用松香沾去猪毛和污垢，置入清水中洗净，然后放入配料和陈年老汤中文火焖煮3小时，捞出用油布擦去上面的血污和油污即可。

四、食品特色。邓城叶氏猪蹄被誉为“三不沾”（不沾盘子、不沾手、不沾嘴），色泽鲜润、肉香味厚、咸淡适中、回味香甜、清滑爽口、柔韧脱骨、味醇酥嫩、香气浓郁，成为豫东食品一绝，在当地享有“小熊掌”之美誉，被省、市评为地方名优产品和风味名吃。目前，邓城全镇外出经营猪蹄者达200多户。

• 固墙热豆腐 •

固墙热豆腐产自商水县固墙镇。

一、**起源传说**。相传，固墙热豆腐有200多年的生产历史，清中期分散在今固墙、胡吉、魏集、袁老4乡镇一带。改革开放后，固墙集西南大郭楼村郭彦军结合现代食品加工技术，对豆腐制作工艺进一步创新，使固墙热豆腐倍受食客喜爱。

二、**主料、配料**。主料：大豆。配料：清浆、辣椒汁、芝麻油、食盐、味精、香椿叶、焦花生、焦芝麻、生姜等。

三、**制作工艺**。1.将大豆浸泡7小时左右后放入石磨中，磨成豆浆糊，加入约20℃的温水，拌和均匀后装入滤网布。2.取过滤后的生豆浆放入地锅内，用木柴猛火加热煮沸，舀出锅后点浆至豆脑状。3.把豆腐脑倒在铺有棉布的圆木圈内包好，用重物挤压，把水挤出后即成。

四、**食品特色**。固墙热豆腐精细鲜嫩、松软得当、瓷实筋道、没有蜂窝、色泽浅黄、清香四溢，煎、炒、炖均不会烂碎。销售时可用秤钩着卖，因此，在当地民间流传着“固墙的豆腐——上钩”的歇后语。

• 邓城杠子馍 •

商水县传统地方名吃。

一、**起源传说**。相传，明朝末年李自成率领的起义军途经宁陵县，准备北渡黄河。为便于携带食物，起义军头目就找到在宁陵县做馍非常有名气的厨师，让其做大馍。厨师就用粗杠子、大锅做成大馍送给了起义军，因为可口好吃，便于存放，受到士兵称赞。后该制馍技艺传入邓城，叶氏后人用此法蒸馍延续至今。因邓城杠子馍和面时利用杠子压面，且馍蒸熟后体型较大（每个达半斤重），上圆下方，形似杠子，故名杠子馍。

二、**主料、配料**。主料：小麦面粉。配料：食用酵粉、食用油、食用碱面。

三、**制作工艺**。1.面粉中加入适量食用发酵粉，和成软硬适中的面团停放发酵。2.把发好的面从盆中取出，加入少许食用碱一起揉搓均匀。3.用杠子把面团反复挤压至出筋。4.将压成的面团搓成长条，切成大小均匀的段，放入蒸笼内，蒸半小时即成。

四、食品特色。邓城杠子馍造型独特、浑厚美观、色泽洁白、内无蜂窝、松软得当、味道甜香、口感筋道。邓城杠子面馍用开水泡暄如蛋糕，用汤匙按压即成糊状，酷似牛乳，加糖可替代牛奶喂婴儿，故又称“牛奶馍”。

• 宁平麻花 •

宁平麻花产自郸城县宁平镇。

一、起源传说。宁平麻花的制作已有100多年历史。相传清朝宫中御厨段某，手艺高超，尤其是他做麻花的手艺深受皇帝喜爱，年近七旬，才被皇帝恩准告老还乡。当他走到宁平集时不幸染病，被心地善良的居民赵税文接到家中，精心照料。段某病愈后，无以回报，就把宫中不准外传的做麻花的手艺偷偷地传给了赵税文，后代代相传。中华人民共和国成立后宁平集女技师赵秀芝继承祖传秘方融合现代科技精心研制出宁平公主牌麻花，并注册了商标。到了第4代传人梁文革时，宁平麻花已是名声大振，成为远近闻名的地方名吃。

二、主料、配料。主料：精制小麦面粉、大豆油、芝麻油。配料：食盐、大茴香、胡椒、花椒、姜粉、小茴香、白砂糖等。

三、制作工艺。将小麦面粉充分发酵，发酵后加入配料入味，再加入大豆油、芝麻油，然后定型，最后放入油锅中炸熟，冷却、包装即成。

四、食品特色。宁平麻花呈深红色，脆而不硬、酥而不绵、香而不腻，落地即碎，点火即燃，长期保存色香味不变，老幼皆宜，具有开胃健脾之功效。

• 刁楼麻糖 •

刁楼麻糖产自郸城县白马镇刁楼村。

一、起源传说。相传刁楼麻糖创制于清康熙年间，迄今已有300多年历史。当时刁楼村盛产红薯，村民天天变着花样吃红薯。有一次，一刁姓人家煮红薯时间过长，将锅里的红薯熬成了稀糊，认为不能吃了，准备挖出来倒掉。孰料，出锅的稀糊遇冷后变成硬块儿，孩子们拿起一吃比煮的红薯更甜。从此，刁楼村民开始流传制作红薯糖。为了便于入口食用，村民在冷却之前把大块儿糖拉成长条，称之为“糖棍子”。后来有人把芝麻撒在糖棍子上增加香甜味道，麻糖便由此产生。刁楼村民在食用过程中发现，红薯麻糖过于坚硬，不利于老年人食用，他们经过摸索，把主要原料改成了大米或糯米，制成的麻糖更为酥脆，一直延续至今。刁楼村民在逢年过节招待宾客时，麻糖成为不可或缺的甜点。由于刁楼村村民均会做麻糖，而被誉为麻糖村。刁楼麻糖第11代传承人刁奎昌16岁跟着祖父、父亲学刁楼麻糖制作技艺，20岁出师。现刁奎昌之子刁庆增为第12代麻糖传人。

二、主料、配料。主料：精选糯米或大米及芝麻、白砂糖。配料：桂花、大麦芽等。

三、制作工艺。1.精选糯米或大米加白砂糖、大麦芽、桂花在温度超过50摄氏度的车间熬糖，将糖熬制成软如拉面般的胶糖。2.把胶糖拉成长条，经过10秒钟冷却，使之成为酥脆的糖棍。3.糖棍经过切段、蘸芝麻便可包装出厂。

四、食品特色。刁楼麻糖以香、甜、脆的独特风味而远近闻名，曾是清朝贡品，是盛行百年的甜点。“形似玉筷白似璧，脆如凌雪甜如蜜”，是古代诗人对刁楼麻糖的赞誉。

• 丹谷酩馏酒 •

丹谷酩馏酒产于郸城县吴台镇小顾庄。

一、起源传说。郸城县自古就有酿造酩馏酒的传统。传说老子就是饮了酩馏酒后，智慧盈满，创始道教，炼丹成仙。三国时期，东吴大将吕蒙曾转战于此，对酩馏酒喜爱有加，赞曰“天下美酒数酩馏”。其制作技术流传至今。郸城县酩馏酒厂现设于吴台镇小顾庄，鲁来海任酩馏酒厂厂长兼酒师。

二、主料、配料。主料：黄谷、黑谷、红谷。配料：大麦曲等。

三、**制作工艺**。丹谷牌酩馏酒制作需要经过蒸煮—冷却—发酵—蒸馏—过滤—勾兑—灌装等十几道工序，其中最重要的工序是发酵、蒸馏和过滤。1.发酵：发酵温度控制在22～36℃之间，发酵温度准确率须≥90%。2.蒸馏：点火、中火、蒸馏要控制火势，出酒率须≥90%。3.过滤：把调配好的酒经过净化后，装袋用多层布包好，高压灭菌，烘干后进行过滤，使之达到菌体正常，有色透明，合格率≥98%。

四、**食品特色**。丹谷牌酩馏酒气味醇香、清爽甘润、酒香绵软，对气管炎、哮喘、关节炎、妇科病均有疗效。无病者常饮能消除疲劳、安神固脱、延缓衰老，对活血化瘀、预防风湿、筋骨疼痛、腰膝酸软、肾虚气弱均具有一定功效。该酒可泡制中药材（人参、枸杞、大枣、姜片等），与蜂蜜调和加热饮用疗效最佳。

• 方布袋烧鸡、豆腐皮 •

方布袋烧鸡、豆腐皮产自淮阳县城关回族镇，是周口市清真名优食品。

一、**起源传说**。方布袋烧鸡、豆腐皮已有600多年历史。相传，元朝末年，朱元璋与元军作战，败退陈州（今淮阳县一带），在伏羲庙躲过元军追杀，人困马乏，昏倒在地，被一方姓老农救起。老农把家中仅有的一只老母鸡宰杀做成烧鸡，呈给朱元璋。朱元璋吃后赞不绝口。朱元璋称帝后，把老农召入宫中，专司烧鸡的御膳制作。老农在皇宫内，对烧鸡制作及配料用心探讨，精心钻研，遂成宫中名菜。后来，老农告老还乡，在陈州城内开了家烧鸡店，将皇宫的厨艺开发整理，创出独特风味的方家烧鸡。岁月沧桑，斗转星移。方家烧鸡传到方叶明这一代时，因他的乳名布袋在当地小有名气，后才正式命名为“方布袋烧鸡”，并增加了“方布袋豆腐皮”。

二、**主料、配料**。主料：烧鸡选用生长120天的黄金鸡和罗曼鸡，豆腐皮原料选用新鲜黄豆。配料：大茴香、小茴香、花椒、良姜、白芷、香叶、草果、白豆蔻、丁香、砂仁、肉桂、陈皮等。

三、**制作工艺**。活鸡宰杀后，再经过煺毛开膛、洗净排酸、别鸡造型、涂抹饴糖、烹炸上色、入汤卤煮等10多道工序即成。同时把扎把的豆腐皮放进陈年老汤中小火浸煮，使其入味后捞出即成。

四、食品特色。烧鸡色泽诱人、味道鲜美、咸淡适中、可口不腻、溢香提神。豆腐皮筋香可口、余味悠长。方布袋烧鸡、豆腐皮常食可调气补血、驱寒化湿、益寿延年。

• 东湖煎焖鱼 •

淮阳县传统风味名吃。

一、起源。现淮阳县环城湖周围经营鱼餐馆者多达50余家，其中人脉广、风味最佳者首推张子杰创制的东湖煎焖鱼。他以祖传煎焖鱼为依托，创制的菜肴色、香、味俱佳，烤、炒、煮、炸、焖、炖等样样俱全。其主打菜东湖煎焖鱼更是工艺独特，使东湖煎焖鱼名声走出淮阳、走出河南、走向全国。

二、主料、配料。主料：淮阳县龙湖产鲜活花鲢、鲫鱼、鳊花等。配料：大葱段、大蒜片、生姜片、大茴香、香菜、面粉、食醋、生抽、老抽、花椒、食盐、味精、芝麻油等。

三、制作工艺。1. 将活鱼去掉鳞和内脏，冲洗干净，切成块（鲫鱼、黄鱼无需切）后均匀裹面粉备用。2. 将炒锅放油，待油热后下入鱼块煎制，将鱼块煎成两面呈金黄色出锅。3. 锅内放油，放入花椒、大茴香炒香再放入辣椒炒出香味。4. 锅内添水，加入老抽、生抽、食醋、生姜片、大葱段和大蒜片，再放入煎好的鱼块，盖锅焖煮，至汤汁香味浓郁时放入香菜，淋芝麻油即可出锅食用。

四、食品特色。东湖煎焖鱼鲜嫩浓香、麻辣甜酸、风味独特、营养丰富，具有药用和滋补作用，常食具有和脾养胃、平肝补心之功效。

『非遗』概览

——在活态文化中寻找周口记忆

古老的三皇故都，深植着中华民族的文化基因，世世代代的周口人民以身为羲皇子孙而骄傲，执着地守望着这块热土，用各种形式延续着伏羲文化的血脉。目前，周口有国家级非物质文化遗产8项，省级非物质文化遗产34项，市级非物质文化遗产76项。这些珍贵的非物质文化遗产，不仅是周口人精神上的记忆，还鲜活地在周口人的生活中存在着，成为丰富群众文化生活的重要载体，发展文化事业和文化产业的宝贵资源。

• 太昊伏羲祭典：羲皇子孙的心灵诉求 •

太昊伏羲祭典是淮阳太昊陵庙历史悠久的传统民俗及民间祭祀活动，2006年入选第一批国家级非物质文化遗产名录。

太昊伏羲祭典的传统民俗古已有之，民间祭祀活动长年不断，每月初一、十五是平时的例祭日，集中祭典活动在每年农历二月初二至三月初三举行，活动主要包括公祭太昊伏羲氏大典、为期一个月的朝祖庙会。同时，根据文化建设的需要，在此期间组织一些相关的文化活动。2004年、2006年，举办了两届中华姓氏文化节。2010年以来，由国家非物质文化遗产保护中心、河南省文化厅主办的中国（淮阳）非物质文化遗产展演已经连续举办了七届。

《礼记》记载："仲春之月，以太牢祀于高禖。""高禖"是管理婚姻和生育之神，伏羲、女娲都是古代祭祀的高禖神。汉代以前淮阳就有太昊陵、祠，当时已经把伏羲作为"高禖"开始祭祀。对太昊伏羲有确切文字记载的国家祭祀始于唐，宋、元、明、清均有祭祀。据《太昊陵庙志》记载，明清两代朝廷52次遣官到太昊陵祭祀伏羲，其中明代9次，清代43次。民国五年（1916），时任大总统的黎元洪也到太昊陵祭祀过伏羲。新中国成立

太昊伏羲祭典

以后，太昊伏羲祭典主要是以太昊陵庙会为载体的民间祭祀活动。1980年以来，每年农历二月初二，由淮阳县人民政府主持举办太昊伏羲公祭大典。2004年举办首届中华姓氏文化节以后，太昊伏羲公祭大典被列入河南省拜祖活动之一，其社会影响越来越大。

太昊陵朝祖庙会是太昊伏羲祭典的重要活动。因为太昊伏羲氏是“龙师”，民间又有“二月二，龙抬头”一说，所以太昊陵庙会从农历二月初二开始，三月初三结束，历时一个月。其会期之长、规模之大，为国内庙会之最。

太昊陵朝祖庙会一直延续着祖先崇拜、生殖崇拜的原始意识。广大劳动人民把自己的愿望、理想转化为可视可感的文化形态，融入整个庙会活动之中。

祭祀乐舞“担经挑”，保留着原始的“巫舞”形态，舞者相信，通过舞蹈可以实现与人祖爷的心灵沟通。

保留着人类童年意识的民间工艺品泥泥狗，造型古朴，具有明显的生殖崇拜意蕴。

伏羲、女娲“滚磨成婚”“抟土造人”等神话传说演变为劝善意义的“守宫说唱”习俗，一年一度在祭典活动中上演。

“拴娃娃”“送旗杆”是太昊陵庙会上的独特民俗，反映了生殖崇拜的远古遗风。“拴娃娃”，也叫“许愿”，即求子的女性到太昊陵女娲观用红绳子拴一个挑中的泥娃娃，然后迅速塞进衣襟里面，回家后用红布包好放在床席下面封藏，以求得子。“送旗杆”，也叫“还愿”，即拴娃娃者得子以后，待娃娃长到12岁，由家长带着娃娃来太昊陵还愿。还愿时娃娃身披丈二红绫，唢呐在前面开道，后面抬着供桌，家长扛着“旗杆”。“旗杆”是一根粗直的木棍，穿着一个方斗，寓意男女交合。还愿的人把“旗杆”竖到太昊陵上以后，求子的香客纷纷争抢，这叫“抢旗杆”，抢到者以为吉祥。“摸子孙窑”，即太昊陵显仁殿东北角有一块青石，青石上有一个石窑儿，人称“子孙窑”，赶庙会的人摸了“子孙窑”会子孙兴旺。

太昊陵庙会穿越千年，经久不衰，近年来影响力越来越大，游客与年俱增。2008年3月22日（农历二月十五），太昊陵庙会以当日参会82.5万人，创“单日参与人数最多的庙会”上海大世界基尼斯纪录，成为名副其实的中国第一庙会。

越调：唱红全国的河南三大剧种之一

越调是河南三大剧种之一，2006年入选第一批国家级非物质文化遗产名录。

越调又称“四股弦”，因其乐队伴奏的主弦由四股丝弦组成而得名。越调与豫剧、曲剧并称为河南三大剧种，在周口地区长期广泛地流行。

关于越调的起源及“越调”之“越”，清末至今一直存在争议，有春秋末越国大臣范蠡归隐故乡南阳带回的吴越之音、明代从诸宫调中脱胎而出形成独立剧种、唐明皇《霓裳羽衣曲》的遗响等说法。当代戏剧研究者倾向于周贻白在《中国戏曲发展史纲要》中的说法：“越调剧种清朝乾隆年间已在河南南阳一带流传，起源于南阳的民歌小曲，原名四股弦，专唱越调，不杂他曲，是南阳梆子的变体。”

越调唱腔原来主要唱牌子曲，后来吸收其他剧种唱法，逐渐改为以板腔体为主。板式有慢板、流水、乱弹、赞子、哭腔、飞板等。常用曲牌有〔梅花酒〕〔玉芙蓉〕〔新水令〕〔红绣鞋〕等几十种。所演传统剧目有正装戏和外装戏之分。正装戏为越调的正统剧目，其结构严整，唱词深奥，每段唱词字数固定，并规定有一定的曲牌和调门，道白时用竹笛伴奏。演出剧目多是以生、净为主的历史剧，如《两狼山》《文王吃子》《乌江岸》等。外装戏为吸收其他剧种的剧目，多系连台的公案戏，如《刘墉下南京》《铡国舅》等。其特点是唱多白少，主要唱段有的长达百句以上。

越调流入周口的时间，最早当推清同治年间。当时项城并无越调戏班，主要是外地班社来此演出。首次来演出的是以姜高为主演的著名班社南阳班，该班擅演关公戏，姜高有“活关公”之名，在项城影响很大。此后，外地诸越调戏班纷纷来周口地区演出，把越调传到了全区各地各县。

看到越调如此受人爱戴，西华县刘庄人刘得昌在其好友商水人何大荣的帮助下，于1917年组织了周口第一个越调戏班——刘庄越调班。该班成立后聘请姚庄人姚水林任教，刘得昌本人也随其改习旦角。其后班中丑角刘连成、红脸刘松堂、黑脸刘心志等，均成为较有名气的演员。刘得昌攻习旦行十数载，功夫独到，获“十二成”之艺名，红极一时。该班至1940年因天灾散班。刘得昌出外搭班8年后回归故里又组织了一个越调戏班。申凤梅曾于1938年至1942年在此搭班。1942年申凤梅离去，戏班搁浅。与此同时，商水县郝岗何渡口村也在20世纪20年代成立了越调戏班，越调演员何全志就是在这个越调戏班成长起来的。至今这个村还有一个业余越调戏班，坚持在业余时间进行演出。从1917年至新中国成立前夕，周口出现的越调戏班不下10个。

新中国成立后，各级政府都十分关心越调的发展，组建了新的专业越调演出团体。1949年春，淮阳专署在组合改编“九女班”“共和班”两个民间越调班子的基础上，成立了以主演张秀卿（艺名大宝贝）为主的淮阳专区人民越调剧团，后来该团演变为周口地区越调剧团，又升格为河南省越调剧团。周口市（今川汇区）组建了一个由毛爱莲为主演的红光越调剧团，扶沟县成立了扶沟县越调剧团。

1951年2月，越调女演员申凤梅带领漯河市人民胜利越调剧团来项城县演出，被项城县政府收留改编为项城县越调剧团。后来，申凤梅被调到周口越调剧团，她的艺术才华得到了充分发挥，以擅演诸葛亮号称“活诸葛”而驰名河南，饮誉京华，受到毛泽东主席的接见，周恩来总理称

越调《老子》剧照

赞她“河南的诸葛亮会做思想工作”。她演出的《诸葛亮吊孝》和《智收姜维》，被拍摄成戏曲艺术片。在表演和唱腔艺术上，申凤梅造诣很深，具有表演稳重深沉，唱腔苍劲有力的独特风格，对推动越调剧种的发展做出了重要贡献。

河南越调这个古老的戏曲剧种，能够长期在群众中流传，除了由于它拥有一批优秀的传统剧目和丰富多彩的唱腔音乐外，还由于它在表演上形式丰富并别具特色。代表性的演员有张秀卿、申凤梅、毛爱莲、何全志、陈静、申小梅、魏凤琴、马兰等人。

• 太康道情剧团：天下第一团 •

太康道情是起源于周口的传统稀有剧种，2006年入选第一批国家级非物质文化遗产项目，太康县道情剧团被称为“天下第一团”。

道情的起源有两种说法：一说源于渔鼓道情，一说出于坠剧。前说由名而来，后说根据道情使用坠胡而生。相传，渔鼓道情在我国道教盛行的唐代就诞生了。那时，道教徒们为了宣传道家的处世思想，就以道教故事为题材，敷演出了《九真》《承天》等道曲，使用便于携带的渔鼓和简板伴奏，以单口说唱的形式进行云游化缘演唱。明朝时期，随着道教的复盛，道曲广泛流传开来，到清代逐渐形成了一种新的说唱曲艺形式——渔鼓道情，伴奏乐器仍是渔鼓和简板，但在演唱时采用了双人对口形式，题材突破了道教故事，扩大到了家长里短、才子佳人的生活范围。

1902年，西华人龚长法在西华首先组建道情戏班。1905年，著名道情艺人张广志大胆对道情进行改进，在太康县组建了十余人的道情戏班，首次设高台进行化妆演出，将道情搬上了舞台。与此同时，他还在演出中吸收了河南坠子的伴奏方式，增添了坠子弦和成套打击乐器，采用了河南梆子的声腔板式和表演形式。从而使道情从曲艺变成了戏曲新剧种——道情剧种。

道情戏以唱为主，剧本多唱词而少插白，甚至没有插白，一板下来就是上百句唱词。其唱腔中板腔和曲牌兼而有之，主要板式有慢板、二八、流水、大过、单过、双过板、哭活板、垛子、滚白等；曲牌有〔锁落枝〕〔老桃红〕等。演唱时，男女唱腔都用真嗓，咬字清晰。唱〔二八〕或〔流水板〕时有重叠句，而且有“哪呼嗨”“哪嗨依”的衬词，其曲调淳厚朴实，唱词通俗易懂，深受群众喜爱。

太康道情《玉梳记》剧照

道情戏的演出剧目据说有一百多个，除一部分是描写家庭生活的小戏外，其他大部分都是改编的坠剧剧目，代表剧目是《王金豆借粮》《张廷秀私访》《雷保同投亲》等。

道情戏的最初伴奏乐器以两把坠胡为主，但又与一般坠胡不同。它筒大杆短，中间有腰码，声似二胡。后又添加了皮胡、三弦、大胡、笙和扪子等。道情的表演、化妆和服饰，与其他剧种差别不大，主要区别是其注重唱功，善演喜剧。其演员不习武功，科班亦无武科；也无严格的行当区分，除生、旦、须生有专行演员扮演外，净、丑、末则无固定行当，没有大花脸、黑面铜锤、架子花脸之类区分，丑角仅在声腔中加些滑稽的花腔衬字与灵妙的弹舌音。

20世纪30年代，道情剧种进入发展鼎盛时期。“少锄二亩地，也不能耽误看太康道情戏。”太康道情曾经以独具特色的魅力征服了千万观众。这时，以太康为中心出现道情班社20多个，活跃在西起漯河、东至蚌埠的广大淮河流域。但1938年黄河花园口决堤的滔滔黄水，淹没了道情戏的故乡，造成了道情戏班社的纷纷解体。

新中国成立后，党和政府十分关心道情戏的发展。1956年，河南省举行第一届戏曲观摩演出大会，特地请长期流散在农村的道情老艺人登台表演。1957年，又以请回的老艺人为主，吸收一批青少年学员参加，成立了新中国第一个道情专业剧团——太康县道情剧团。1992年在文化部举办的“天下第一团”大赛中荣获8项大奖，赢得了“天下第一团”的美誉。太康县道情剧团在其发展过程中，由于女演员

央视网

道情小戏：婚姻驿站

央视网

关注河南稀有剧种：太康道情

大量增加，唱腔定调多以女声为主，男声多半唱不上去，因而男演员只能扮演丑角或次要角色，主角则由女演员扮演，形成了女演男的反串道情戏特色。“文化大革命”也为道情戏带来了劫难，全国唯一的太康县道情剧团被迫解散。直到1979年，才得到正式恢复。目前太康道情十分活跃，一批青年演员挑起了大梁，在全国和省市戏曲大赛中屡屡获奖。

• 文狮子舞：再现母性的慈善面孔 •

文狮子舞是在沈丘县槐店回族镇流行的民间舞蹈，2008年入选第二批国家级非物质文化遗产名录。

文狮子舞起源于元代，距今有700多年的历史，前身是发源于汉唐时期的西域“五方狮子舞”和“胡人假狮子”。

公元1234年，蒙古军平定中原后，一名叫海鼻耳的波斯人，跟随蒙军将领察罕·乃蛮台征战至项城（今沈丘槐店），后被留居此地进行传教布道。海鼻耳在传教布道中，根据颍河两岸人民在春节、元宵节舞龙闹灯的风俗，引进西域的狮子舞，进行有机的结合、融汇，编创出一套既反映中原人民的风俗，又能展示西域文化的文狮子舞。

文狮子舞分游街和场地表演两种形式。道具有狮、虎、麒麟饰披各一套，小狮子饰披一至二套，圆笼绣一个。伴奏形式有打击乐和管弦乐两类，打击乐器有重音大鼓、大锣、锡锣、铙钹、中钹、镲等，管弦乐器为“别里子”（波斯螺号）等。

“文狮子”指狮子为雌性，“文”是文狮子舞的主要艺术特点。它区别于“武狮子”的夸张热闹场面，舞蹈集中表现和刻画了母狮子的文雅、柔弱、温驯、慈爱，富于联想和想象。表演时以击鼓、打锣、拍镲来指挥舞者转换舞蹈步法，以“别里子”吹奏出虎啸、狮吼、麒麟鸣之音转换出场顺序和表演情节。

文狮子舞表演的出场顺序是：独角虎、麒麟、狮子。

独角虎出场时，节奏猛快，先是三个大转“枝子莲”，四处巡视瞭望，看到笼绣后，围着笼绣表演观、闻、迈、踩、触、衔等一系列动作。

文狮子舞

麒麟出场温文尔雅，以碎步小走为主。其舞蹈动作，主要在头上冠子和两麟角上。看到笼绣，既有点害怕，又想据为己有。在矛盾中，一点一点地近距离观察接触，知道其是逃难的弱者，生起同情怜悯之情，亲吻、拥抱、衔起、接纳了笼绣。

狮子的出场为直接出场，主要刻画狮子温驯的神态，有巡山、饮水、观景、舔毛、抖身等动作。狮子看见笼绣后，围笼绣欢快而舞，接着是闻、吻、衔、吞，而后是受孕、生仔。狮子的重头戏是十月怀胎的艰辛和分娩时的扒地抖颤的痛苦，以及对小狮子出生的喜悦、幸福。小狮子落地后，在地上抖动，几欲立而不能，母狮子上前舐仔给予鼓励。小狮子几经努力站了起来，后面是跑、跳、撒欢等情节。

文狮子舞寓意深刻、内涵丰富。独角虎被寓意为除恶扬善，维护一方平安的法官，虎头上的角代表法律。笼绣球被作为评判是非的物象，反映出人民群众呼唤社会公平、公正、没有歧视的心声。麒麟代表高贵，麟角翎翅代表权位。笼绣代表一个外来者，象征着民族团结、友爱、和谐、共融。母狮子象征慈母，对人间充满博爱。绣球象征着鸟的卵蛋，是使母狮子受孕、怀胎、生仔的物象，喻示着人民群众对安定、和谐、吉祥的祈盼，意在教育人们对社会要有责任感，善待子女，孝敬父母，报答生养之恩。

• 官会响锣：豫东老百姓的街舞 •

官会响锣是起源于项城市官会镇的民间舞蹈，2008年入选第二批国家级非物质文化遗产名录。

官会响锣以铜锣为打击乐器，舞者边

官会响锣表演

央视网
淮阳太昊陵与官会响锣

击打铜锣边舞蹈，常在农村的红白喜事、庙会庆典活动中表演，表演团队一般由15人组成。

相传，清朝乾隆皇帝下江南巡访路经官会，当地官员集合当地几十名打锣艺人，在官会王氏兄弟的组织下，用官会响锣隆重迎接乾隆皇帝，从此官会响锣名声大振。

官会响锣的特点是：一、以锣为道具，时而打时而舞，气势宏大，变化微妙，并用锣组成似亦不似、不似亦似各种造型。二、音乐程式化，其打法有“七点锣”“九点锣”“十二点锣”“十六点锣”“二十四点锣”。三、表演形式独特，有“二郎担山”“狮子绣球”“天女散花”“寇准背靴”“青蛙啃泥”等一百多种套路。

这种以锣为道具的民间舞蹈形式在全国民族、民间艺术中少见，弥补了我国没有锣舞的空白，在民俗学、艺术学中有重要的研究价值。

官会响锣多次参加国家、省级文艺大赛，曾荣获中国民间文艺最高奖“山花奖”。

• 心意六合拳：用鸡腿步法踩进武术之门 •

心意六合拳，又名十大形，是我国著名的拳种之一，2008年入选第二批国家级非物质文化遗产名录。

明清以来，心意六合拳一直流传在

心意六合拳

河南东部以周家口为中心的回族群众中，并逐渐由周口传至蚌埠、南京、上海、武汉、西安等地。心意六合拳，创自山西蒲州人姬龙峰。姬龙峰约生于明万历三十年（1602），卒于清康熙二十二年（1683），享年80有余。姬龙峰膝下从学者众多，唯有河南洛阳马学礼（回族）独得心意六合拳的精髓。后来马学礼艺成回到河南，传拳授艺，经买壮图下传周口袁凤仪一代。袁凤仪四大弟子尚学礼、杨殿卿、卢嵩高、宋国宾学艺独精，并分别在河南西部、南部以及上海、湖北、江苏、安徽、陕西等地传授心意六合拳，从而形成了“河南派”心意六合拳一大支系。

心意六合拳的特点是由心生意，又由意转化为拳招，六合与心意相互联系结为一体，以心意支配行动，以六合贯穿心意。

心意六合拳的基本功是“趟腿”和“四把锤”。“四把锤”即亲扑站、横拳、鹞子入林、鹰捉。其有诗赞曰：“出手横拳势难招，展开中平前后销，转身挑领阴阳势，鹰捉四平足下抛。”该拳主要是模仿龙、虎、熊、马、猴、蛇、鹰、鹞、鸡、燕十种动物在追杀捕食搏斗时的动作，取其形、会其意而发展形成的拳术。特点是凶、狠、猛、疾、洒、刚、柔，擅长格斗。

心意六合拳的基本步法主要依赖鸡形，不管是寸步、过步、箭步、垫步等，也不管是进攻还是防守，都不能离开鸡形的根本特征。在心意门拳法技艺里面更是有“打遍天下老鸡形”的美誉，这也说明鸡形步法的重要性。锻炼鸡步趟腿、鸡步掂腿是心意六合拳里锻炼基本步法和身形的主要方法，在实际盘练中二者又有各自的侧重点。鸡步趟腿主要侧重于腿部基本功的训练，同时锻炼足踩膝撞等一些技术；鸡步掂腿锻炼的是心意六合拳的基本腿法，同时，也锻炼心意六合拳灵活多变的基本身形以及主要的进身方法。

由于回族群众自古崇尚武功，加上心意六合拳的独具特色，民国时期，周家口回族中练习心意六合拳的人已经非常多。各清真寺都设有武场，收徒传技。其中以河西的西寨清真寺、河北的老东清真寺、河南的陈州街清真寺最著名。

周家口回族过去大多做小生意，一般早上做完生意后，下午就利用空闲时间在清真寺礼拜后开始练功。还有人喜爱武术到了不顾一切的地步，平时省吃俭用，甚至很吝啬，但是，在练武上则是不惜血本。因此，各武场都有数十人，甚至上百人练武，并经常在“主麻”、开斋节、古尔邦节等庆典中进行表演。

新中国成立后，回族武术传统得到进一步恢复和发扬。从20世纪50年代始，周家口、沈丘、淮阳等地回民，先后在清真寺里成立“心意六合拳研究所”或武术协会，心意六合拳的拳师名将们纷纷收徒授艺。一代武林新秀茁壮成长，一批回族武术健将登上省、市、县各级武坛，在各级武术比赛中都取得过优秀名次。

• 淮阳泥泥狗：真图腾、活化石 •

泥泥狗，又叫“陵狗”或“灵狗”，是淮阳县独有的一种祭祀伏羲的泥塑，2014年入选第四批国家级非物质文化遗产名录。

泥泥狗被专家们称为“真图腾”“活化石”，它告诉我们的是伏羲、女娲抟土造人的故事。泥巴的颜色就是华夏儿女皮肤的颜色，而泥塑上那夸张的生殖器官造型与线条，表达的是先民们对繁衍子孙的生殖崇拜。

泥泥狗用黄泥捏制而成，沿袭了尚黑的上古遗风，以黑色为基底，间以青、白、黄、红四色，色彩怪诞，五色象征五行。

泥泥狗用高粱秆作笔，绘以点线结构的图案，造型奇特，而又统称其为“狗”，有打火猴、兜肚猴、抱膝猴、穿衣猴、鸡、蛙、狗、龟、独角兽、多角兽、飞燕、归燕、猴头燕、猫拉猴、猫驮猴、双头狗、两头虎、草帽虎等品种。小如指节，大约尺余，千姿百态，活灵活现，是伏羲时代生灵群像高度概括变形的祭祀物。

所有的泥泥狗都可以吹响，还有单独的埙，这与晋《拾遗记》“庖牺……灼土为埙，礼乐于是兴”的记载相契合。

泥泥狗中的典型造型是“人面猴”，民间艺人们称其为“人祖猴”，腹部用线条夸张地描绘出雌性的阴部，而阴部是雄性造型，反映出强烈的原始生殖崇拜意识。

“草帽老虎”，简称“草帽虎”或“扇面虎”，是泥泥狗较为特别的作品。“草帽老虎”以兽身作躯干，头部为圆形泥坯，似草帽之状，饰绘人面纹，其造型的出处在《山海经·南山经》：“有兽焉，其状如狸而有髦，其名曰类，自为牝牡……”“狸”即猫，“髦”是长发，“自为牝牡”是两性交合之象。

《山海经·南山经》的这个记载与伏羲女娲兄妹为婚时“织草为扇，以障其面”的传说相契合。相传，兄妹滚磨为媒，无奈成婚。伏羲羞于见妹，遂扮成老虎，以草帽遮面，与其妹成婚。唐李冗在《独异志》中说：“昔宇宙初开之时，只有女娲二人在昆仑山，而天下未有人民，议以为夫妇，又自羞耻……乃结草为扇以障其面，今时人取妇执扇，象其事也。”可见“老虎草帽”的造型即是“结草为扇”之意。

有人说，人类文明始于害羞。在《圣经》的故事里，亚当和夏娃两人在偷吃禁

淮阳泥泥狗

淮阳泥泥狗

淮阳太昊陵泥泥狗

果之后，因为有了上帝的智慧，同样也便有了羞耻之心。“草帽老虎”所表现的性食与遮羞之意，乃是古代婚俗之根源。

泥泥狗作品最小的就数“小泥鳖”了。它仅仅是一个半寸长的小泥点，中间一弯，两头一翘，分出头与躯干，涂以黑色，彩绘八卦纹饰，捅以音孔，便能吹出嘹亮的声音。艺人们把这种造型手法称为“一点做人”，这无疑是女娲“引绳于泥中，举以为人”的真实写照。传说龟曾在远古洪水肆虐之际拯救过伏羲、女娲，所以泥塑匠人们又称“小泥鳖”为“小灵龟”。把“小泥鳖”扔进井里，全村人喝了井水都能免灾祛病。这种泥泥狗是太昊陵朝祖庙会上出售最多的一种，很多香客买了以后，在回家的路上送给沿途的小孩子们。

淮阳泥泥狗的制作地，主要分布在太昊陵以东及东北方向，以金庄、许楼、武庄、陈楼、丁楼、王坑、石庄等村庄较为出名。

• 买氏中医：立足民间的中华医术 •

买氏中医是传承于周口市川汇区，影响至安徽省界首方圆地区，以中医外科为主、中医内科为辅的中医医术。2014年，买氏中医外治疗法入选国家级非物质文化遗产名录。

公元17世纪中叶，买氏家族由河南省孟县（今孟州市）桑坡镇迁居周口。买氏中医外科创始人买庭正，年轻时才智聪颖，勤奋好学，在一次偶然的机会中得到御医的指点，并赠送医书《御纂医宗金鉴》和《校正本草纲目》（现仍然保存在家中），遂潜心钻研，逐步掌握医理，善治无名肿毒、恶疮疔毒等症，认症处方，决不墨守成规，对贫苦患者不论民族免费治疗，其医德众口皆碑。后来这门中医技术传到了买锡冕（第三世传人）手上，他总结前人的制药经验，对制药标准进行了严格的规范。

在他的亲手调教和后辈人的努力下，买氏中医进一步发扬光大。民国初年，袁世凯的婶娘得了腰痿，病情危重，把几十位名医请到家中无人敢开药方治疗，唯有买兰芳（第五世传人）出方抓药，细心调治，不久痊愈，袁氏家族为感谢买氏中医，由袁世凯亲笔题字“术坛岐黄”并赠送匾额，袁又号召附近富商捐款建了买氏楼院（遗憾的是这块匾“文化大革命”时被毁，楼房因1992年八一路拓宽而拆掉），从此买氏中医驰名豫东、遐迩皆知。现有乳癖散结膏被列为国家科技部“十一五科技支撑”项目，风湿止痛保健膏和乳癖散结保健膏被省卫生厅批准，行销全国。

买氏中医外科主要治疗疮疡、肿毒、脱疽（血栓闭塞性脉管炎）、乳腺病、疔疮、无名肿毒、瘩背疮（背部蜂窝织炎）、腰痿（腰部深度脓肿）、贴骨瘤（骨髓炎）、颈肩腰腿痛、肿瘤疼痛及各种癣症等外科疾病。

主要特征

祖传秘方成熟、特效　买氏中医时经二百多年，各类祖传秘方都来自临床实践的积累验证，并在临床中不断加以改进和提高，成熟特效。

中药炮制、工艺科学　买氏中医中药采用纯中药加工制作丸、散、膏、丹、膏贴（软膏、硬膏）、熏洗、涂搽、药浴等药物。对药材的选择、炮制的标准、加工的时辰、辅料的选取、制作的方法、存储的条件，应用的技术都有明确的要求，炮制加工制作工艺科学，配方独特、疗效显著。

重要价值

文化价值　买氏中医在二百多年的历

史长河中，形成了自身鲜明的文化特色，“医者应以治病救人为己任，不能以金钱报酬置人命于不顾”“修合无人知，存心有天知”。这种由传统中医药文化和中华文化的有机结合而产生的自律意识，为买氏中医的发展乃至成为百年老店起到了至关重要的作用。

科学价值 买氏中医外科的治疗药物采用纯中药，通过精心炮制、提纯等复杂的中药生产工艺流程精心熬制而成，每道工序细腻程度和技术要求之高是难以比拟的，这些生产技艺是买氏家族九代人智慧的结晶，难以为现代技术所替代，它蕴涵着丰富的科学技术成分，是一份极其宝贵的遗产，对于指导新药开发和基础研究及临床应用具有重要的价值。

历史价值 买氏中医二百多年的历史经历了九代人的不懈努力，积累了丰富的临床经验，为中医外科的发展做出了不可磨灭的贡献。清同治五年（1867）周口沙北韭菜庙清真寺碑文“世业岐黄”四个字是对买氏中医技术的褒奖与肯定，也说明了买氏中医技术在清同治五年已盛名豫东大地，应给予买氏中医应有的历史尊重和价值认同。

社会价值 买氏中医立足民间，中医外治具有“简、便、验、廉”的特点，通过局部给药，直接作用于病灶。具有给药方便、见效快、从根本上解决病灶、无毒副作用等优点，从而发挥治疗作用，可有效化解“看病贵”难题，符合现代人的养生保健需要。

• 老子生日祭典：向圣哲致敬的集体膜拜 •

老子生日祭典是老子故里鹿邑的民俗和传统祭祀活动，2007年入选河南省非物质文化遗产名录。

老子生日祭典起源于汉，两千多年来，老子生日祭祀形成了皇家祭祀（公祭）、道教祭、宗族祭、民间祭祀等各种活动方式。

皇家祭祀。据《后汉书》记载，东汉延熹八年（165），汉桓帝派大臣到老子出生地鹿邑朝拜老子并建老子祠，形成了以祭祀老子为中心的庙会活动，其活动到唐朝达到鼎盛时期。唐高祖武德三年（620），李渊为了便于对天下的统治，抬高家族地位，就听从吉善行的建议，认老子为祖宗，派人在汉老子庙的基础上予以扩建，规模如京城王宫，作为皇室家庙。高宗李治于乾封元年（666）幸老君庙，追封老子为“太上玄元皇帝”，改庙名为“玄元庙”，并增建“紫极宫”“太清楼”，改谷阳县为真源县。至武则天光宅元年（684），又册封老子母为“先天太后”，在汉李母庙的基础上，扩建成洞霄宫。开元年间，玄宗李隆基亲朝太清宫，为老子上尊号“大圣祖高上金阙玄元天皇大帝”，又亲手为五千言《道德经》作注，刻石立于太清宫。天宝二年（743），增建太清宫，规模达到鼎盛。宋代大中祥符七年（1014），真宗赵恒亲率群臣来鹿邑朝谒，亲颁七道诏令，尊封老子“太上老君混元上德皇帝”称号，并御制、御书、御篆，为老子的母亲立“三御碑”。金、元、明、清历代王朝都有帝王亲谒或派大臣朝谒。清以后虽未再有皇家祭祀，地方官员主持的各种祭祀活动从未间断。

道教祭。老子诞辰纪念日，道教协会及世界各地道教人士在“老子庙”（太清宫）设道场进行祭祀活动。

宗族祭。老子是正史记载的李氏第一人，也是文物遗存中所知的李姓第一人。鹿邑县是李姓发源地。唐朝帝王对老子尊崇有加，唐高祖李渊自称是老子后裔，尊老子为圣祖，追封老子为李姓先祖，特起宫阙，如帝者居。此后李氏族人祭祀不绝。

民间祭祀。在民间传说中，鹿邑是大山连绵，为了把大山赶走，老

老子诞辰祭典

子用七七四十九天把石炼成铁，又用七七四十九天把铁打成铁鞭。他举起铁鞭向大山连抽三下，使鹿邑变成了平原。老子得道升天，当地百姓称老子为“老君爷”，每年老子生日期间，也就是农历二三月间，男女老幼均到太清宫、明道宫叩拜“老君爷”。同时，伴以多样的民间艺术活动参与其中，千年习俗，延续至今。

• 南顿回民秧歌：韵致高雅的民族舞蹈 •

回民秧歌是流行于项城市南顿镇的民间舞蹈，2007年入选第一批河南省非物质文化遗产名录。

回民秧歌是南顿回族人民世代相传的民间文艺形式。“南顿集靠沙河，男女老少跳秧歌。”从当地流传的这首歌谣可以看出回族人民是怎样地喜爱这种舞蹈。

回民秧歌历史悠久，据回民秧歌传承人马仁杰介绍，该舞蹈传到他这一代，已有十代之多，若按每代30年计算，南顿回民秧歌足有300多年的历史。

南顿回民秧歌是河南省为数不多的回族民间舞蹈，该舞民族风格浓郁，韵致高雅，有很高的历史价值、艺术价值和科学价值。其特点：一是道具独特。伞和串铃是这个舞蹈的主要道具，在全国民间舞蹈

回民秧歌

中少见。二是音乐优美，特别是通过打击乐转调，这在民间音乐中也是少见的。三是服饰有鲜明的民族特色，素雅美观。四是表演形式有别于其他民族的民间舞蹈，个性鲜明。

• 笙簧二夹弦：传承女娲遗响的乡土戏曲 •

笙簧二夹弦是流行于西华县的传统戏剧艺术。2009年入选河南省非物质文化遗产名录。

二夹弦又称“两夹弦”“大五音”“淮阳调”，因其主要伴奏乐器四胡的拉弓上两股马尾由四根琴弦夹住而得名。二夹弦起源于冀、鲁、豫三省接壤地带，流传于豫东、冀南、鲁西南、皖北广大地域，据说已有200多年的历史。

西华笙簧二夹弦，主要特点是在伴奏乐器中加入了笙簧，蕴涵着女娲文化的浓重艺术气息。相传，笙簧由女娲所创制，是一种用竹子做成的吹奏乐器。《礼记》：“垂之和钟，叔之离磬，女娲之笙簧。”郑玄注：“笙簧，笙中之簧也……女娲作笙簧。”《佛祖历代通载》卷二：“女娲氏（姓风，伏羲之妹。能变化万物也）造笙簧（长四尺。列管匏中施簧。大者十九簧，小者十三簧。竽三十七。簧长四尺二寸。用竹为之。形状参差如鸟羽）。”西华是女娲故都，在二夹弦的伴奏乐器中添加笙簧，就使这个剧种有了鲜明的地方文化特色。

再者，女娲是民间求子的圣母娘娘，笙簧与“生皇”谐音，有早生贵子之意。

西华笙簧二夹弦唱腔主要是阴阳调，又称豫东调，其特点是亮丽委婉、一波三折、凤鸣龙吟、连绵起伏、圆润细腻，气韵悠扬，有慢板、二板、三板（飞板），娃娃、悲词、念词、念词语、狗撕咬、呱嗒嘴、滚白、砍头橛等十多种。剧目有《太平东》《骂殿》《打雁》《双盒印》《董家岭》《王莽篡位》《焦家坡》《万盏灯》《二堂训子》《对绣鞋》《铡赵王》《错断》等50多个。

• 太康木偶戏：用三个手指传递欢乐 •

太康木偶戏，属传统戏剧艺术，2009年入选第二批河南省非物质文化遗产名录。

太康县木偶戏盛行于马头镇五振岗村，又称“布袋偶戏”“扁担戏”“独台戏”，具有场地小，舞台道具简单、节目内容短小精悍等特点，是一种深受群众喜爱的独特艺术表演形式，传统剧目有《王小打柴》《王小上山打虎》等，已有400多年历史。

木偶道具以桐木为主，根据人物性格，雕刻出各种不同类型的脸谱造型。其要点是“横五眼、竖三鼻、两个耳朵与眉齐”的面部比例，“想要恶，鼻眼撮，想要笑，眼皮耷拉嘴唇翘”的面部表情。在雕刻的刀法上，运用推、刻、拧等技巧。木偶的头部刻成后，再施以粉彩描绘，然后根据木偶表演者的手指粗细“量手裁衣”，适当打眼。

木偶戏表演手法是：把食指插入布袋偶头内，拇指和中指撑开，左右手各持一个木偶，两只胳膊举起来操作表演。

木偶戏

三个手指的操作动作看起来简单，实际上表演起来很有难度。它和演大剧一样，需要根据角色性格特点设计动作，灵活操作。表现男女老少、兴奋悲哀的动作处理，各有所别，千变万化。

表演木偶时，由木偶表演者自己配音，主要运用方言，念白、演唱、吹口哨与手上的动作必须协调一致。音调高、语音强时，动作幅度大而快；音调低弱、语音长时，动作适当缓慢。

用吹口哨模拟人声是太康木偶戏表演的一个特点，要想吐字清晰的诀窍是：“舌根顶，喉咙哈，舌尖搅动学说话。”

• 扑蝶舞：冲破传统禁律的爱情之舞 •

扑蝶舞又名花香蝶舞、放蝶舞或放蝶、扑蝶，是流传在沈丘县城的一种民间舞蹈艺术。大约产生于清嘉庆年间，有200余年的历史，2009年入选河南省非物质文化遗产名录。

清嘉庆年间，沈丘槐店一富家子弟王芯，放荡不羁，经常四处游逛。一日，他行至汉口东边某地，偶见一尼姑庵门前有一尼姑操“蝶舞”以招揽香客。王芯被尼姑美貌及舞姿所倾倒，后几经周折，花费了不少银两，终将该尼带回家中做妾。王芯与其妾闲暇时就以耍“蝶舞”为乐。精通文艺的王芯以自己的经历对“蝶舞”进行改编，把男女青年冲破礼教，追求自由爱情的故事情节融入舞中，更名为“放蝶”或“扑蝶”。

扑蝶舞以一位男青年放蝶，女青年扑蝶、爱蝶为主要情节，描述一个富家子弟爱上一个尼姑，而这个尼姑难断尘缘而坠入爱河的爱情故事，歌颂自由恋爱的年轻人冲破封建牢笼相亲相爱的抗争精神。

扑蝶舞开始只是王芯与其妾在家中自娱自乐的一个节目，晚年将舞技传给外号二先生的李元峰（1861—1929）。李元峰得到师传后，又对舞蹈进行了大胆创新，增添了“鸭子步”“蹲踢步”等舞蹈技巧。扑蝶舞至今已传至五代，传承谱系是：创始人王芯，第二代李元峰，第三代呼金

央视网

扑蝶舞

扑蝶舞

明，第四代李家琳、李现金，第五代张廷营。

扑蝶舞一般在元宵佳节街头演出，表演者为一老翁与四青年。老翁放蝶，四青年扑蝶，围绕着放蝶的老翁而舞，也可增至6～10名或更多青年。舞蹈特点是："放蝶要撒开，收蝶要左勒，胳膊顺着劲，脚步跟上来。"整套动作刚柔兼备、动静相济，活而不流，乐而不淫，质朴自然，无矫揉造作之态。放蝶者动作以小跑步、鸭子步、蹲踢步、放蝶、收蝶、转蝶为主；扑蝶者动作以小跑步、躲闪、跳跃、绕蝶、戏蝶、扑蝶、翻滚摇扇、引诱挑逗为主。

20世纪80年代末，扑蝶舞经过挖掘整理，改编成了《花香蝶舞》，从街头走上了舞台。近年来，扑蝶舞一直活跃在周口的街头和舞台。2016年，在周口市第三届运动会开幕式大型文体演出中，扑蝶舞再次惊艳亮相，一展神采。

• 项城肘阁：惊险奇崛的空中芭蕾 •

项城肘阁是流行于豫东的传统民间艺术，2009年入选河南省非物质文化遗产名录。

项城肘阁始于北宋，清乾隆年间逐渐发展成集舞蹈、音乐、戏剧、杂技为一体的综合民间艺术，清末民初时期最为鼎盛。新中国成立后，项城肘阁队多次代表周口参加民间艺术演出并获大奖，享有"中原独秀，华夏一绝"的美誉。

顾名思义，项城肘阁是用活体的儿童象征"阁"，由一人用"肘"托举起儿童，故名肘阁。

肘阁表演

项城肘阁的表演形式是：将孩童装扮

成传统戏曲或神话中的人物，巧妙地束绑在铁架上，由力量强壮的艺人高高托起，构成一组组戏剧、神话造型，寓故事情节于行走的表演之中，人们称之为“无声的戏剧”。

肘阁演员在上者为“上装”，下者为“下装”，或叫“上枝”“下枝”。下装演员多穿特制的铁坎肩，铁坎肩上固定一至两根向上的钢筋，上装小演员就牢牢地被系在上面。下装演员穿肥大的古代戏服，以遮掩住铁坎肩，既美观，又增加神秘感。

项城肘阁的演出形式主要有“单装”“双装”“三装”三种。“单装”就是上装由一个孩童表演，“双装”就是上装由两个孩童表演，“三装”就是上装由三个孩童表演。在造型追求上，上、下装人物的装扮协调统一。如“单装”的《西游记》，上装演员扮孙悟空，下装演员扮猪八戒或沙僧；再如“双装”的《断桥》，上装是青蛇、白蛇，下装便是许仙；又如“三装”的《三国演义》，上装是刘备、关羽、张飞，下装是赵云等。

项城肘阁表演具有高、难、险、美、奇的特点。“高”，就是在造型上，一般上下装结构要有四五米高，这在民间舞蹈中是少见的。“难”，就是其表演难度较大，技巧性很强。“险”，就是上、下装表演时要配合得当，解决好重心、支点，否则会发生危险。“美”就是呈现出多姿多彩的造型，观赏性很强。“奇”就是通过新颖别致的道具，给人以新奇感，如让上装演员站在铁弓的细弦上或又尖又薄的西瓜牙上等。

项城肘阁的表演是在八音（锣、鼓、镲、板、管、唢呐、笙、箫）伴奏下舞动的，具有浓郁的乡土气息和地方特色。

进入新世纪以来，项城市不断加大对“非遗”的保护力度，项城肘阁得到了较好的传承，肘阁艺人先后赴广东、广西、江苏、湖南、山东、福建等省的多个城市演出，颇受群众喜爱 ，被人们誉为“空中芭蕾”。

• 两仪拳：中华武苑的点穴奇技 •

两仪拳是起源于沈丘县邢庄乡申段庄的传统武术，2009年入选河南省非物质文化遗产名录。

两仪拳传人、中华两仪文化研究会会长段保华介绍，周口是三皇故都，是伏羲文化、老子文化的起源地，也是两仪文化的根。伏羲始创八卦，开中华文明之先河。中国三皇五帝时代的文化是原始的道家文化，它为中华民族留存下天人合一、天人合德的文化基因。老子著五千言《道德经》，立中国哲学之根柢，他倡导的道法自然价值观是人类最伟大的生态智慧。道学是中国的本原文化，易有太极，是生两仪，两仪生四象，四象生八卦。两仪拳直接用中国本原文化命名，说明它不仅是一种武术的拳法，更是一种蕴含东方哲学深刻内涵的文化。两仪拳能在周口应运而生，这是历史对周口人的眷顾。

段保华说，两仪拳在沈丘县邢庄乡申段庄已经有百年以上的传承历史，其机理蕴含博大精深的道家阴阳学说，它遵循天体和人体的规律，原始反终，钩深致远，穷神知化，把中国本原文化融入拳法、拳理之中，使其达到天人合一、天人合德的至高境界，追求的是至善大爱的完美人生境界。两仪拳的独门绝技“一阳指”点穴之术，既是武学之术，又是医学之术，蕴含着丰富的两仪文化内涵。

两仪拳的技击精髓是点穴、解穴，穴位既可以点，又可以解，一点一解之中究极阴阳之道。点穴时，通过内功运气发劲，在瞬息之间意到气到、气到血到、血到力到，以奇快拳速借力借势点中穴位，造成人体经络、血脉受阻，经络断则失气，血脉断则失觉，使人体局部或整体失去控制机能，从而先发制人、克敌制胜。解穴与点穴是对立统一的顺逆关系，根据人的生理原则，经络运行机制，阴阳五行之生克，运用不同的手法，施术于人体穴位，开通闭塞，导引阴阳，解除被点穴而造成的人体机能失常现象。解穴后，人体即刻恢复常态。因此，两仪拳有制人而不伤人之妙，堪称武林一绝。

“一阴一阳之谓道。知乎万物而道济天下。在天成象，在地成形，变化见矣。”道学是易学和中医的神妙之根，医易同源，都来源于道。易医互补而互用，易是道之演，医是道之用。“立天之道，曰阴与阳；立地之道，曰柔与刚；立人之道，曰仁与义。”《周易》关于宇宙与人生规律的论述，对中国武术发展起到巨大而深刻的影响，也是两仪拳的精神理论基础。点穴解穴的击打技术只是两仪拳的一个方面，更重要的一个方面是健体养生。恰如两仪一样，阴阳相合，刚柔相济，仁义相参，技击与养生和谐相生构成了两仪拳的完美文化品格，修三才之德、行至善大爱之义是两仪文化的真谛。广行两仪点穴养生之道，正是向两仪拳本体的文化回归。

2012年，段保华在拜访著名学者南怀瑾时，南先生对两仪拳给予高度评价，他说：“中国武术源于中华传统文化，儒、释、道三家之学中蕴藏着极为丰富的人体生命科学内涵，你有志弘扬两仪文化，做得对，做得好，要放胆去做。”南先生还挥笔写下“段保华老弟：指上乾坤。九五顽童南怀瑾”，并诙谐地解释说：“我是个顽固地喜欢中国传统文化的老顽童。”

• 圣门莲花拳：靠内家功名扬武术界 •

圣门莲花拳，属游艺、传统体育与竞技艺术，又叫圣门十字莲花拳，在武林中属于昆仑派，距今有三千多年的历史，是我国比较古老的一种内家功武术，2009年入选河南省非物质文化遗产名录。

商水县汤庄乡陈庄村的陈忠德老人是圣门莲花拳的传承人。1939年他跟随军队的武术教官阎世海苦练圣门莲花拳并得真传。其武术心诀源自佛、儒、道心经，武功修为若不达到特定层次，很难理解其中玄妙。其武术套路源自古老的太极图：“太极生两仪，两仪生四象，四象生八卦，八卦幻万象。”它套路中有套路，套路下藏套路。打莲花拳，拳脚一旦展开，就如长江之水，绵绵不绝，奔流不息，往往是一招一套拳脚。如“马驼将上走”这招，就是一套武术拳脚打下去，如果把它理解成固定的一个动作，就不可能理解它的真正含义了。

圣门莲花拳套路很多，最独特的是擒拿和形掌。

擒拿讲究的是 粘、连、缠、钻、

扭、拐、绊，竞技中一旦和对方搭上手，即如影随形，将敌方粘住，连在一起，缠成一团，擒住对方身体的一部分使其不能摆脱，而后趁势而为，施展钻、扭、拐、绊等擒拿技巧，使敌方关节反向错位被擒。

形掌是仿“鼠、牛、虎、兔、龙、蛇、马、羊、猴、鸡、狗、猪”十二生肖演绎出来的武术动作，一种生肖一套拳式，十二种生肖蕴含自然万物之哲理，它不是华佗的“五禽戏”却胜似“五禽戏”，习之，不仅百骸舒展，心境更能超然物外。

圣门莲花拳兵器奇形怪状，现已很少见，如像乌龟伸头布满铜铃的降灵圈、圆形带刺的日月牙子镰、四角钩、拐子锚等。圣门莲花拳阵法图有十字长蛇阵、八卦阵等。

• 余家杂技：出神入化的特技表演 •

项城余家杂技经祖上余思明的改编创造，技艺成熟于清乾隆年间，代代相传至今，2009年入选河南省非物质文化遗产名录。

项城余家杂技演出节目较多，技巧与难度并生，拥有难度高、艺术性强的特点，继承和发展了上刀山、过火海、吃火吐火、汽车过身、爬杆、举石、动物驯化、马术、空中飞人、浪桥飞人、顶技、蹬技和走钢丝等30余项传统保留节目。

余家杂技轻重并举，通灵入化，软硬功夫相辅相成。最能表现这一艺术特色的是“蹬技”节目，蹬技多数是女演员表演，演员躺在特制的方台上，以双足来蹬，轻至绢制的花伞，重到一百多斤重的大活人；被蹬物体或飞速旋转，或腾跃自如，从光滑的瓷制彩缸，到笨重的木制八

杂技表演

仙桌子，都可以蹬得飞旋如轮，只见影子不见物象。过去蹬技以重为胜，近世发展轻重并举，轻薄如纸的花伞、彩毯，演员亦能蹬得飘逸非凡。“蹬伞”不只要有蹬技硬功夫，还要掌握空气浮力、阻力，两者结合才能完成优雅而抒情的表演。许多技艺都是以软硬基本功夫为基础的。大量采用生活用具和劳动工具为道具，富有生活气息，显示了中国杂技与劳动生活的紧密关系。

庙会上的余家杂技

杂技表演：太空漫步

• 六道大方地棋：流行在周口的民间“国棋” •

六道大方地棋是广泛流行于周口民间的一项雅俗共赏的棋类娱乐项目，又称之为“大方”“搁方”等，2009年入选河南省非物质文化遗产名录。

六道大方地棋的突出特点是：攻城略地、摆阵布局像围棋，纵横捭阖、走子运动像象棋，然而显然区别于围、象两棋的运棋规则，是兼具两大“国棋”之妙的民间棋艺，历来受到人们的喜爱。

顾名思义，六道大方地棋是由纵横各六条线相交组成的方形棋盘，在地上下的一种棋类游戏。

六道大方地棋酷似围棋、象棋，两人对垒，但它工具简单，更为便利。“大方”的棋盘随时随地随手画成，纵横各六道平行线，垂直相交构成一个大正方形，

大方地棋

内含25方、12龙、14斜，36个交点是棋子的位置。棋盘只讲究线条清晰平行匀称，构成“大方”，不论棋盘所在地是地坪、桌面、木板或纸片等。“大方”的棋子对等时双方各为18颗，一般相差不会超过对方一半。棋子取材极其简便，火柴棍儿、坷垃头儿、石子儿、瓦片儿都能当棋子。该棋由两人对弈，分为搁棋、吃子、走棋等步骤，其中有散子、成子、方、龙、斜、嘴等术语。

六道大方地棋，充满了浓浓的黄土气息，从来没有登上大雅之堂，但是充满着玄机和智慧，是蕴含着丰厚中原文化的民间“国棋”。

• 张振福泥塑：立体的豫东风情画卷 •

泥塑是我国一种古老的民间艺术，民间素有天津“泥人张”、北京“泥人王”和山东高密“泥家村”的称谓，而郸城县城郊乡的民间泥塑家张振福，则被称为“豫东泥人张”。2009年，张振福泥塑入选河南省非物质文化遗产名录。

张振福的祖父张明从12岁就开始学木雕和砖雕工艺，到19岁时已闻名于豫东。其父张连启11岁开始学习砖雕艺术，20岁独立创作砖雕，1970年参与了淮阳人祖塑像的设计与制作。1987年，张振福从沈丘师范美术专业毕业后，边工作边学习泥塑。他的泥塑取材于豫东20世纪五六十年代农村的生活劳动场景，手法夸张，造型奇拙，形象逼真，充满乡土气息。用带有泥土芬芳的艺术形式真实再现豫东农村的生活场景，客观记录那片土地上的喜怒哀乐，诠释农民的平凡与伟大，留住渐行渐远的豫东民俗风情，这就是张振福孜孜不倦的艺术追求。

数十年来，张振福制作出了近万件泥塑作品，三十余次获得国内国际艺术博

张振福泥塑

览会、展览大奖，先后在北京、天津、郑州、澳门等地参加雕塑联展或个人展，许多作品被海内外的收藏家收藏。

• 汝阳刘毛笔：羲之用后称妙笔 •

汝阳刘毛笔源自项城市孙店镇汝阳刘村，2009年入选河南省非物质文化遗产名录。

相传，汝阳刘毛笔系秦朝大将蒙恬所创，后经汝阳刘先人刘彦改进，其后代子孙世代相袭，至今已有2200多年的历史。汝阳刘毛笔被东晋时期的书法家王羲之用后称赞为“妙笔”，因此，汝阳刘毛笔有“羲之妙笔”之说，汝阳刘村也被称为“妙笔之乡”。

汝阳刘毛笔的特征体现在对“三义”“四德”的追求上。

“三义”是精、纯、美。“精”指百余道工序的操作都一丝不苟；“纯”指选料严格细腻；“美”指笔头形、色及配合的笔管、刻书、装潢等高度完美统一。

“四德”是“尖、齐、圆、健”。所谓“尖”，是指笔锋尖如锥状不开叉，利于点、撇、钩、捺；“齐”是指笔毛垂直整齐，散开后顶端平齐无参差，吸墨饱满，吐墨均匀；“圆”是指笔头浑圆匀称，不凹不凸，使书写圆转如意；

汝阳刘毛笔

"健"，是指笔毛健挺，不脱不败，书写时收放自如，富有弹性，收笔后笔头恢复锥状如初，且毛笔经久耐用。"四德"之中，尤以"圆、健"最为难得。

"笔之所贵在于毫。"汝阳刘毛笔工艺取材严谨，选料精细。对笔料毛的产地、采集季节及部位均有严格要求。山羊毛、山兔毛选自太湖流域。其中山羊毛采集要到江苏、浙江一带。狼毫笔所用的黄鼠狼尾毛，要到东北采集。笔管料要有天然花纹，而且挺拔端直。山羊毛、山兔毛和竹笔管，均须在冬季采集，称为"三冬"。制笔时的选料也极为精细，如一支"纯紫尖"所用的紫毫，只能用野兔背脊上那一小撮弹力特佳的毛，每千只山兔仅有紫毫一两上下，故有"紫毫之价如金贵"之说。

"文治毫毛安天下，武修长城定太平。"这是镶嵌在汝阳刘村蒙恬庙大殿门口的朱漆对联。元至正十四年（1354），汝阳刘人为祭奠毛笔祖师蒙恬，凑钱在村东头修建蒙恬庙。民国23年（1934）重修扩建，并把三月三日（农历传为蒙恬诞辰日）定为庙会，隆重纪念，并作为拜师授徒吉日。

2009年12月，汝阳刘毛笔向中国文字博物馆赠送了一支长310厘米、总重60公斤的巨型毛笔，被业内同行称为"中华第一笔"。

• 担经挑：来自远古时代的广场舞 •

担经挑又名担花篮、花篮舞、履迹舞，源于"华胥履大人迹而生伏羲"的故事，是数千年来流传于淮阳太昊陵庙会上的一种原始巫舞，保存着祭祖、娱神、求子为一体的远古遗风，2011年入选河南省非物质文化遗产名录。

担经挑从古时的"龙花会"流传下来，传女不传男。龙花指伏羲、女娲，伏羲为大龙，女娲为小龙，花指担花篮，会就是祭祖活动。

担经挑对舞者有严格限制，皆为50岁以上的年长妇女，淮阳人称她们为"老斋公"。斋公的本意指在寺庙里管香火的人，因为这些年长妇女经常到太昊陵担花篮，她们也自称为人祖爷守陵，于是人们便把她们称为"老斋公"。

担经挑

“老斋公”们自愿组成经挑班，平时也经常组织活动。一到农历二月二，会首带领她们在太昊陵午朝门前聚会。她们先是在午朝门焚表上香，然后再到统天殿、女娲观、伏羲陵前的广场上表演。年长妇女表演担经挑与人祖庙会生殖崇拜的原始主题是一致的，体现了女性对生育的渴望。

担经挑舞者全身饰黑色服装，偏大襟上衣，大腰裤均镶彩边，黑鞋绣花，黑头纱长约五尺，下缀二寸长穗。

经挑用竹子劈成宽约三公分的竹条做成，上面用红绫包裹或用毛线细密地缠绕，使之柔韧而结实。经挑所担的花篮，多是老斋公们自己设计和编制的，制作材料是生活中触手可及的毛线、酒盒、竹篾、塑料花等，色彩搭配和谐、亮丽，花篮竹制精巧，式样有龙、狮子、虎、宝瓶等。

担经挑表演时由4个老斋公组成一个经挑班，3人挑花篮，1人边打竹制经板边领唱，3副经挑中要有6种样式的花篮。

担经挑意在敬老母娘女娲，舞时两臂平伸，手半握经挑两头以示孝敬。舞步脚距较小，跟戏曲动作中的“碎步”相仿。表演者身段灵活，舞步轻盈，队形变化大致有三：

一是剪子股。1人打经板，3人以“十”字路线为中心，对面穿插，走成剪子股路线。

二是铁索链，又称拧麻花。1人走这种路线，2人走另条路线，像拧麻花一样多次相叠。

三是蛇脱皮，又称履迹步，象征华胥氏履巨人迹而生伏羲。1人在前，3人（包括打经板者）朝一个方向沿履而舞，然后，每2人从中交叉而过，像蛇蠕动一样。

以上三种队形有一个共同特点，即舞蹈者走到中间时，一定要背靠背而过，身后的黑纱要碰绕在一起，象征伏羲女娲的交尾状。

在担经挑表演时，打经板者还要伴唱，所唱经文多与伏羲、女娲有关，比如："上天神留下他兄妹二人，无奈何昆仑山滚磨成亲，日月长生下了儿女多对，普天下咱都是龙的子孙……"

近年来，担经挑的舞者、服饰、表演方式发生了较大变化。舞者中加入了不少中青年妇女以及男性，不再是单纯的年长妇女。服饰也不再是单一的黑色服装，不少经班根据自己的理解与审美进行了创新，与舞台表演的服饰风格比较接近。表演已经打破了四人一组的定制，队伍人数多了起来，一班常常有数十人之多，但是，打经板者还是一人。如今担经挑还走出了广场，登上了舞台，经常出现在周口大型文艺演出的舞台上。周口市第二届、第三届运动会都邀请淮阳担经挑参加了开幕式大型文体表演，受到观众的一致好评。

城市名片

——周口市标　市歌　市树　市花　城市精神

在长期的发展过程中，每个城市都形成了自己的文化个性。一个城市的市标、市歌、市树、市花、城市精神，浓缩着这个城市的文化记忆和文化追求，既是这个城市文化个性的体现，也是这个城市的文化标志和城市名片。

2016年1月11日，周口市人大常委会审议通过了周口的“市标、市歌、市树、市花、城市精神”，使周口有了崭新的城市名片，彰显出周口的鲜明文化特色和城市个性。

本章向您介绍周口的城市名片：市标、市歌、市树、市花、城市精神。

• 周口市标：人文周口 •

周口市标以“周”字篆书印章为主体图案，造型虽然简单，但蕴含的文化元素很多，文化寓意很丰富。

“周”字是中国古老的汉字之一，是个吉祥美好的字眼。甲骨文的“周”字，是个象形字，是“周”字的本字，“田”字里面有四个“点”，象征田野里长满了禾苗，表示位于渭水流域、关中平原的先周之地。因为先周当时已经进入农业社会，所以造出来一个像田中有种植之物的“周”字。商周时期的金文“周”字，下部加了一个表示祭祀器皿的“口”字，成为会意字，表示祭祀谷神，就是祭祀周的先祖后稷。为什么用“社稷”这个词表示国家呢？因为“社”是土地神，“稷”是谷神，就是后稷，土地和粮食代表了国家。金文又称钟鼎文，是商周时期铸造在青铜器上的文字，青铜器是象征权力和祭祀用的国家重器，“周”字在金文中的演变，说明了周的日益强盛。后来周灭掉了商王朝，建立周王朝，随后中国进入了封建社会。小篆的“周”字更像一棵禾苗插在碗里，把大篆的字义表现得更加充分。

“周”字又经过隶书、楷书的逐步演变，

周口市标

就是现在这个字形了，而“周”字不仅是地名用字，还是姓氏用字，又有周密、周到、周全的意思。这就是“周”字的大体演化过程。

知道了“周”字的本义和演化过程，再来看周口市标就容易理解了。周口与“周”字有什么渊源呢？显而易见，周口这个地名的字头就是“周”字，据周口市地名办宋华祥同志提供的资料，在全国288个地级市中，以“周”字为字头的城市只有周口一个，这就是文化的专属性、独特性、唯一性。这是选择“周”字为市标主体图案的第一个考虑。

从文化内涵上来说，在历史上，周口古属陈国，陈国是3000多年前西周初年周武王封舜帝后裔妫满为侯所建的大诸侯国之一，陈国的地域比我们周口市现在管辖的面积还要大一些。选取篆书“周”字与历史靠近，并且用印章这种形式比较古朴厚重，可以说明周口有着悠久的历史。这是市标蕴含的一个文化元素。

周口这个地名，沿用的是明清中原商业名镇周家口的名字。600多年前的明朝洪武至永乐年间，大量山西移民来到沙颍河畔，在这里结庐定居，后来逐渐成为集镇，有姓周的船户在沙河两岸摆渡，便有了地名周家渡口，后来简化成周家口，又简化成周口，1965年成立周口地区，2000年撤销周口地区建立周口市。用“周”字作为市标，与现在的地名是一致的，这也是市标蕴含的一个文化元素。

还有一点就是，“周”字的造型与“周口”二字有着字形上的相似，能够产生联想，很容易让人一看到篆书的“周”字印章，就仿佛看到了“周口”这两个字。这也是周口市标的特点之一。总体来说，无论从文化内涵上，还是图案造型上，可以说这个篆书印章的周口市标，具有丰富、深刻的人文意义和艺术感，真的是“印象周口”。

• 周口市歌：《周口，我可爱的家乡》 •

所谓市歌，就是浓缩一个城市的历史和文化，反映一个城市的建设成就和精神风貌，体现一个城市的城市精神和奋斗目标，弘扬城市主旋律，传递人民群众心声，激励全市人民团结奋进的代表性歌曲。

周口市歌《周口，我可爱的家乡》的歌词是汲取了入围作品的精华，经过集体创作，反复修改而成的，凝结着集体智慧，代表了人民心声。歌词分两段，上段写的是历史文化，下段写的是当代城市风貌和城市精神。

上段中“三皇故都，万代敬仰。圣哲老子，举世名扬。《诗经·陈风》《千字文》，先贤妙手著华章。”写的都是周口历史文化的精粹。特别需要给大家说明的是，为什么说“三皇故都，万代敬仰”呢？因为“三皇故都”是周口的一张金灿灿、响当当的历史文化名片。大家知道，“三皇”指的是伏羲、女娲、神农，伏羲和神农相继建都于周口的淮阳县，女娲建都于周口的西华县，所以在2016年中国民间文艺家协会组织专家进行论证以后，命名周口为“中国三皇故都文化之乡”。“三皇故都”这张名片来之不易，非常珍贵，一定要唱响。下面一句“六千年留下九州圣迹，根脉文化源远流长”是对上面几句的概括。“六千年”指的是周口久远的历史，中华五千年是从5000年前的黄帝时期开始说起的，伏羲是早于黄帝的中华人文始祖，至少在6000年乃至更早的时期，他在周口大地升起了中华文明的曙光，埋下了中国文化的根，在此以后才有了“九州圣迹”，所以说周口“根脉文化源远流长”。著名学者舒乙先生在周口考察后说，周口是“人之祖、史之初、文之源、国之根”，这是对周口历史文化非常准确的一个解读。

市歌下段的前两句“沙颍两岸，天下粮仓。百舸争流，扬帆远航”，既点明了周口的地理环境，又描写了周口发展的特点。“开放文明展新貌，创新崛起勇担当”写的是周口的城市精神，这是市歌的点题之笔。结尾“一千万儿女团结奋进，向着未来再创辉煌”是号召性的词句，激励人们奋发向上。笔者认为，市歌的歌词符合市情，立意深刻，词句精炼，大气恢宏，可以经得起时间检验。

一般来说，市歌的曲调可以是进行曲，也可以是抒情歌曲，可以独唱，但是必须能够合唱，便于传唱。现在大家听到的周口市歌，富有河南地方戏曲韵味，曲调优美，激昂豪迈，有男声独唱和领唱、女声独唱和领唱、合唱多种版本，非常适合大众传唱。周口市歌的作曲是姚明，这个姚明不是打篮球的姚明，而是空政文工团一级创作员、国家一级作曲家姚明，《前门情思大碗茶》《说唱脸谱》都是他

周口市歌

周口，我可爱的家乡

作词：集体　作曲：姚明　演唱：刘和刚　曲丹

姚明

刘和刚

曲丹

三皇故都，万代敬仰。
圣哲老子，举世名扬。
《诗经·陈风》《千字文》，
先贤妙手著华章。
啊周口，我可爱的家乡！
六千年留下九州圣迹，
根脉文化源远流长。

沙颍两岸，天下粮仓。
百舸争流，扬帆远航。
开放文明展新貌，
创新崛起勇担当。
啊周口，我可爱的家乡！
一千万儿女团结奋进，
向着未来再创辉煌。

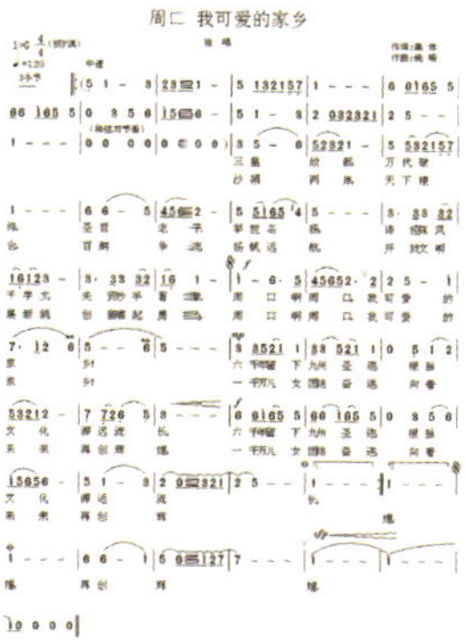

作的曲。为了谱写好市歌，征集委员会邀请姚明来周口采风，市委书记徐光会见了他，并与他进行了亲切交流。这首歌为什么好听也好唱，主要是姚明针对普及和传唱，在歌曲中运用了河南戏曲的音乐元素，做了精心的处理。姚明是个很幽默的人，他说：打篮球的姚明出名靠球，作曲的我出名靠谱，所以我的网名是“靠谱”。名人大家就是出手不凡，姚明写的周口市歌的确“靠谱”。周口市歌的原唱者有两位，一位是大家非常熟悉的刘和刚，国家一级演员、空政文工团青年歌唱家，第十二届全国青年歌手电视大奖赛民族唱法专业组金奖获得者。请他演唱市歌，已经是目前国内最高水平了。刘和刚在北京录制市歌时很高兴，他说：“我非常喜欢姚明老师写的这首带有河南戏曲味道的歌，因为我的母亲是山东菏泽人，非常喜欢听豫剧，河南卫视的《梨园春》一场不落，我也喜欢豫剧。”市歌的另一位演唱者是曲丹，她也是空政文工团的青年歌唱演员，是歌剧《江姐》的第五代江姐饰演者，她把市歌演绎得也非常到位。市歌的生命力在于传唱，全市人民都非常喜欢这首周口市歌，还编成了广场舞，《周口，我可爱的家乡》已经唱响、唱红了周口大地。

周口市树：国槐

市树不仅是景观，也是城市文化的象征。市树代表着一个城市独具特色的人文景观、文化底蕴、精神风貌，体现着人与自然的和谐统一，对带动城市相关绿色产业的发展，优化城市生态环境，提高城市品位和知名度，增强城市综合竞争力，都具有重要的意义和作用。

在市树的评选中，国槐一直是呼声最高的品种，到最后，还是这个品种被选中。这是为什么呢？评选市树，主要看这个品种是否具有观赏性、适应性和象征性，国槐完全具备这些优势。

历来种树都有讲究，是个文化。俗话说，“前不栽桑后不种柳”，“门前不种风摆柳，屋后不栽鬼拍手”，这不是迷信，而是有生活道理的。春天桑叶长出来，如果落上柳絮，蚕就不能吃了，所以桑树、柳树不能种在一起。门前栽上柳树，柳絮飞扬很烦人；杨树叶子大，风一刮哗哗响，屋子里的人睡不好觉，所以说“门前不种风摆柳，屋后不栽鬼拍手”。

槐树原产于中国，又叫中华槐、国槐，适应性强，寿命很长，浑身上下都具有实用价值。槐树的树干挺拔，树形威

周口市树

国槐

国槐是中国古老的树种，树型美观，带着浓浓的乡愁，具有文化象征意义，又是绿化和用材的优良树种， 适宜周口的自然环境，在全市分布广泛。周口人民自古以来就喜爱栽种国槐，把它作为吉祥、幸福、美好的象征。国槐是我市境内存活时间最长的树种之一，沈丘县有全国规模最大、品种最多的槐树主题园林“中华槐园”。国槐被选为市树，符合周口文化特色，符合市民的意愿。

周口市树

严，枝繁叶茂，槐花不仅美观还是一道美食，又可以酿蜜，槐果可以入药。而且槐树的“槐”字与关怀的“怀”字谐音，有着怀念、怀望等美好寓意。自古以来槐树都具有特殊的身份，它不仅是国树，被称为国槐，还富有很多人文内涵，是中国文化的一种象征。

先秦，“封土为社”“北社为槐”。封土是祭祀的意思，社是土地神，槐树是北方祭祀土地神的树，可见槐树在古代地位之重要。

《周礼》曰：“面三槐，三公位焉，州长众庶在其后。”意思是祭祀土地神的时候，面对三棵槐树的是三公，即太师、太傅、太保，这是中国古代朝廷中最显赫的三个官职，其他的官员则站在后面。由此可见，槐树是三公之尊的礼制象征。由于槐树的地位尊贵，产生了以槐字冠名的槐鼎（三公）、槐位（三公之位）、槐卿（三公九卿）、槐宸（皇帝的宫殿）、槐掖（宫廷）等象征着尊显的代名词，周兴嗣《千字文》里就有“府罗将相，路侠槐卿”这句话。

槐树在中国传统文化中的影响很大，“三槐堂”是一个典型的故事。王姓有一个著名的堂号叫“三槐堂”，三槐王氏是当今王氏中最大的一支，冠以“三槐堂”堂号的家谱占王氏家谱总数的40%左右。“三槐堂”堂号的来历是，北宋监察御史王佑在开封的宅院内种下3棵槐树，许愿道：“吾子孙必有为三公者。”后来他的儿子王旦果真做了宰相，“三槐堂”就成了王佑一支的堂号，而且成为整个王氏大家族中很重要的一个分支——三槐王氏。现在周口的王姓，很多都属于三槐王氏这一支脉。

周口种植槐树的历史很长，分布很广泛，各县市区都有百年以上的老槐树存活，树龄三百年以上的老槐树还有不少。周口市中心城区有以槐树命名的街道国槐街，中州路沙河桥南北两端和贾鲁河东岸，项城的老城、南顿，西华县西夏镇等地方，都有树龄三百年以上的老槐树，槐店镇因槐树而得名，沈丘县还有全国规模最大、品种最多的槐树主题园林“中华槐园”。人们喜欢国槐，就是因为国槐具有很好的观赏性和适应性。

人们喜欢槐树的另外一个重要原因就是“乡愁”。周口中心城区的形成与全市的许多村庄都和明朝时期山西移民有关，“问我祖先在何处，山西洪洞大槐树。祖先故居叫什么？大槐树下老鸹窝。”全市到底有多少村庄是山西移民村，现在还没有准确的数字。全国第二次地名普查已经展开，市政协组织的全市乡村历史文化研究工作也已经启动，等到这些活动结束的时候将会有一个准确的数字。

习近平总书记说："要留得住青山绿水，记得住乡愁。"乡愁，是人们对传统文化的一种独特眷恋，它不单是怀旧，更是人与社会、人与人之间的情感，习总书记"记得住乡愁"这句话蕴含的深意是提醒我们要留下文化的魂，记住民族的根。热爱国槐，是周口人难以忘"槐"的乡愁，国槐被选为市树，自然是情理之中的事情。

• 周口市花：荷花 •

荷花是中国十大名花之一，无论是花的造型还是花的寓意都非常美好。荷花被选为周口市花几乎没有悬念，可以说是众望所归。

因为，周口种植荷花的历史非常悠久，有《诗经》为证。

《诗经》是3000年前春秋时期诞生的我国第一部诗歌总集，收集了自西周初年至春秋中叶500多年的诗歌305篇。《诗经》里有采自陈国的民歌10首，称为《陈风》，反映了陈国，也就是今天周口一带当时的社会生活和风土人情。《陈风·泽陂》一诗中写道："彼泽之陂，有蒲有荷。""彼泽之陂"指的是周口淮阳的龙湖，"蒲"是蒲草，"荷"就是荷花，这是最早进入文字记载的荷花，所以说龙湖荷花被称为"神州第一荷"。

《诗经》写华章，龙湖荷韵长。龙湖荷花被冠以"神州第一荷"的美名当之无愧。

历朝历代文人墨客对周口淮阳龙湖的荷花都赞美有加，曹植《芙蓉赋》曰："览百卉之英茂，无斯华之独灵。结修根于重壤，泛清流而擢茎。退润王宇，进文帝庭。竦芳柯以从风，奋纤枝之璀璨。其始荣也，皎若夜光寻扶桑；其杨晖也，晃若九阳出旸谷。芙蓉蹇产，菡萏星属。丝条垂珠，丹荣吐绿。焜焜韡韡，烂若龙烛。观者终朝，情犹未足。于是狡童媛女，相与同游，擢素手于罗袖，接红葩于中流。"

淮阳龙湖赏荷旅游月已成为全省三大

周口市花

荷花

荷花是中国十大名花之一，周口种植荷花历史悠久。中国第一部文学著作《诗经》的“陈风·泽陂”一诗中写道：“彼泽之陂，有蒲有荷。” “彼泽之陂”即指今日周口淮阳龙湖，“荷”就是荷花，这是最早进入文字记载的荷花，故龙湖荷花有“神州第一荷”之称。荷花作为周口市花，最能体现周口城市人文特色，并且颇受市民喜爱。

周口市花

花卉旅游品牌之一，龙湖是中原第一赏荷胜地。和（荷）气生财，和和（荷荷）美美，千年荷伴您合（荷）家幸福万事兴。无数游客为荷而来，泛舟龙湖，寄情云水，满意而归。

在“神州第一荷”的故乡评选市花，当然非荷花莫属了。

• 周口城市精神：开放、文明、创新、崛起 •

周口城市精神“开放、文明、创新、崛起”这8个字，体现了社会主义核心价值观，浓缩了周口优秀的传统精神品质，更是当代城市建设的精神支撑，具有丰富的含义。

“开放”是周口的历史态势。古往今来，周口一直呈现着开放的态势。历史上，这里是中原、江南两大基本经济区的接壤区域，南北融合，水运畅通，物阜民丰；今天，周口北接“丝绸之路经济带”，南连“21世纪海上丝绸之路”，是东迎西进的桥头堡，贯通南北的大枢纽，铁路四通八达，高速公路布满全境，沙颍河通江达海，在“一带一路”国家战略中具有重要地位。面向未来，周口将呈现更加开放、更加活跃的新态势。全市人民将

周口城市精神

以更加开放的信念、开放的心态、开放的胸襟、开放的步伐，决胜全面建成小康社会。

“文明”是周口文化的精髓。在汉语中，“文明”一词出自《易经》“见龙在田，天下文明”。在西方语系中，“文明”一词是古希腊“城邦”的代称。文明是社会进步的标志，对于城市发展来说尤为重要。上古时代，中华人文始祖伏羲氏、女娲氏、神农氏以周口为核心活动区域，肇始人类文明，点燃了中华民族前行的火炬，周口因此成为中华文明的起源地。数千年来，文明雨露泽被周口人民，文明之风吹拂沙颍河两岸，文明之火代代相传。周口文昌武盛，名人辈出，老子、周兴嗣、殷芸、谢灵运、李梦阳、张伯驹、吉鸿昌等等圣哲先贤代不乏人，当代英雄模范层出不穷。春风化雨，润物无声，周口数千年文明的历史积淀已经升华为现代化城市建设的基因。在实现中国梦的征途中，全市人民珍惜文明、传承文明、弘扬文明，积极参与创建文明城市建设，灿烂的文明之花一定会长盛不衰。

“创新”是周口人民的品格。从概念

上说，创新是指为满足社会需求创造新生事物的思维与行为。按照这个意义，周口大地自古就是创新的热土，伏羲创八卦、结网罟、正姓氏，神农氏尝百草、艺五谷，都是人类最大的创新。老子的《道德经》、周兴嗣的《千字文》、殷芸的“小说”，都是中国思想和文学的创新。周口人民在长期劳动生产过程中形成的锐意创新精神，如澎湃的沙颍河水，川流不息，当代创新成果不断涌现。今日周口欣欣向荣，全市工业蒸蒸日上，城市面貌日新月异，都是全市人民创业创新的结果。创新是时代的需要，为了全面建成小康社会，全市人民继续发扬创新精神，励精图治，砥砺前行，将把幸福家园装扮得更加美丽可爱。

“崛起”是周口发展的目标。2014年，周口制定了《周口崛起方略》，这是加快全市发展的纲领，体现了市委、市政府带领全市人民团结奋进的坚强决心。周口崛起是中国梦在周口的具体目标，是全市千万人民的热切期盼。周口确立的《周口崛起方略》，主要内容是围绕实现周口崛起、富民强市，全面建成小康社会这个大目标，健全三大体系，坚持五大原则，构建七大载体，抓好九大攻坚，开展十大建设，在加快中原振兴的伟大进程中有更大作为。全市人民在《周口崛起方略》的指引下，以知我周口为荣、爱我周口为责、兴我周口为本，掀起了大众创业、万众创新的高潮，为加快周口崛起、强市富民、全面建成小康社会努力奋斗。

周口崛起，指日可待!

后　记

2010年，河南科学技术出版社组织出版了《中原文化记忆丛书》，周口分卷为《三皇故都——周口》，为宣传周口提供了一次很好的机会。此次在省委宣传部牵头下，河南科学技术出版社出版《记忆中原丛书》，我们按照编委会的统一部署，组织有关人员对《三皇故都——周口》做了认真修订，吸收了近年来的文化研究成果，增加了相关的富媒体资源，使本书更富有时代气息。本书是一本比较全面介绍周口历史文化的通俗读物，可以帮助广大读者加深对周口的认识和了解。

河南科学技术出版社一直走在出版界的前沿，为河南文化建设做出了突出贡献。《记忆中原丛书》以“融合媒体资源，讲好中原故事，传播传统文化，宣传核心价值，凝聚中国力量”为定位，具有重大的出版价值。本卷主编岳献甫为中共周口市委宣传部原调研员，副主编路仕杰为中共周口市委外宣办（周口市人民政府新闻办公室）主任，执行主编岳霄为周口市档案局副主任科员，编委刘占国为周口市政协教科文卫委员会主任，黄伯成为周口市委统战部调研员，朱国杰为周口市文明办创建科科长，谢强为周口市文广旅局纪检组长，李全立为周口市文广旅局调研员，周建山为周口市博物馆馆长，李俊克为周口市美术馆馆长，穆乐为周口市博物馆副馆长，宋延巍为周口市旅游局原副局长，宣凤彩为周口市地方志办公室党组书记，周从亮为中共周口市委宣传部文艺科科长。

由于本书编写时间匆促，加之撰稿人员本职工作繁重，这些文字都是他们加班加点赶写出来的，难免有粗疏、错失之处，敬请读者批评指正。

《三皇故都——周口》编委会

2018年7月